Nuevos avances tecnológicos en teoría y práctica de la traducción e interpretación

STUDIEN ZUR ROMANISCHEN SPRACHWISSENSCHAFT UND INTERKULTURELLEN KOMMUNIKATION

Herausgegeben von
Gerd Wotjak, José Juan Batista Rodríguez und Dolores García-Padrón

BAND 203

PETER LANG
Berlin - Bruxelles - Chennai - Lausanne - New York - Oxford

Jaime Sánchez Carnicer / Lorena Arce Romeral (eds.)

Nuevos avances tecnológicos en teoría y práctica de la traducción e interpretación

PETER LANG

Berlin - Bruxelles - Chennai - Lausanne - New York - Oxford

Información bibliográfica publicada por la Deutsche Nationalbibliothek
La Deutsche Nationalbibliothek recoge esta publicación en la Deutsche Nationalbibliografie; los datos bibliográficos detallados están disponibles en Internet en http://dnb.d-nb.de.

Catalogación en publicación de la Biblioteca del Congreso
Para este libro ha sido solicitado un registro en el catálogo CIP de la Biblioteca del Congreso.

Este volumen ha sido publicado en el marco del proyecto de investigación: «TorreznoTRAD: Diseño de un prototipo de aplicación semiautomática de traducción y de redacción del español al inglés de fichas descriptivas de torrezno y adobados basado en corpus para la web 2.0 y 3.0» (PROYEMER-2021-028) financiado por las Ayudas para la realización de proyectos de investigación para potenciar el talento y la consolidación de equipos de investigación emergentes (Convocatoria 2021) de la Universidad de Valladolid.

ISSN 1436-1914
ISBN 978-3-631-89530-6 (Print)
E-ISBN 978-3-631-89531-3 (E-PDF)
E-ISBN 978-3-631-89532-0 (E-PUB)
DOI 10.3726/b20498

Publicado por Peter Lang GmbH, Berlín, Alemania

info@peterlang.com - www.peterlang.com

Esta publicación ha sido revisada por pares.

AGRADECIMIENTOS

Nos gustaría dar las gracias en este apartado a todas las personas que han hecho posible que este libro vea la luz. En primer lugar, nuestro agradecimiento es para la Dra. María Teresa Ortego Antón, IP del proyecto TorreznoTRAD (PROYEMER 2021–28) en el que se enmarca esta publicación, por su generosidad, al ofrecernos la edición de este volumen derivado de su proyecto; sin duda, sin ella esto no hubiera sido posible.

Además, quedamos agradecidos a los autores que han colaborado en esta obra con sus contribuciones, por la disponibilidad mostrada, por las ganas de participar y por todas las facilidades que nos han puesto durante el proceso de edición, pese a los innumerables correos que hemos mantenido solicitando modificaciones. Ellos constituyen indudablemente la parte más importante de este volumen y sin su participación la obra no habría podido ver la luz.

De igual forma, nos gustaría hacer extensivo nuestro agradecimiento al comité científico, que se ha encargado de leer y seleccionar por pares ciegos las propuestas recibidas. Dicho comité está formado por: el Dr. Juan Miguel Zarandona Fernández (Universidad de Valladolid), la Dra. Gisella Policastro Ponce (Uniersidad de Córdoba), el Dr. Juan Antonio Prieto Velasco (Universidad Pablo de Olavide), la Dra. Leonor Pérez Ruiz (Universidad de Valladolid), el Dr. Isidoro Ramírez Almansa (Universidad de Córdoba), la Dra. Ariana Verónica Fajardo (Scuola Superiore per Mediatori Linguistici, Italia), la Dra. María Recuenco Peñalver (Universidad de Málaga), la Dra. Azahara Veroz González (Universidad de Córdoba), el Dr. Rubén González Vallejo (Università di Macerata, Italia), la Dra. Carmen Cedillo Corrochano (Universidad de Alcalá) y la Dra. Eva Lucía Jiménez Navarro (Universidad de Córdoba). Vuestros comentarios, acertados y razonados siempre, han dotado de todavía más calidad al volumen.

Asimismo, quisiéramos expresar nuestra gratitud a la Dra. M.ª Cristina Toledo Báez por su generosidad al aceptar nuestra invitación para escribir el prólogo de este volumen.

Por último, la Universidad de Valladolid mediante la concesión del proyecto TorreznoTRAD (PROYEMER 2021–28), ha financiado el volumen que tienen entre manos y cuya edición ha sido posible gracias al equipo de Peter Lang, que nos han ayudado y apoyado durante el proceso de edición.

COMITÉ CIENTÍFICO

ÍNDICE

PRÓLOGO

Mientras me documento y leo para la redacción de este prólogo, no puedo evitar tener la sensación de que se avecinan malos tiempos para la traducción y la interpretación. Tiempos oscuros en los que la supremacía tecnológica parece querer borrar de un plumazo el factor humano. Tiempos casi apocalípticos en los que la traducción automática, la posedición y la inteligencia artificial, la tríada del mal, amenazan con hacer desaparecer una profesión tan antigua que se remonta al origen mismo del lenguaje. La paridad humano-máquina acecha: el lobo ya ha venido y casi nos ha comido.

No descubro nada nuevo si afirmo que la profesión del traductor/intérprete es altamente dependiente de la tecnología. Dibujar una línea del tiempo de los cambios de la profesión lleva parejo necesariamente dar cuenta de la evolución informática desde la máquina de escribir o los primeros ordenadores hasta la plétora de recursos y herramientas actuales. Tal vez justo la tecnología nos esté dando la oportunidad de repensar al traductor/intérprete como profesional y considerar que, en un futuro, tal y como ocurre ya en otras profesiones de la industria 4.0, puede que sea el traductor/intérprete el que ayude a la máquina en lugar de que la máquina ayude al traductor/intérprete. Quizá resida ahí la clave para encontrar la necesaria perpetuación del imprescindible factor humano.

De lo que no cabe duda es que las tecnologías de la traducción y la interpretación afectan al universo contemporáneo de la traducción y la interpretación en todos y cada uno de sus aspectos. Como señala Sin-wai (2015), las tecnologías de la traducción y la interpretación se han convertido en 1) una norma en la práctica de la profesión y una tendencia cada vez mayor en la industria de la lengua; 2) un nuevo paradigma en la formación de traductores e intérpretes y 3) un área fundamental de investigación en los Estudios de Traducción e Interpretación. El libro que nos ocupa, Nuevos avances tecnológicos en la teoría y práctica de la traducción e interpretación, editado por los doctores Lorena Arce Romeral y Jaime Sánchez Carnicer, ambos de la Universidad de Valladolid, da cuenta de esta triple influencia de las tecnologías de la traducción y la interpretación presentándonos los avances más significativos en los tres ámbitos. De esta forma, consideramos que el libro podría dividirse en tres bloques siguiendo la categorización de Sin-wai (2015).

El primero de ellos se centra en la profesión del traductor-intérprete y en la industria de la lengua y comprende los capítulos 1, 2 y 6. En el capítulo 1, titulado « Avances tecnológicos y su influencia: industria de la lengua », Juan José

Arevalillo, desde la atalaya que le confieren décadas de profesión, repasa las generaciones de la tecnología aplicada la industria de la lengua desde un punto de vista tanto productivo como organizativo, con un énfasis en particular en la gestión de proyectos. El capítulo 2, a cargo de José Tomás Conde Ruano y Ana Muñoz-Miquel y que lleva por título « Perfil profesional de los traductores técnicos en España », compara dos estudios (uno de 2010 y su réplica de 2022) sobre las necesidades documentales de los traductores técnicos en los que se pone de manifiesto que los traductores fundamentan sus indagaciones en una mayor cantidad y variedad de recursos. Aportan así los autores una perspectiva temporal de gran valor respecto a los avances tecnológicos de los distintos entornos de traducción. El último capítulo de este bloque, el capítulo 6, «Desafíos tecnológicos en el contexto de las ONG: el caso de Traductores sin Fronteras», cuyas autoras son Cristina Cano Fernández y María del Mar Sánchez Ramos, analiza cómo aborda las necesidades tecnológicas la ONG mencionada, centrándose en los requerimientos que supone el uso de la traducción automática y cómo afecta su uso al flujo de trabajo. Destacan, en particular, el compromiso de empresa en la que se comparten unos valores y un objetivo común de derribar barreras lingüísticas convirtiendo el mundo en un lugar donde el conocimiento no conozca las barreras del lenguaje (Valero-Garcés, 2021).

El segundo bloque, enfocado en la vertiente docente de las tecnologías de la traducción y la interpretación, cuenta con un capítulo, el número 3, a cargo de José Ramón Calvo-Ferrer. Con el título de «Opinión del alumnado de Traducción e Interpretación sobre el empleo del videojuego Subtitle Legends para el desarrollo de la competencia traductora y sus subcompetencias», el autor presenta un estudio novedoso acerca de la utilidad de un videojuego diseñado para aprender a subtitular y cuya dinámica se basa en la identificación de errores. Los resultados arrojan que el alumnado percibe como adecuado el uso del videojuego para el desarrollo de la competencia traductora, abriendo así una línea de investigación innovadora sobre el videojuego como nueva tecnología en la formación de futuros traductores e intérpretes.

El tercer bloque, el más amplio de los tres, engloba siete capítulos que recogen estudios centrados en la investigación aplicada en los Estudios de Traducción e Interpretación. Cabe apuntar que, de los siete capítulos, cuatro de ellos (capítulos 7, 9, 10 y 11) toman el corpus como base, constatando así la estrecha vinculación entre las tecnologías de la traducción y los Estudios de Traducción e Interpretación basados en corpus. El primero de ellos, el capítulo 7, a cargo de Isabel Peñuelas Gil y María Teresa Ortego Antón, se ha realizado en el seno del proyecto TorreznoTRAD y se marca como objetivo analizar el prototipo de estructura retórica en español y en inglés de las fichas descriptivas de torrezno y adobados basándose en el corpus comparable español-inglés C-MARMEAT. El capítulo 9, titulado «Corpus y diccionarios en el proceso traductor» y cuya autora es Míriam Buendía-Castro, explora la utilidad de la Web for Corpus y la Web as Corpus, junto con programas de pre- y posprocesamiento, para la traducción de unidades fraseológicas. En el capítulo 10, «Designing a technical specifications template in English», Ángela Luque Giráldez y Míriam Seghiri se adentran en la estructura, las características y la naturaleza de las fichas técnicas de impresoras 3D a través del corpus EN3DCOR con el propósito de elaborar una plantilla de redacción. El último capítulo, el capítulo 11, constituye el único ejemplo de corpus aplicado a la Interpretación y en él su autora, Raquel Lázaro Gutiérrez, presenta el proyecto PRAGMACOR, cuyo objetivo es analizar ataques contra la imagen, elemento esencial de la cortesía, en conversaciones telefónicas mediadas por un intérprete.

De los otros tres capítulos restantes del tercer bloque (capítulo 4, capítulo 5 y capítulo 8), los dos últimos comparten el propósito de llevar a cabo estudios fraseológicos, pero con enfoque distintos. De una parte, el capítulo 5, a cargo de Xiaoqing Zhou-Lian, Gloria Corpas Pastor y Carlos Manuel Hidalgo-Ternero y titulado «En torno a la traducción automática neuronal de zoologismos » analiza los resultados que ofrecen DeepL y Google Translate a la hora de traducir unidades fraseológicas que contienen lexemas referidos a nombres de animales en la combinación lingüística de español a inglés y chino. De otra parte, en el capítulo 8, Melania Cabezas-García explora la fraseología medioambiental a través del estudio de los compuestos nominales, en concreto del ámbito de la energía eólica en inglés y español, en la base de conocimiento terminológica EcoLexicon. Por último, en el capítulo 4, Laura Cacheiro Quintas y Rosa Agost Canós abordan un ejemplo concreto de investigación en traducción audiovisual, en particular del subtitulado multilingüe, a través del programa Miro, un proveedor de enseñanza superior a distancia que promueve el uso de entornos de enseñanza virtuales multiculturales y accesibles.

Gracias a volúmenes como Nuevos avances tecnológicos en la teoría y práctica de la traducción e interpretación, el lector tendrá una perspectiva clara y completa del uso de las tecnologías de la traducción y la interpretación en distintos ámbitos y con diferentes propósitos. Siguiendo con la clasificación de los tres bloques, este libro es de gran utilidad 1) para la traducción e interpretación profesionales y las industrias de la lengua, 2) para la docencia y la formación de futuros traductores e intérpretes, y 3) para la investigación en Traducción e Interpretación.

Volviendo a mi reflexión inicial, ser consciente de las aportaciones tecnológicas que atañen al traductor/intérprete como profesional nos brinda también la oportunidad de reflexionar sobre cómo afianzar habilidades necesarias para el futuro tecnológico más inmediato como son la resolución de problemas y el pensamiento crítico. Y, con algo de romanticismo, tal vez el avance tecnológico valga también para reivindicar la importancia de los sentimientos. Porque las máquinas, por muy avanzadas e inteligentes que sean, nunca tendrán corazón, como el hombre de hojalata.

M. Cristina Toledo-Báez
Universidad de Málaga
Departamento de Traducción e Interpretación
Instituto Universitario de Investigación de Tecnologías Lingüísticas Multilingües (IUITLM)
Grupo de Investigación Lexicografía y Traducción (HUM-106)

Referencias

Sin-wai, C. (Ed.). (2015). *The Routledge Encyclopedia of Translation Technology*. Nueva York: Routledge.

Valero-Garcés, C. (2021). Entrevista con Aimee, Directora Jefe de Traductores sin Fronteras (TWB). *FITISPos-International Journal* 8(1), 160–165. https://doi.org/10.37536/FITISPos-IJ.2021.8.1.296.

Juan José Arevalillo Doval

Universidad Internacional de Valencia y Universidad Alfonso X el Sabio

Avances tecnológicos y su influencia: industria de la lengua

Resumen: El desarrollo tecnológico es omnipresente en todos los sectores, y la industria de la lengua no iba a ser menos. Las distintas generaciones de avances informáticos han ido aportando herramientas de todo tipo y, en concreto, en la industria de la lengua se han dado también esas oleadas de avances que han ido marcando el devenir de la profesión desde un perfil de individualidad a otro más tecnificado y colaborativo. Este cambio no se ha detenido, pues los distintos avances siguen remodelando ese perfil profesional, del que tan atentos deben estar empresas, autónomos y centros educativos para no quedarse atrás en el recorrido de una profesión cada vez más exigente en lo técnico. Al mismo tiempo, estos avances han dotado al profesional de aplicaciones que pueden hacerlo más productivo pero siempre desde una implantación sensata y funcional. En el presente artículo se analizarán todas esas sucesivas generaciones de la tecnología aplicada a la industria de la lengua, así como el modo en que han influido en la labor cotidiana de los traductores y empresas, desde la aparición del primer ordenador personal a la omnipresencia de la nube informática y los nuevos servicios que se abren a los lingüistas propiciados por la inteligencia artificial y las tecnologías más recientes, no solo desde el punto de vista meramente productivo sino también del organizativo desde la perspectiva de la gestión de proyectos que centraliza los esfuerzos de todos los profesionales que participen en un proyecto.

Palabras clave: tecnología, localización, traducción, perfiles profesionales, informática, gestión

Abstract: Technological development is omnipresent in all industries, and the language industry is no exception. The different generations of IT advances have provided tools of all kinds, and, in particular, the language industry has also seen these waves of advances that have marked the evolution of the profession from a profile of individuality to a more tecky and collaborative one. This change has not stopped, as the various advances continue to reshape this professional profile, of which companies, freelancers and education centres must be very attentive so as not to fall by the wayside in a profession that is increasingly demanding in technical terms. At the same time, these advances have provided the professionals with applications that can make them more productive but always from a sensible and functional implementation. This article will analyse all these successive generations of technology applied to the language industry, as well as how they have influenced the daily work of translators and companies, from the appearance of the first personal computer to the omnipresence of cloud computing and the new services opened up to linguists by artificial intelligence and the latest technologies, not only from a purely productive point of view but also from an organisational one, from the perspective of project management that centralises the efforts of all the professionals involved in a project.

Keywords: technology, localisation, translation, professional profiles, computers, management

1. Introducción

Los avances de la informática y las telecomunicaciones han cambiado la forma de trabajar y comunicarse de los consumidores y los trabajadores en general, hasta tal punto que desentenderse de estos avances puede conducir a la marginación laboral y a una cierta marginación técnica. Asimismo, el desconocimiento de las técnicas y aplicaciones actuales entraña el riesgo de la automarginación profesional. Los avances de la ciencia en general conllevan el dominio —o al menos el conocimiento— de técnicas informáticas y el uso de programas inteligentes que se utilizan en todas las actividades cotidianas. La traducción no es inmune a estos cambios, más bien al contrario: la forma de trabajar ha evolucionado espectacularmente desde el uso de la tradicional máquina de escribir hasta el más complejo tratamiento de textos, la traducción asistida por ordenador (TAO) o la traducción automática (TA), además de una plétora de programas informáticos complementarios.

La implantación de la informática en un ámbito global ha fomentado el aprendizaje y el uso de nuevas metodologías de trabajo y el dominio de las herramientas creadas a tal efecto. El vértigo en la aparición de nuevos programas informáticos y la actualización de los existentes, siempre en proporción geométrica, obligó en su momento a los traductores a cambiar su forma de trabajar, la mayoría de las veces sobre la marcha y con la exigencia de unos plazos cada vez más ajustados, lo que supuso un requisito adicional para una profesión que por sí misma sufre los rigores de una presión omnipresente. En muchos casos, estos conocimientos se adquieren sobre la marcha y no de una forma pautada, lo que repercute negativamente en la curva de aprendizaje y, por ende, en la productividad. Los clientes que solicitan servicios de traducción o localización pueden encargar su trabajo en todos los formatos imaginables e incluso con el uso de aplicaciones de desarrollo propio, por lo que existen numerosas posibilidades que complican en gran medida la vida al profesional. Por esta razón, es necesario un mínimo de conocimientos previos, que incluso pueden ser decisivos durante el proceso de selección.

Por otro lado, no hace falta mencionar el giro espectacular que las comunicaciones, e Internet en particular, han supuesto para el trabajo del traductor, con un universo de referencias, terminología, fuentes de consulta, foros de debate, redes sociales, intercambio de información y un sinfín de posibilidades y recursos. Tanto es así que los traductores tienen todo lo que necesitan para su trabajo al alcance de la mano, sin salir de casa. Incluso pueden llegar a clientes potenciales con un simple clic, quizás en detrimento de sus destrezas interpersonales, las cuales deberían combinarse con las destrezas competenciales propias del traductor, como menciona la norma de calidad internacional ISO 17100 (UNE, 2015) para servicios de traducción, a saber: competencia traductora, competencia lingüística en los idiomas de trabajo, competencia de adquisición y procesamiento de la información, competencia técnica y tecnológica, competencia cultural y competencia de dominio o especialización. Estas seis competencias clave (*hard skills*) o conocimientos específicos para el desarrollo de la profesión se adquieren a través de estudios universitarios de traducción, lingüística, filología o similares, o también mediante una experiencia demostrada en traducción, y se complementan con las mencionadas destrezas interpersonales (*soft skills*), que vienen impuestas en numerosas ocasiones por las formas de trabajo inherentes al desarrollo tecnológico que ha impulsado el trabajo colaborativo, en equipo y el propio teletrabajo.

A este respecto, no debemos olvidar que antes de la pandemia de la COVID-19 la industria de la lengua ya era probablemente la que más teletrabajo presentaba por su propia naturaleza. Tras la pandemia, esta tendencia se reforzó más si cabe hasta el punto de convertirse en la industria que más teletrabaja (Nimdzi, 2019), como puede apreciarse en la siguiente imagen:

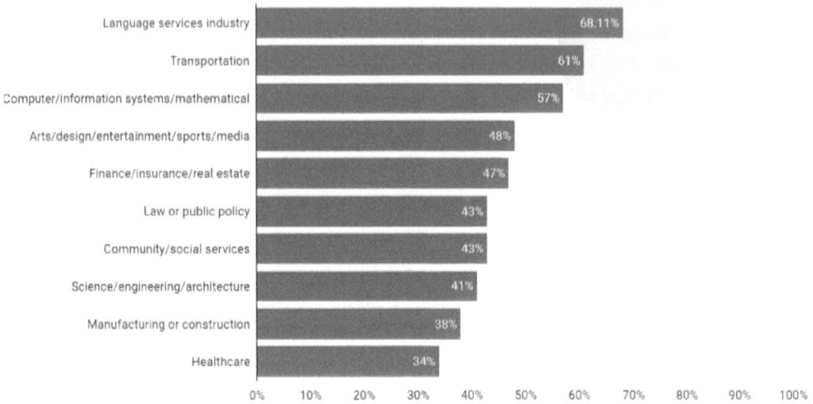

Figura 1. Teletrabajo en la industria de la lengua y otras industrias (fuente: Nimdzi. 2019)

De esta misma gráfica también se desprende que es más probable en un 25 % (68,11 %) encontrar a teletrabajadores en la industria de la lengua que en la media de los demás (43 %). Estos datos de 2019, sin duda, habrán crecido hasta el momento actual, pues muchas pymes de traducción han optado por un modelo híbrido o de trabajo remoto al 100 %, como medida de reducción de costes, ya que la tecnología actual lo permite sin ninguna merma en cuanto a la rapidez o eficacia. Este hecho dista mucho de esa idea de trabajo aislado e individual en el mundo analógico.

2. El paso del mundo analógico al digital

El mes de agosto de 1981 fue testigo de uno de los hechos más significativos en la historia moderna, aunque pasara de puntillas en su momento: la aparición del IBM PC, el primer ordenador portátil. Según IBM (2023), ya existían ordenadores personales a mediados de la década de 1970 creados a partir de piezas independientes, pero su uso era muy limitado. No fue hasta ese lanzamiento en 1981 cuando el ordenador personal tomó carta de naturaleza con una fabricación estándar de marca. Como IBM (2023) reconoce, el equipo de desarrollo rompió todas las reglas, yendo más allá de los límites tradicionales del desarrollo de productos dentro de la propia empresa, y lo mismo ocurrió con su distribución.

La tecnología de la información ha revolucionado el entorno de trabajo de la traducción en general. Los ordenadores han ido sustituyendo paulatinamente a las máquinas de escribir y al papel; los módems y el correo electrónico al correo tradicional; los dispositivos y soportes de archivo (cintas, CD-ROM, DVD, discos duros, memorias USB, etc.) han hecho que los antiguos archivadores y cajoneras sean cosa del pasado; los diccionarios, glosarios y enciclopedias están a disposición de todos los usuarios en soportes de almacenamiento o directamente en Internet, y así ha ocurrido con numerosas perspectivas que han evolucionado de lo analógico a lo digital de forma natural para sacar al traductor de su típico aislamiento.

La principal herramienta de escritura del traductor por entonces evolucionó desde la simple máquina de escribir tradicional a la eléctrica, pasando por los primeros editores de texto y procesadores de texto multimedia, en un periodo de tan solo unos veinte años o incluso menos. Los primeros programas de traducción asistida por ordenador (TAO) —una aportación de la localización al sector— se desarrollaron en los departamentos internos de empresas multinacionales relacionadas directa o indirectamente con la informática. El flujo de nueva documentación o actualizaciones que acompañaba a los productos exigía una traducción rápida para su salida al mercado. De ahí que se desarrollaran herramientas internas para reducir el plazo de entrega de estas traducciones, normalmente realizadas por el propio personal de la empresa. Como en algunas grandes empresas estos departamentos podían llegar a tener a un número elevado de traductores para un solo idioma por el enorme volumen producido, era menester contar con alguna ayuda informática que redujera tiempos de entrega y —por qué no—costes.

La informática y sus diversas aplicaciones a todo tipo de industrias y actividades crecen a un ritmo galopante, sobre todo desde la popularización absoluta de Internet. A principios de los años sesenta del siglo pasado, la informática era vista con más temor que otra cosa: estaba más cerca de la ciencia ficción que de la realidad, y tan solo unos pocos elegidos e iniciados tenían la posibilidad de disfrutar de sus avances y acceder a sus ventajas. En sus inicios, estos afortunados debieron de experimentar disfrute y frustración al mismo tiempo, pues las limitaciones tecnológicas de la época, comparadas con las actuales, impedían un desarrollo más rápido, ya que la más simple avería mecánica de los grandes ordenadores empleados en los cálculos que hoy pudieran hacerse con un simple dispositivo podía llevar a una parálisis absoluta del sistema informático, sin desdeñar el lucro cesante que acarreara.

Sin embargo, estos ordenadores eran chatarra si carecían del *software* específico que los hiciera funcionar; un *software* que evolucionó uniformemente, por lo que se hizo más accesible y asequible para los usuarios de todo tipo, ya fueran profesionales o domésticos. Estos programas solo existían en inglés y los usuarios solicitaban su traducción a sus propios idiomas, alentados por las distintas normativas nacionales que exigían la traducción completa o, al menos, la documentación mínima que permitiera al consumidor poner en marcha y trabajar con su equipo, por lo que podemos hablar estrictamente de *traducción informática*, sin más.

Fue a finales de los años setenta y principios de los ochenta cuando la traducción informática empezó a tomar carta de naturaleza. En aquella época, la traducción tendía a mostrar una división particular: traducción literaria o traducción técnica —siendo esta última etiqueta un cajón de sastre para un gran número de especialidades: básicamente todo lo que no fuera traducción literaria—, ya que los traductores técnicos traducían todo tipo de manuales que caían en sus manos y, lógicamente, empezaron a ser los primeros candidatos a traducir el contenido de *software* y *hardware* a sus respectivos idiomas. No obstante, las primeras traducciones solían abarcar únicamente los manuales, en los que las referencias a cualquier elemento que pudiera aparecer en la pantalla del ordenador (mensajes, comandos, opciones, etc.) se dejaban en inglés, ya que no se realizaba ningún trabajo de localización. En esta fase del desarrollo informático, los traductores solían formar parte de los departamentos de traducción o informática de las empresas en las que trabajaban. Los programas informáticos se codificaban en lenguajes de programación que pretendían emular al inglés en su sintaxis, pero quedaba fuera del alcance de traductores y usuarios porque solo unos pocos podían realizar trabajos de programación. Evidentemente, la traducción de millones de líneas de lenguaje Fortran con cadenas de texto incrustadas en el código de programación no era tan fácil como la de un manual de usuario.

A mediados de la década de 1980 se produjo el verdadero nacimiento de la localización, uno de los puntos de inflexión para la tecnología de la traducción, comparable en cuanto a su repercusión al de la aparición del ordenador personal unos años antes. Para entonces, los grandes fabricantes de ordenadores empezaron a adaptar sus productos a las necesidades reales de las distintas lenguas y culturas, pues estaba claro que había un gran potencial de negocio oculto tras estos nuevos mercados, favorecidos por la tecnología de las comunicaciones y los cambios políticos. Para estos gigantes de la informática, la traducción tradicional ya no era suficiente; necesitaban sumergirse en el código real del *software* y enfrentarse a los problemas de la escritura en lenguas orientales. Además, en muchos países, la legislación exigía —y sigue exigiendo— la traducción de la documentación técnica elaborada en el extranjero, y no solo la documentación en sí sino también cualquier mensaje o información que pudiera aparecer en pantallas o elementos similares.

De hecho, en paralelo a esta nueva escena, se imponía una mayor exigencia técnica en el proceso de traducción y, por ende, necesidades reales de gestión de proyectos y recursos. El horizonte estaba cambiando y se estaban sentando las bases de un sector muy fragmentado y en el que cada uno hacía la guerra por su cuenta: así, la palabra *traductor* era sinónimo de trabajo aislado e individual… Además, los fabricantes que solían tener a traductores en plantilla empezaron a sufrir los costes estructurales que suponía mantener a más traductores, ingenieros, diseñadores y funciones afines en su organización empresarial. Por otro lado, los fabricantes acortaban los meses en los que una nueva versión de un producto sustituía a la anterior en el mercado. Eran muchos los factores que contribuían a una demanda mayor y cada vez más especializada. La conclusión estaba clara: resultaba mucho más rentable subcontratar este trabajo de traducción especializada a empresas de servicios que pudieran encargarse de todo el proceso —traducción, ingeniería y pruebas del producto traducido— que mantener toda la estructura dentro de la empresa.

Fue la época en que la mayoría de las empresas dedicadas a la traducción pasaron de las herramientas tradicionales a otras nuevas y más especializadas. Hasta entonces, la sofisticación técnica era inusual en esta industria y, si estaba presente, era más por iniciativa del traductor visionario capaz de anticipar las ventajas de productividad y eficacia que por necesidades empresariales reales. No obstante, se había dado el paso, con la ventaja añadida de los rápidos cambios que se estaban produciendo en la tecnología de la información.

Había cierta presión para que una nueva generación de herramientas ayudara a agilizar los procesos profesionales de los traductores y aportara mayor fiabilidad. Así, en 1971 Krollman propuso la reutilización de traducciones humanas existentes, y en 1979 Arthern sugirió la recuperación no solo de fragmentos de texto idénticos, sino también de algunos más o menos similares (Freigang, 2009). Entre 1980 y 1990 se produjo una revolución en la sombra en el mundo de la traducción: Alan Melby (Freigang, 2009: 11) trabajaba en un sistema de traducción interactivo (STI) que presentaba como gran novedad tres niveles de trabajo, a saber:

- editor, gestor terminológico y telecomunicación;
- texto de partida, análisis de texto por concordancia dinámica, búsqueda terminológica automática, archivos bilingües sincronizados a partir de traducciones existentes;

- integración de la estación de trabajo con un sistema incipiente de traducción automática.

Se trataba, sin duda, de los albores de los sistemas de TAO y las memorias de traducción, a los que volveremos más adelante. Todo este revuelo profesional trajo consigo también un problema: la falta de formación profesional para enfrentarse a los nuevos tiempos, por lo que las propias empresas se encargaron de esta formación, ya que la universidad vivía a espaldas de esta evolución profesional de la traducción, que se especializaba lenta pero inexorablemente.

La última década del siglo XX fue testigo de la implantación de la localización y la creación de los primeros paquetes ofimáticos. Además, la presencia ya habitual de Internet permitió a los traductores salir de su aislamiento habitual e interactuar más con sus colegas de profesión. Durante la década de los noventa, que marcó el fin de siglo, la informática ya había empezado a repercutir en el perfil profesional de la traducción, y no estar al día de los últimos avances podía llevar a la marginación laboral. De hecho, es entonces cuando las primeras universidades muestran un incipiente interés al observar qué necesitan los traductores para su incorporación paulatina a sus programas académicos.

Con la llegada del nuevo milenio, el panorama de la localización experimentó una transformación a medida que la globalización dejaba su huella en todos los ámbitos empresariales. La presencia en Internet de grandes empresas de todo el mundo supuso unos plazos de entrega y disponibilidad de sus productos e información vertiginosos. De hecho, la localización había pasado de ser un proceso a menudo clandestino a emerger con una nueva importancia estratégica. Además, este proceso afectaba por igual a fabricantes y clientes, así como a empresas de servicios: los primeros ya no se limitaban al sector informático, sino que los conceptos de internacionalización y globalización los empujaban hacia nuevos ámbitos dentro de sus organizaciones. Al mismo tiempo, la información en la Red y sus modelos de distribución cambiaban continuamente, de modo que se pasaba de grandes actualizaciones sobre la marcha o en función de las necesidades empresariales a frecuentes actualizaciones incrementales. Este proceso, conocido como *streaming*, implicaba plazos de entrega más cortos y técnicas avanzadas de reutilización y gestión de contenidos, así como una cooperación más estrecha entre cliente y proveedor. En una palabra, la localización ya no tiene lugar en la trastienda de las grandes empresas y fabricantes, sino que tiene un mayor arraigo y visibilidad en los niveles más altos de la gestión empresarial.

De todo este proceso se desprendió la necesidad de otras destrezas y competencias, no solo lingüísticas sino también extralingüísticas: era necesario conocer los procesos y su medición en las empresas, para que el traductor supiera dónde encajaba y cómo podía adaptarse al nuevo entorno, por lo que se hizo especial hincapié en la formación práctica en el mundo profesional. Este hecho no pasó desapercibido para las universidades y empezaron a surgir las primeras sinergias para paliar la desconexión académica con la nueva realidad del sector, pero sin obviar que aún existían muchos desequilibrios, como afirmaba clara y rotundamente Larsen (2001).

3. Incorporación de la tecnología de la traducción al mundo académico

Entre los primeros esfuerzos académicos por incorporar la realidad del mundo profesional a las aulas, cabe destacar la labor de la Universitat Autònoma de Barcelona y la creación de su Grupo Tradumàtica. Así, Fernández, Parra y Sánchez-Gijón (2002: 139) afirmaban que en los últimos años, la vertiente profesional de la actividad traductora se había consolidado como una industria presidida por conceptos como calidad, productividad y gestión y comprometida con el desarrollo y explotación de herramientas electrónicas cuyo principal operador era el traductor profesional. Así, Fernández, Parra y Sánchez-Gijón (2002: 140) comentaban que un trabajo de investigación de Vilarnau (2001: 18) definía la tecnología de la traducción como el conjunto de conocimientos y habilidades para el uso de las tecnologías de la información y la comunicación orientados a desarrollar la tarea traductora de forma más rápida, eficaz y fiable. Esto incluía cualquier actividad de documentación, gestión, producción y almacenamiento de información que el traductor pudiera llevar a cabo en relación con su tarea profesional.

La propuesta de Vilarnau se resumía en la siguiente imagen:

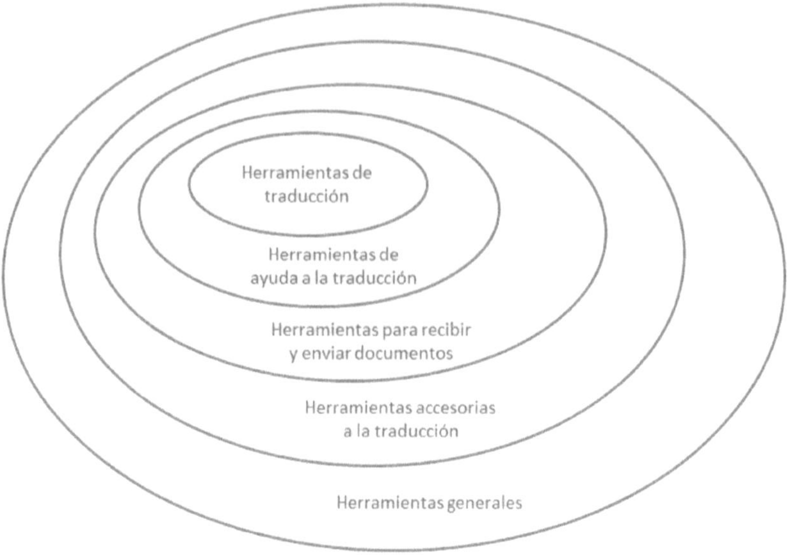

Figura 2. Categorías de la tecnología de la traducción (fuente: adaptación propia a partir de Vilarnau, 2001)

No solo estaban presentes las típicas aplicaciones de tratamiento de textos, sino que se desplegaba una serie de herramientas adicionales que había que dominar. Estos círculos concéntricos de herramientas se hicieron más complejos con el tiempo, lo que exigió una mayor especialización de traductores y localizadores. Está claro que la localización desempeñó un papel crucial en todo este proceso de adaptación tecnológica, con un alto nivel de especialización dentro de su propio campo, ya que la traducción convencional no los necesitaba en aquel momento. Cuando esta digitalización se generalizó, estas herramientas ya estaban sobre la mesa de los traductores profesionales, en especial las memorias de traducción, aunque quedaban otras herramientas de uso exclusivo en localización. Todo esto supuso una ventaja competitiva para aquellos primeros traductores que habían visto los albores de la aplicación informática a su campo de traducción.

Sin embargo, no fue un cambio instantáneo, sino gradual y casi natural, sin que los propios agentes del sector fueran conscientes de esta revolución entre bastidores. En este sentido, Bonet (2004: 377), refiriéndose a lo que denominó el *circuito informatizado*, afirmó que la verdadera revolución la introdujo el ordenador personal. No fue una revolución en un sentido estricto, pues no se produjo de la noche a la mañana. Durante siglos todo permanece estático, inmutable, hasta que un buen día se produce un cambio que conduce a una gran alteración en un corto espacio de tiempo, razón por la que tales alteraciones se producen rápidamente en las grandes revoluciones. Esto exactamente ocurrió con la traducción: según Bonet, una vez *electrificada*, se virtualizó.

Todo el contexto había tomado forma para acoger las primeras aplicaciones especializadas: lenta pero eficazmente entraron en el mercado para revolucionarlo. No obstante, a pesar de la evidencia que suponía la instauración de la tecnología, las universidades tardaron en reaccionar con presteza ante tal realidad. Fueron las exigencias del propio sector las que obligaron a cambiar el paso. Los problemas a los que se enfrentaban los egresados en aquellos tiempos eran obvios: no conocían en demasía el uso de estas aplicaciones o directamente las desconocían. Las informaciones facilitadas por esos egresados a sus universidades, así como el inicio de prácticas en empresas especializadas, supusieron un contacto más próximo con la realidad profesional, por lo que paulatinamente se empezó a producir una integración gradual y la colaboración con empresas, autónomos y asociaciones profesionales. Asimismo, la aparición de la primera norma europea de calidad EN 15038 para servicios de traducción incluía referencias al uso de la tecnología, y cabe recordar que el contenido de esta norma fue muy importante e influyó en su integración en los nuevos grados de Traducción e Interpretación, tal cual se recogía en el *Libro blanco del título de grado en Traducción e Interpretación* de la ANECA (2005) y en las memorias Verifica, entonces en proceso de elaboración.

A la representación gráfica de Vilarnau (2001) se le fueron añadiendo niveles de especialización, lo que incidió en el perfil profesional, pues ya no solo bastaba con traducir, sino que era necesario aplicar las diversas aplicaciones, con mayor o menos nivel, puesto que suponían una ventaja competitiva indudable para quienes las emplearan, además de la eficiencia y eficacia que podían aportar. En la imagen siguiente se propone la actualización de la representación de Vilarnau. Para su interpretación debe tenerse en cuenta que, según nos adentremos en los círculos, es precisa una mayor especialización.

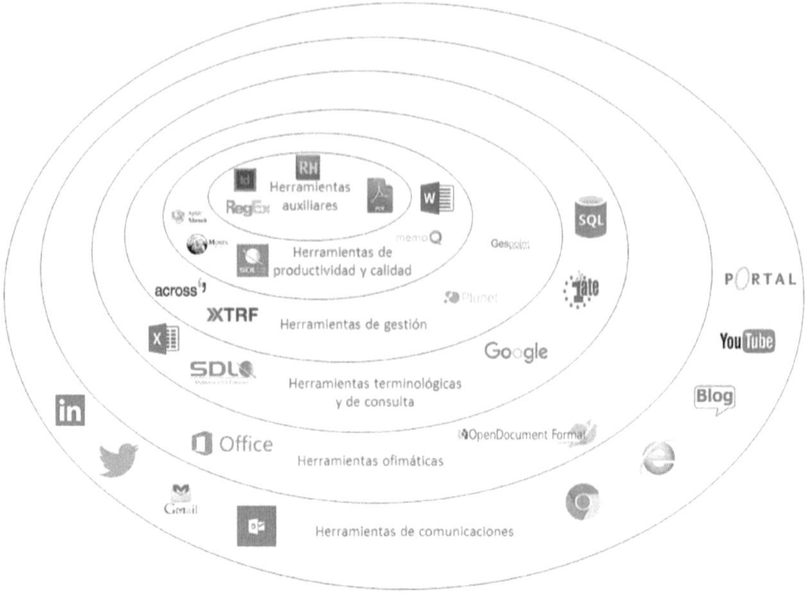

Figura 3. Categorías actualizadas de tecnología de la traducción (fuente: Arevalillo, 2015)

Fue el momento exacto en que las memorias de traducción y la tecnología de la traducción asistida por ordenador entraron en escena para cambiar definitivamente el horizonte profesional y los requisitos de los distintos perfiles, lo que conllevó el aprendizaje de las distintas destrezas lingüísticas y extralingüísticas.

4. Aparición de la TAO y las memorias de traducción

En este nuevo entorno tecnológico, un sistema de memoria de traducción consiste en una base de datos que almacena frases traducidas, denominadas técnicamente *segmentos*. Estos segmentos se registran, a medida que se traducen, en la memoria de traducción, con su equivalencia —por lo general, en una relación unívoca— en la lengua de llegada. Las memorias de traducción son la base del funcionamiento de los sistemas de traducción asistida por ordenador (TAO). Existen dos conceptos fundamentales en este ámbito:

- segmento: fragmento de texto, generalmente una oración, un encabezamiento o título, un elemento de lista, etc.;

- unidad de traducción: combinación en la que un segmento de la lengua de partida se empareja con el segmento correspondiente de la lengua de llegada.

La siguiente imagen muestra la interacción entre segmentos y unidades de traducción.

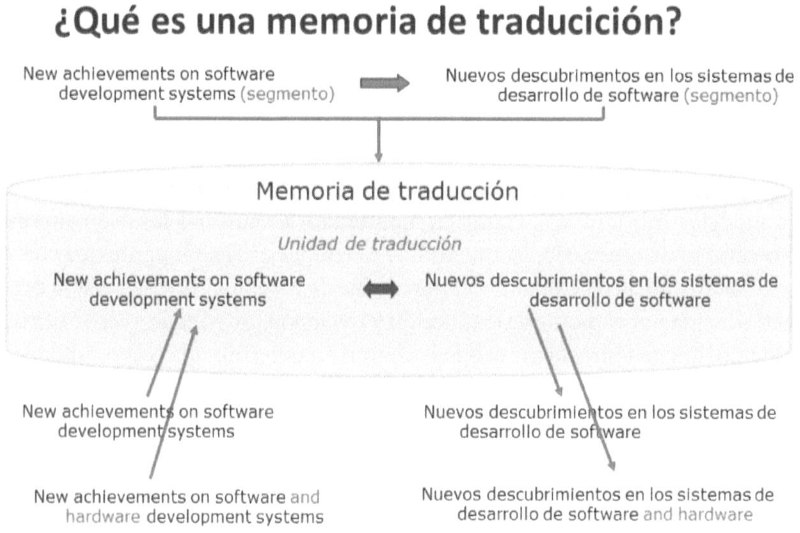

Figura 4. Funcionamiento interno de una memoria de traducción (fuente: elaboración propia)

En términos generales, la segmentación se estructura por oraciones, en las que los segmentos se separan mediante puntos, puntos y comas, interjecciones, etc. Sin embargo, es posible segmentar los textos por párrafos, en cuyo caso los segmentos se separan mediante marcas de párrafo. Cada segmento se almacena en la base de datos de la memoria de traducción, y cada registro puede también incluir metadatos diversos. El funcionamiento de estas memorias se basa en reutilizar segmentos traducidos y validados como oraciones idénticas (coincidencias completas) o similares (coincidencias difusas). Es importante poner de manifiesto que el control de la traducción y su reaprovechamiento no son necesariamente automáticos, ya que la intervención del traductor decide en casos de coincidencias *sospechosas*, ambiguas o duplicadas.

En grandes proyectos, estas bases de datos las comparten los participantes del equipo del proyecto que acceden a la aplicación residente en un servidor local o remoto. En este contexto, la tecnología actual de informática en la nube representa otro cambio radical, ya que se borran virtualmente los límites físicos de presencia y se consigue una mayor accesibilidad en cualquier parte del mundo, lo que restringe el uso de determinados materiales patentados, a los que antes podían acceder traductores y empresas. La excesiva piratería informática, el cambio de paradigma tecnológico, los soportes de almacenamiento y la propiedad de memorias y corpus, han dado lugar a este nuevo modelo SaaS (*Software as a Service*) en el que el usuario alquila el derecho de uso del *software* en lugar de comprarlo, como ocurría en el contexto anterior.

La progresión de la traducción automática para determinados contextos, y sus modelos híbridos y la traducción automática neuronal también suponen otro cambio de escenario, ya que su uso es real y en algunos contextos con un factor de distancia de edición —el porcentaje de cambios entre la versión original traducida por el motor de traducción y la versión poseditada— cada vez más reducido, lo que fomenta un uso más común en determinadas especialidades y combinaciones lingüísticas, en paralelo con un servicio que prestan cada vez más empresas y traductores: la posedición de traducciones automáticas. Cabe recordar también que el crecimiento de los sistemas ha permitido integrar las memorias de traducción con módulos complementarios como la gestión terminológica, el control de calidad, el análisis de textos, la gestión de proyectos, la alineación de memorias, etc.

En resumen, podemos afirmar que la memoria de traducción es un editor de texto vinculado a una base de datos que recuerda al traductor si un segmento se ha traducido antes y detecta segmentos idénticos o similares, que en última instancia pretender garantizar la coherencia entre traducciones, aumentar la productividad, reducir los costes de traducción, trabajar en equipo, disponer de datos estadísticos sobre el proyecto y trabajar con (casi) cualquier tipo de formato.

Conviene puntualizar que no se recomienda su uso en traducciones literarias o muy creativas, ya que limitan la capacidad de traducción en ese sentido, por mucho que siga siendo el factor humano del traductor el eje del proceso.

Sin embargo, estos sistemas tienen también una vertiente menos positiva, a saber:

- no son universales en cuanto a su adecuación a todo tipo de proyectos;
- pueden ofrecer como coincidencias exactas traducciones que no siempre lo son (falso 100 %), lo que puede acarrear graves problemas en el transcurso

de un proyecto si no se gestiona adecuadamente con el cliente. Esto es típico en segmentos de una o pocas palabras (como en las cadenas de las interfaces de usuario), ya que el contexto puede forzar muchas posibilidades de traducción diferentes en el idioma de destino;

- problemas potenciales por inadecuación de las memorias de traducción de otros proveedores o traductores sin la calidad esperada, por lo que las tasas de descuento negociadas pueden tener un efecto negativo en la rentabilidad y plazos del proyecto;
- por lo general, no permiten trabajar sobre archivos finales, por lo que el traductor no puede ver cómo será la traducción en su formato final;
- pueden llevar a un estilo algo forzado: uso correcto de referencias anafóricas y catafóricas, no permiten cambiar el orden de frases y párrafos, etc.;
- suelen resultar caros y requieren continuas actualizaciones.

Tras empezar a sacar el máximo partido a las memorias de traducción y familiarizarse con su uso, los usuarios empezaron a percibir ciertas limitaciones y querían más libertad para utilizar cualquier sistema. Las empresas de traducción y los autónomos querían utilizar cualquier dato existente, pero la importación y exportación de datos entre sistemas no era posible. Por este motivo, surgió la iniciativa OSCAR (*Open Standards for Container/Content Allowing Re-use*), un grupo de interés especial creado por LISA para definir un estándar para el formato de las distintas memorias de traducción, de modo que pudieran compartirse e intercambiarse entre distintos sistemas de traducción asistida por ordenador.

Así surgió la norma TMX (*Translation Memory eXchange*), cuyo objetivo era facilitar el intercambio de los datos contenidos en las memorias de traducción entre herramientas o empresas de traducción. El objetivo consistía en aprovechar las memorias de traducción con independencia del sistema o la plataforma. La norma fue un éxito rotundo y hoy en día TMX es la norma *de facto* del sector para el intercambio de memorias. Paralelamente, en vista de este éxito, también se creó otra norma para el intercambio de bases terminológicas, denominada TBX (*Terminology Base Exchange*), que también está integrada en los sistemas actuales.

4.1. Tipos de programas de traducción asistida por ordenador

La arquitectura de los primeros sistemas ha cambiado con el tiempo y el desarrollo de las tecnologías de la información, de modo que los sistemas actuales se ejecutan casi en su totalidad en Internet y son accesibles desde cualquier lugar en una gran variedad de dispositivos.

Podemos agrupar estos sistemas en la siguiente clasificación general:

- Basados en macros: macros parásitas de otra aplicación, como Trados 8 o WordFast, que dependían de MS Word para funcionar. Era el enfoque típico de los primeros sistemas.
- Autónomos: funcionamiento autónomo con su propia interfaz, como Trados Studio, Déjà-Vu, Transit o memoQ.
- Basados en la web, como Phrase o Wordfast Anywhere.

4.2. Conexión de la localización con los programas de TAO

La localización la definió LISA (2003) como «el proceso de modificacion de productos o servicios para representar las diferencias en distintos mercados». Se trata de un proceso que revolucionó la figura del traductor por influjo de la evolución tecnológica y su aplicación al sector profesional, y que modificó la idea de aislamiento asociada al traductor convencional *analógico*.

Como ya se ha mencionado, curiosamente, la mayoría de estas herramientas se desarrollaron para su uso casi exclusivo en localización, pero la popularización de los ordenadores personales y la revolución digital que la siguió permitieron extender el uso de materiales digitales a cualquier sector, por lo que su uso inicial en localización se generalizó en la traducción convencional.

La posterior aparición de otros sistemas de gestión de proyectos, gestión de flujos de trabajo, control de calidad, productividad, traducción automática, etc. integrados o relacionados con la TAO ha completado el escritorio del traductor, que ha recibido diferentes nombres a lo largo de la historia y que en la actualidad se conoce con el acrónimo TEnTs acuñado por Zetzsche (2008: 47), que representa todo lo que el traductor necesita para llevar a cabo su trabajo.

El planteamiento anterior se vio favorecido por el desarrollo informático en general. De hecho, la forma de programar hoy en día ha cambiado diametralmente respecto a los métodos anteriores, en los que el programador escribía el código, el texto, las coordenadas, las funciones, etc. sin más ayuda que su propio ingenio y habilidad. Las exigencias del mercado dieron lugar a la programación orientada a objetos (OOP por sus siglas en inglés), que facilitó mucho el trabajo del traductor o localizador, ya que disponía de una ayuda visual para la creación de archivos de código y recursos. Este tipo de programación dio lugar a las aplicaciones para interfaces de usuario, como Passolo o Catalyst, que permiten ver el objeto y el contexto que lo rodea con una representación visual en lugar de su código. Este tipo de representación se denomina WYSIWYG (*What You See Is What You Get*), en la que es posible traducir cadenas de texto directamente en el menú, cuadro de diálogo o mensaje y ver su resultado al instante, sin necesidad de otros procedimientos de programación. En definitiva, se trata de un editor visual del contenido de la interfaz de usuario.

Por lo tanto, con esta profusión tecnológica, a principios del siglo XXI, casi todos los formatos eran ya digitales, por lo que fue posible que estos sistemas traspasaran los límites especializados de la localización y arraigaran en la traducción tradicional, ya que permitían las mismas ventajas que para la localización: reducir costes, garantizar una mayor coherencia, acortar plazos e incluso ser más productivos. En la siguiente imagen podemos ver todo este circuito de localización y su relación con los sistemas de TAO y cómo finalmente entraron en la traducción general.

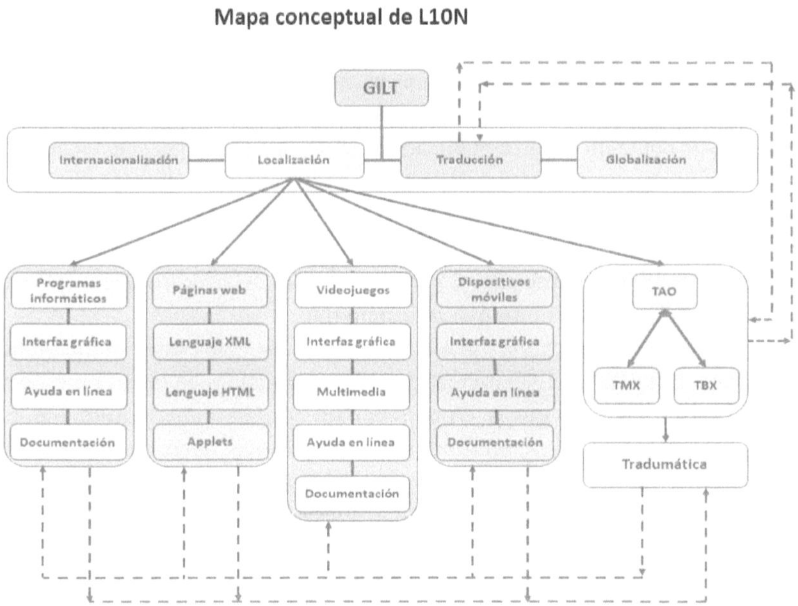

Figura 5. Mapa conceptual de los sistemas TAO con la localización (fuente: elaboración propia)

Esta incorporación generalizada a la industria de la traducción causó mucha controversia y rechazo al principio por parte de algunos profesionales, que consideraban que las máquinas estaban interfiriendo en una tarea humana considerada artesanal, argumentando que estaban convirtiendo la traducción en una mercancía y en una especie de inventario de traducciones. Es cierto que se trataba de un cambio de paradigma de esta concepción de la traducción como oficio para convertirla en una actividad comercial o sectorial, más que artística. Sin embargo, las aguas volvieron poco a poco a su cauce tras constatar también sus posibles efectos beneficiosos en otros aspectos al constatar que también suponían una ayuda si los sistemas se empleaban con sensatez.

4.3. Conexión de los sistemas de TAO con la traducción automática

Como es fácil imaginar, la polémica fue incluso mayor con la aparición más o menos generalizada de la traducción automática en sus distintas variantes, desde los incipientes sistemas basados en reglas hasta la traducción automática neuronal de hoy en día.

La industria de la lengua no es ajena a un mundo en el que la tecnología cambia rápidamente. Los servicios de traducción prestados llevan mucho tiempo utilizando herramientas de traducción asistida por ordenador y traducción automática para cumplir los plazos de entrega, garantizar la adecuación terminológica y la coherencia entre publicaciones, etc. Sin embargo, esta tecnología suelen malinterpretarla quienes utilizan los servicios de traducción de forma esporádica o a toda costa, interpretándola como una solución infalible aplicable a cualquier proyecto… A menudo, hay quienes piensan en los traductores automáticos disponibles en Internet, sin ser conscientes del proceso que implica la traducción, con ese factor humano indispensable.

Por ello, es muy importante diferenciar entre la TAO y los sistemas de traducción automática (TA): la TAO pretende ayudar al traductor en tareas repetitivas o ya realizadas, mientras que la TA pretende sustituir al traductor humano. En otras palabras, la TAO tiene un fundamento estadístico, mientras que la TA lo tiene creativo. Además, antes la traducción automática empleaba traducciones hechas por el hombre (traducción automática estadística) o reglas de relación entre distintas lenguas (traducción automática basada en reglas) y, hoy en día, se basa en enormes corpus que se aplican para proporcionar equivalencias entre palabras y estructuras sintácticas, como en la traducción automática neuronal (NMT), lo que, por otro lado, supone la pérdida de la trazabilidad del error que se pudiera modificar en los sistemas tradicionales.

El uso de estos sistemas por separado o combinados depende del objetivo del proyecto. En la actualidad, con la automatización de ciertos procesos, es posible crear un motor de traducción que almacene traducciones de un área específica producidas por traductores humanos y obtener buenos resultados. Sin embargo, esta traducción generada por los motores debe pasar por un proceso de revisión y comprobación humana para que el resultado final sea lo más parecido posible a una traducción original realizada por traductores reales. Este proceso se conoce como *posedición* y permite que estas traducciones formen parte posteriormente del corpus de entrenamiento del motor, lo que aumenta la precisión de futuras traducciones.

Esta modalidad sigue teniendo muchos detractores en el mundo profesional, pero poco a poco se ha ido perdiendo ese miedo a la desaparición de los traductores humanos al interpretarse que, si se utiliza en los proyectos adecuados y con la metodología apropiada, puede ser de gran ayuda en términos de productividad y reducción de costes. De hecho, desde la implantación de la TA en el ámbito profesional, la facturación anual de la industria de la lengua no ha dejado de crecer cada año, en lo que coinciden las consultoras más conocidas como CSA, Slator o Nimdzi. Si este temor fuera cierto, obviamente habría disminuido. Hay que tener en cuenta que, con la reducción de costes, muchos clientes potenciales se han animado a traducir lo que antes no traducían a un coste mayor, por lo que el volumen ha aumentado en muchos campos de especialización.

En definitiva, ambos sistemas han encontrado un entorno de colaboración que puede facilitar la productividad e incluso la rentabilidad en algunos casos: según la calidad del motor y de la experiencia del poseditor, lo que en apariencia puede ser menos rentable, puede serlo con creces si se examina a fondo el equilibrio entre productividad, horas de dedicación, costes y tarifas.

5. Aparición de los programas de gestión de proyectos

La gestión de proyectos se encuadra en esas destrezas extralingüísticas o interpersonales, que suplementan las competencias propias de la traducción, pues aquellas tienen que ver con cuestiones organizativas y procedimentales más que con el propio ejercicio de la traducción. La gestión de proyectos es una de las tres bases sobre las que se asienta el funcionamiento de una empresa de traducción junto con la gestión de proveedores y las ventas, de acuerdo con Beninatto y Tucker (2017: 11), por lo que, dada su importancia crítica, dispone de su propia tecnología.

Una vez puesto de manifiesto el factor humano que rodea al gestor de proyectos, es necesario analizar su relación con la tecnología. Estos conocimientos especializados deben referirse no solo a la gestión y las competencias interpersonales sino también a las distintas tecnologías de la traducción. Si el gestor de proyectos ha sido traductor antes, sabrá cuáles son las distintas herramientas de TAO porque las ha utilizado —e incluso ha sufrido sus distintos efectos— y podrá valorar mejor cómo se adaptan mejor a cada proyecto. Si, además, han sido revisores, conocerán las herramientas de control de calidad más habituales y qué esperar de ellas. Todo ello supone una ventaja para el gestor que no haya ocupado antes estos puestos profesionales.

5.1. Historia de la tecnología de gestión de proyectos

En la época anterior a la aparición de programas de traducción específicos para el sector, los sistemas administrativos solían consistir en una serie de bases de datos (a menudo en formato MS Access) que no solían integrarse entre sí y se complementaban con hojas de cálculo de MS Excel (a veces vinculadas a bases de datos para mantener los cálculos financieros), MS Project (para saber quién hacía qué y para cuándo) y varias plantillas de documentos en distintos formatos para la comunicación con proveedores y clientes. Además, un sistema de correo electrónico se encargaba de las comunicaciones. El resultado era un sistema independiente de gestión, facturación y finanzas, sin interconexión o con una interconexión muy limitada.

Si el ejercicio de la traducción puede ser estresante, la falta de soluciones de gestión integradas puede crear más estrés y distraer a lingüistas y gestores de proyectos de sus necesidades reales, pues no quedaba tiempo para nuevos desarrollos, el tiempo dedicado a tareas administrativas suponía incrementar los costes y consumir muchos recursos, las tasas de error se multiplicaban y no siempre era posible darles a clientes y proveedores lo que pedían con total inmediatez. Por tanto, era necesario integrar aplicaciones profesionales que ayudaran a controlar la totalidad o parte de estos procesos. De ahí el uso de algunas herramientas de gestión de proyectos.

Hasta no hace mucho, la característica común era la existencia de varios sistemas dispersos y no plenamente integrados, todo ello marcado por las diferentes necesidades y forma de trabajar de cada empresa o departamento. A principios del siglo XXI empezaron a surgir aplicaciones específicas para la gestión unificada de proyectos de traducción, frente a aplicaciones generales como Microsoft Project. Estas aplicaciones se basaban en otras aplicaciones de gestión general existentes aplicadas al campo de la traducción —no siempre con el éxito esperado— o eran aplicaciones de nuevo desarrollo, pero con poca flexibilidad para adaptarse a las particularidades de cada empresa. Por este motivo, cada vez más empresas de traducción desarrollaban sus propios sistemas de gestión o añadían sus propios módulos a las aplicaciones existentes.

Con la aparición de la norma europea de calidad EN 15038 para los servicios de traducción, y sobre todo con su consolidación en la norma ISO 17100 en lo que se refiere a la gestión de proyectos, el flujo de trabajo de un proceso de traducción pasó a ser algo *oficial* o al menos conocido por todos, por lo que algunas aplicaciones más recientes incluyeron los distintos pasos de forma más marcada, e incluso algunas aplicaciones se rediseñaron para satisfacer las exigencias normativas como referencia común para la industria de la lengua. Estos sistemas de flujo de trabajo también incluían módulos que van más allá de la gestión, añadiendo gestión de contenidos, control y entrega de trabajos, memorias de traducción y módulos propios de TAO, por no mencionar la aplicación de la inteligencia artificial a estos programas, capaces de asignar trabajos de forma (semi)automática o de iniciar proyectos con unos cuantos parámetros.

A modo de resumen, Nimdzi (2020) explica cómo ha evolucionado la tecnología de los sistemas de gestión de proyectos de traducción desde los primeros protosistemas emergentes en el siglo pasado hasta 2010, cuando empezaron a establecerse los verdaderos sistemas específicos para la industria de la lengua, como se puede ver en la siguiente imagen:

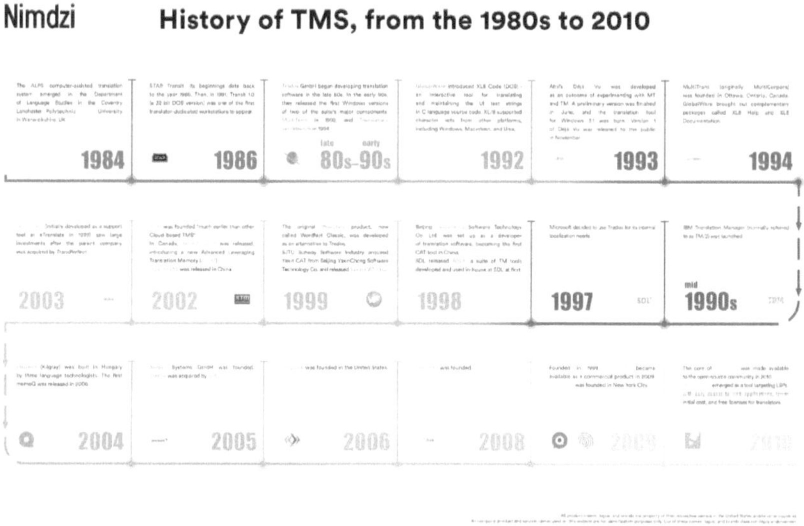

Figura 6. Historia de los sistemas de gestión de proyectos de traducción desde 1984 a 2010 (fuente: Nimdzi, 2020)

Según Nimdzi (2020), tras el año 2010 este sector ha sido floreciente, con numerosos sistemas de este tipo introducidos en el mercado. Por los motivos mencionados, fueron apareciendo nuevos sistemas diseñados específicamente para la industria de la lengua, y, lo que es más, desde que aparecieron, no han dejado de evolucionar e incluso se han convertido en herramientas que van más allá de la propia gestión de proyectos.

Las siglas son de uso común en la industria de la lengua, y estas también han sufrido una evolución. Al principio, la sigla mágica era TAO (CAT en inglés) para las aplicaciones de traducción asistida por ordenador. Al cabo de un tiempo, estos sistemas, impulsados por una necesidad real y las sugerencias de los usuarios, incluyeron módulos y ayudas para la gestión de proyectos, empezando por módulos para medir el número de palabras y su reutilización, a los que se añadieron algunas funciones más. De estas incorporaciones surgieron incluso nuevos productos y nuevas siglas: TMS era el más común (*Translation Management System*), que se sigue utilizando hoy en día. Sin embargo, pronto surgió una nueva (T)BMS (*Translation Business Management System*), pues estos sistemas ya excluyen la posibilidad de traducir con ellos o tener memorias y hacen exactamente eso: facilitar las operaciones empresariales, como es el caso de Plunet o XTRF, por poner dos ejemplos de los más extendidos.

Aclarado este baile de siglas, podemos decir que los TMS, TPMS y BMS se emplean casi como sinónimos, e incluso el TBMS.

Según Lommel (2020), el despegue de los TMS se produjo en 2010, aunque ya existían desde hacía más de una década. Se instalaban en servidores locales o en equipos de sobremesa conectados en red, pero en 2015 se produjo un salto significativo a la nube: el *software* TMS basado en la nube llegó con Smartling, Memsource, WordBee, XTM Cloud, SmartCAT y, más recientemente, memoQ-Cloud y la evolutiva Language Cloud de SDL. A partir de entonces, el estado del arte del TMS se encuentra en el *software* en la nube que ofrece entornos totalmente en línea y en red, además de una gran cantidad de funciones adicionales. El cambio a la nube supuso por fin que las organizaciones pudieran centralizar de forma sistemática y fiable los flujos de datos que controlaban, pero que hasta entonces no habían podido captar porque los archivos se encontraban en múltiples ubicaciones estancas, ordenadores y servidores de gran dispersión.

Una encuesta realizada por Common Sense Advisory (DePalma *et al.*, 2019) demostró que el 69 % de las empresas encuestadas utilizaban un sistema de gestión de proyectos de traducción durante el transcurso de más del 90 % de su trabajo, pero el uso de los TMS era variado y el tipo de TMS dependía de las necesidades individuales de cada empresa. Ya en 2017 un estudio de mercado de Protemos (2017) estableció el grado de implantación de estos sistemas: el 53 % de las empresas utilizaba algún TBMS, y también demostró que cuanto mayor era la empresa, mayor era la posibilidad de que utilizara alguno de estos sistemas.

En el informe ELIS (EUATC, 2023: 36) se observa que las tecnologías de gestión de proyectos y las herramientas de TAO presentan los índices de implantación más elevados del sector, lo que indica lo necesarias que son no solo para la operatividad de empresas y profesionales autónomos, sino también de los departamentos lingüísticos de empresas de otros sectores y las universidades. El segundo puesto está muy disputado entre los sistemas de gestión de proyectos y los de terminología, dependiendo también de quiénes sean sus usuarios, como puede apreciarse en la gráfica. Además, respecto a años anteriores se aprecia un importante avance en el uso de tecnologías de la traducción automática.

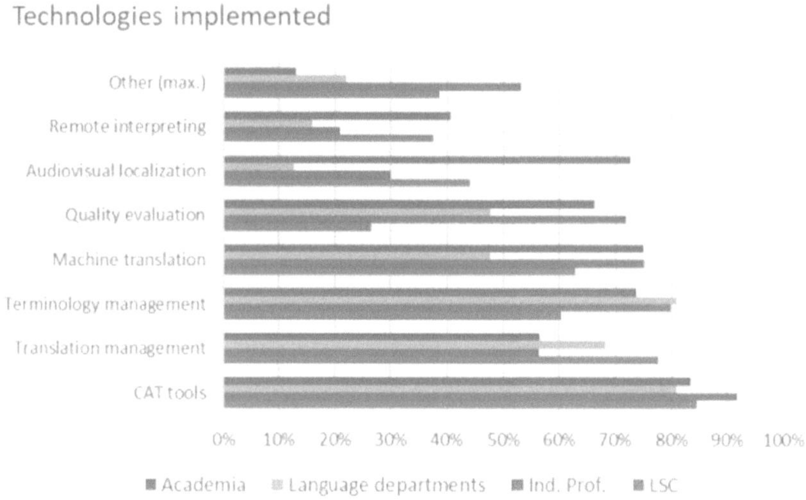

Figura 7. Implantación de la tecnología en empresas de servicios lingüísticos (fuente: EUATC, 2023: 36)

El informe ELIS anterior (EUATC, 2022) mostraba sorprendentemente que el 14 % de los institutos de formación que impartían cursos de interpretación aparentemente no tenían previsto implantar la tecnología de interpretación a distancia, lo que parecía ser una oportunidad perdida.

En comparación con el pasado año, los encuestados del informe actual entre las instituciones educativas informan de un considerable incremento en todos los tipos de implantación de tecnologías. La interpretación a distancia todavía sigue rezagada en su implantación real, pero el 20 % de estos encuestados indica que esta tecnología sí se implantará en el futuro.

Asimismo, es notable en el reciente informe que, en lo referente a la implantación, las herramientas de TAO y de gestión de proyectos, así como de interpretación a distancia y localización audiovisual en lo tocante a su ámbito limitado de actividad, se aproximan a su pleno potencial en el mercado (EUATC, 2023: 36). Los sistemas de gestión de proyectos de traducción siguen desempeñando un papel cada vez más importante en la relación tanto entre las empresas lingüísticas como entre los profesionales independientes de la lengua y sus clientes.

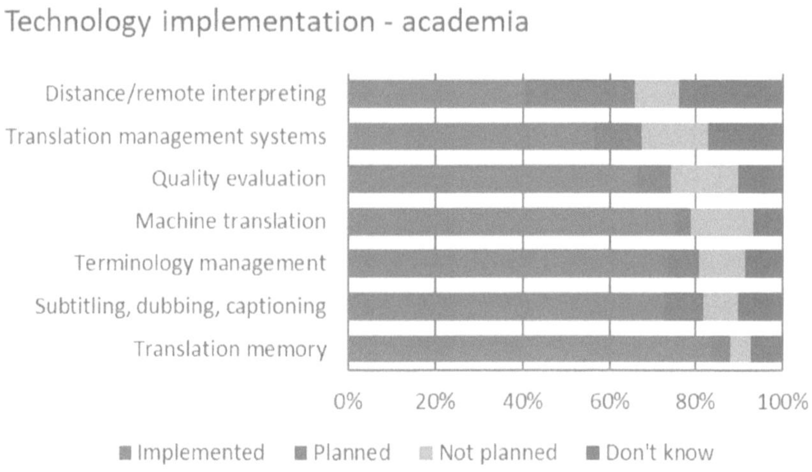

Figura 8. Implantación de la tecnología en universidades (fuente: EUATC, 2022: 25)

De todo lo anterior se desprende claramente la constante aplicación de la tecnología, que presenta un crecimiento continuo, casi desbocado. La automatización resulta muy útil, ya que distintos algoritmos ayudan a optimizar pasos en los que no necesariamente se pide a un gestor de proyectos que aporte valor añadido. Además, al mismo tiempo, disminuye su carga de trabajo administrativo en torno a un 30 %. Los sistemas evolucionan constantemente con aplicaciones más fáciles de usar y funciones más intuitivas con un alto grado de automatización para muchas funciones más allá de la propia gestión. La inteligencia artificial irá más allá de la integración de datos y la automatización del trabajo repetitivo. Por el momento, los TMS están controlados por personas con reglas preprogramadas, pero los sistemas del futuro podrán autocontrolarse y ser capaces de entender los proyectos y el contenido, y quizás ponerse en contacto con los miembros del equipo, incluso con la posible aplicación del reconocimiento de voz: imaginemos a un gestor de proyectos que le pregunte a un asistente virtual sobre la disponibilidad de sus traductores favoritos.

Obviamente, todo este funcionamiento puede hacer que el TMS se convierta en un participante activo en el flujo de trabajo, con capacidad para tomar decisiones basadas en ese aprendizaje. Todo esto permitirá al gestor de proyectos disponer de más tiempo para otras tareas y agilizar su labor, siempre con el factor humano de fondo, ya que ciertas competencias humanas como el sentido común, las destrezas interpersonales y las capacidades estratégicas y proactivas que seguirán siendo esenciales. Cambiará la naturaleza del trabajo, no su esencia.

Todo este proceso tiene que ver con una de las tendencias habituales en cualquier ámbito empresarial propiciada por la interactividad con los clientes y las redes sociales: la experiencia de usuario, que ha generado otra sigla que inunda Internet: UX (*User Experience*), es decir, predecir lo que un usuario quiere hacer a continuación y presentarle las opciones disponibles.

6. Evolución del perfil profesional del traductor

En la industria de la lengua es bien sabido que existe una gran brecha entre el mundo empresarial y el académico, a pesar del gran número de intentos por ambas partes para salvarla. Cuando se pregunta a los profesionales sobre las competencias que deberían adquirir los traductores, estos destacan que la curva de aprendizaje de los traductores noveles suele ser muy elevada (Arevalillo, 2015: 149) y que pudieran necesitar varios meses o incluso unos dos años para operar de forma eficaz en cuanto a productividad y calidad, que son dos indicadores fundamentales de rendimiento en esta profesión. Schäffner (2012: 12) también destacaba que los nuevos contratados rara vez estaban preparados para el trabajo y tenían necesidades inmediatas de formación.

Ha habido numerosos intentos de compilar un perfil de competencias para los traductores, pero estos estudios suelen proceder de entornos académicos que rara vez tienen en cuenta los requisitos de las empresas de traducción o de las asociaciones profesionales. Afortunadamente, ha habido algunas iniciativas emprendidas por la Unión Europea en un intento de reducir tal brecha: proyectos como EMT, Agorà, TransCert, Optimale, Expert o eTransFair, por nombrar solo algunos. Por lo tanto, resulta fundamental esbozar un grupo de competencias lingüísticas y extralingüísticas requeridas en la industria de la lengua para las diferentes tareas y perfiles.

El marco de referencia del EMT (Máster Europeo de Traducción) fue elaborado por un grupo creado por la Dirección General de Traducción de la Comisión Europea con el objetivo de mejorar la calidad de la formación de los traductores. El EMT debe entenderse en este contexto de formación universitaria, que va más allá de las competencias específicamente profesionales. Establece qué lograr, adquirir y dominar al final de la formación o para los requisitos de una actividad concreta, con independencia de dónde, cuándo y cómo se produzca. Se refiere a los fines (competencias), pero no prejuzga los medios (recursos, programas, enseñanza).

El marco del EMT comprende seis competencias mínimas que corresponden a las profesiones relacionadas con la comunicación multilingüe y multimedia, la traducción y las diferentes modalidades de interpretación. La competencia se define como una «combinación de aptitudes, conocimientos, comportamiento y saber hacer necesarios para llevar a cabo una determinada tarea [de traducción] en unas condiciones dadas» (Grupo de Expertos EMT, 2009: 3). En esta definición se tuvieron en cuenta los conocimientos declarativos y procedimentales (también en PACTE, 2000; para una visión general, véase Albir, 2017). Las seis áreas de competencia se consideran igualmente importantes, pero también se considera que son independientes, aunque en ocasiones se solapan, a saber: competencias lingüísticas, interculturales, temáticas, tecnológicas y de extracción de la información.

Si recordamos las competencias de la norma ISO 17100, presentan gran similitud con las antes mencionadas. Está claro que, tanto desde el entorno académico como desde el profesional, las ideas están claras, por lo que es necesario alcanzar esa sinergia que permita una formación integral, actualizada y orientada a rebajar la curva de aprendizaje y potenciar más esta industria, que registra un índice de crecimiento anual continuado que no todas las demás industrias pueden igualar. Se trata de una industria anticrisis, necesaria y omnipresente en la vida y trabajo de las personas, que precisa de profesionales de primer nivel que conjuguen todo tipo de competencias —las propias para el desempeño de su actividad y las que complementan estas más allá del puro trabajo lingüístico— más relacionadas con la gestión que con la producción.

Conclusiones

La tecnología está omnipresente en la industria de la lengua. Ahora es imposible pensar en un proyecto de traducción sin formatos digitales, memorias de traducción, control de calidad, posedición y otras tareas, todas ellas automatizables o semiautomatizables, sin olvidar la gestión de proyectos, que no queda fuera del alcance de toda esta tecnología.

Prueba de ello es el atlas tecnológico Nimdzi (Akhulkova, Hickey y Agulló, 2021), que se actualiza periódicamente con nuevos lanzamientos de herramientas. Este atlas está dividido en secciones en las que se especifican las herramientas más comunes. La aparición de una herramienta en una sección no significa que no aparezca en otras, ya que una de las características de las herramientas modernas es su flexibilidad y alcance, ya que pueden adoptar muchas formas. Pensemos en una aplicación de traducción asistida por ordenador, que normalmente tendrá funciones de gestión de proyectos o, al menos, de ayuda a la gestión de proyectos. Algunas de estas herramientas son puros sistemas de gestión de proyectos y otras son originalmente aplicaciones de TAO que han adaptado varios módulos de gestión.

No cabe ningún género de duda sobre el hecho del cambio de perfil del profesional de la lengua, hasta el punto de que los clientes ya no buscan necesariamente a traductores sino a *lingüistas*, con la idea de que sus servicios pueden ir más allá de la propia traducción o localización, sobre todo con la aparición de los nuevos servicios de datos propiciados por la inteligencia artificial, que abre puertas esperadas e inesperadas que amplían el ámbito del perfil profesional.

Si echamos la vista atrás a finales del siglo pasado, podemos constatar que la tecnología general y la aplicada han propiciado la aparición de nuevas especialidades y perfiles que no dejarán de sorprendernos y que puede llevar a la industria de la lengua a niveles profesionales insospechados.

Referencias bibliográficas

Akhulkova, Y., Hickey, S. y Agulló, B. (2021). *Nimdzi Language Technology Atlas: the Definitive Guide to the Language Technology Landscape*. https://www.nimdzi.com/language-technology-atlas/. Consulta: 26-2-2023.

ANECA [Agencia Nacional de Evaluación de la Calidad y Acreditación] (2004). *Libro blanco del título de grado en Traducción e Interpretación*. http://www.aneca.es/var/media/150288/libroblanco_traduc_def.pdf. Consulta: 24-10-2015.

Arevalillo, J. J. (2015). Gestión de proyectos, control de calidad y categorización de errores a partir del proceso de revisión (tesis doctoral). Universidad de Málaga: Málaga.

Beninatto, R. y Johnson, T. (2017). *The General Theory of the Translation Company*. https://www.nimdzi.com/book/. Consulta: 27-2-2023.

Bonet, J. (2004). Informática y traducción en la Unión Europea. En V. García-Yebra y C. Gonzalo (eds.), *Manual de documentación y terminología para la traducción especializada* (pp. 375–397). Madrid: Arco/Libros.

CSA [Common Sense Advisory] (2022). *Annual Report.* https://www.csagroup.org/annual-report/. Consulta: 26-2-2023.

DePalma, D., Toon, A. y Sargent, B. (2019) *Guide to TMS MarketFlex.* https://insights.csa-research.com/reportaction/305013020/Marketing. Consulta: 27-2-2023.

EMT Expert Group (2009). https://www.researchgate.net/figure/286186070_fig1_Figure-1-The-EMT-model-EMT-Expert-Group-20094. Consulta: 19-01-2017.

EUATC (2023). *European Language Industry Survey (ELIS) 2023: Trends, expectations and concerns of the European language industry.*

EUATC (2022). *European Language Industry Survey (ELIS) 2022: Trends, expectations and concerns of the European language industry.*

Fernández, M., Parra, J. y Sánchez-Gijón, P. (2002). La tradumática: las tecnologías de la información y las comunicaciones y la traducción. En A. Alcina y S. Gamero (eds.), *La traducción científico-técnica y la terminología en la sociedad de la información* (pp. 139–145). Castellón de la Plana: Publicacions de la Universitat Jaume I.

Freigang, K. H. (2009). *Developments in Translation Memory.* http://eventi.dipintra.it/tetra/convegni/tetra_1/allegati/freigang.pdf. Consulta: 26-2-2023.

Hurtado Albir, A. (ed.) (2017). *Researching Translation Competence by PACTE Group* (vol. 127). Ámsterdam: John Benjamins.

IBM (2023). *The birth of the IBM PC.* https://www.ibm.com/history/personal-computer. Consulta: 26-2-2023.

Larsen, I. (2001). Educating Translators for Success? *Language International*, 13 (6), 42–45.

LISA [Localisation Industry Standards Association] (2003). *Guía de introducción al sector de la localización* (2.ª edición), traducida por Hermes Traducciones. Féchy: SMP Marketing & LISA.

Lommel, A. (2020). *TMS is dead. Long live to TMS.* https://csa-research.com/Insights/ArticleID/684/technologies-driving-language-services-industry. Consulta: 27-2-2023.

Nimdzi (2019). *Remote Working in the Language Industry.* https://www.nimdzi.com/remote-working-in-the-language-industry/. Consulta: 26-2-2023.

Nimdzi (2020). *The history of TMS technology: from the 80s to 2010.* https://www.nimdzi.com/the-history-of-tms-technology-from-the-80s-to-2010/. Consulta: 27-2-2023.

Nimdzi (2023). *The 2023 Nimdzi 100: the ranking of the top 100 largest language service providers.* https://www.nimdzi.com/nimdzi-100-top-lsp/. Consulta: 27-2-2023.

PACTE (2000). Acquiring translation competence: hypotheses and methodological problems of a research project. Investigating Translation. En A. Beeby, D. Ensiger y M. Presas (eds.), *Investigating translation* (pp. 99–106). Ámsterdam: John Benjamins.

Protemos (2017). *Protemos Research: Business Management Systems for Translation.* https://protemos.com/blog/research-business-management-systems-for-translation-agencies.html. Consulta: 26-2-2023.

Protemos (2021). *The difference between a translation and a business management system.* https://protemos.com/blog/the-difference-between-a-translation-and-a-business-management-system.html. Consulta: 26-2-2023.

Slator (2022). *The Slator 2022 Language Service Provider Index.* https://slator.com/slator-2022-language-service-provider-index/#:~:text=The%202022%20LSPI%20features%20more,to%20nearly%20USD%209.5bn. Consulta: 26-2-2023.

UNE (2015). *UNE-EN ISO 17100:2015 Servicios de traducción. Requisitos para los servicios de traducción.* Madrid: UNE Normalización Española.

Vilarnau, J. (2001). *La Tradumàtica. Delimitació conceptual i importancia en el procés de formació del traductor* (investigación no publicada). Departament de Filologia Catalana de la Universitat Autònoma de Barcelona: Bellaterra.

Zetzsche, J. (2008). A Maze of TEnTs. *ATA Chronicle*, julio 2008, 47.

Schäffner, C. (2012). Translation competence: training for the real world. En S. Hubscher-Davidson y M. Borodo (eds.), *Global trends in translator and interpreter training: mediation and culture.* Londres: Bloomsbury.

José Tomás Conde Ruano[a] y Ana Muñoz-Miquel[b]

[a]*Universidad del País Vasco (UPV/EHU) y*
[b]*Universitat Jaume I (UJI)*

Perfil profesional de los traductores técnicos en España

Resumen: Este trabajo presenta un estudio longitudinal de tendencias, realizado doce años después de un primer proyecto cuyo objetivo fue analizar las demandas documentales de los profesionales de la traducción especializada. Los datos relacionados con los traductores técnicos fueron publicados solo parcialmente tras el estudio de 2010. Se expone ahora un análisis más exhaustivo, que se coteja con los datos obtenidos en 2022, lo que muestra la evolución de las necesidades documentales de los traductores técnicos. Para el nuevo estudio se ha replicado el proyecto inicial, desde el método de recogida de datos (la encuesta electrónica) hasta la manera de elegir a los informantes (a partir del buscador de profesionales de la web de Asetrad). No obstante, se han modificado algunos aspectos de la primera encuesta y se han incorporado cuestiones relacionadas con el impacto de las nuevas tecnologías en su trabajo. Es precisamente en este sentido donde se aprecian las mayores diferencias entre lo que afirmaban los traductores técnicos en 2010 y lo que afirman en 2022, pues es posible achacar a las herramientas de TA y TAO los cambios relacionados con tareas profesionales, recursos utilizados, necesidades de documentación y clientes principales. A pesar de que los resultados no son del todo extrapolables, el presente estudio destaca no solo por la comparación de los datos recogidos entre ambas encuestas, sino también por la propia metodología, cuya novedad puede servir de inspiración para otros proyectos que pongan en una perspectiva temporal los avances vividos en los distintos entornos de la traducción.

Palabras clave: traducción técnica, traductores profesionales, estudio de tendencias, encuesta, necesidades documentales

Abstract: This paper presents a trend study, carried out twelve years after a first project, the objective of which was to analyze the documentary demands of specialized translation professionals. Data concerning technical translators were only partially published after the 2010 study. A more exhaustive analysis is now presented and compared with the data obtained in 2022, showing the evolution of the documentary needs of technical translators. On the occasion of the new study, we replicated the initial project: not only the method to collect data (the electronic survey), but also the way to choose informants (by means of the search engine of professional translators included on the Asetrad website).

However, we decided to modify some aspects of the first survey and incorporate questions related to the impact of new technologies on the work of technical translators. Indeed, MT and CAT tools might explain the differences observed in the technical translators' responses in 2010 and 2022, and be the cause of the changes related to professional tasks, resources, documentation needs and main clients. Although the present results cannot be entirely extrapolated, this study stands out not only because of the comparison of the data collected between the two surveys, but also because of the research methodology itself, the novelty of which may serve as an inspiration for other projects that put into a time perspective the developments experienced in different translation environments.

Keywords: technical translation, professional translators, trend study, survey, documentary needs

1. Introducción

El protagonismo de la traducción técnica, entendida esta como la traducción de la tecnología y de la aplicación práctica de la ciencia (Schubert, 2010), se mantiene de manera sostenida en los últimos años, como demuestran diversos estudios de mercado (Rico Pérez y García Aragón, 2016; Diéguez *et al.*, 2014; ELIS survey partners, 2021, entre otros). A pesar de que los Estudios de Traducción dirigen cada vez más su mirada hacia la profesión, es de rigor admitir que el peso de los ámbitos técnicos en las universidades no se corresponde con el lugar que ocupan en el entorno laboral (Canadell, 2016: 27). Si bien existen investigaciones que recogen el perfil y las necesidades de los traductores especializados en campos como el jurídico (Monzó-Nebot, 2019), el médico-sanitario (Muñoz-Miquel, 2014) o el audiovisual (Cerezo Merchán, 2012), apenas existen trabajos específicamente centrados en los traductores del ámbito técnico.

Para obtener información de los profesionales en ejercicio, uno de los métodos que más se utiliza es la encuesta. Esta herramienta ha sido utilizada para fines tan diversos como conocer la percepción de los traductores sobre su estatus en la sociedad (Katan, 2009), descubrir el uso que hacen de determinadas herramientas (García Izquierdo y Conde, 2012) o, más recientemente, valorar el impacto de la traducción automática (TA) y la posedición en su profesión (Alvarez-Vidal *et al.*, 2020). Estos estudios se caracterizan por ser transversales, es decir, por describir a una determinada población de traductores en un momento determinado, por lo que no permiten apreciar evolución alguna. Aunque en nuestra disciplina también se han realizado estudios longitudinales —que implican observaciones repetidas de la misma población o variable a lo largo del tiempo—, estos, menos frecuentes, se han utilizado sobre todo para analizar la adquisición de competencias en una misma cohorte de estudiantes en momentos diferentes de su formación. Algunos ejemplos son los trabajos de Gregorio Cano

(2017), sobre la competencia estratégica; Rodríguez y Schnell (2012), sobre los procesos cognitivos en traducción inversa; o Kujamäki (2019), sobre la influencia del texto original al traducir. Los estudios longitudinales aplicados a traductores profesionales son escasos, y el único precedente claro es el trabajo de Liu (2017), que realiza una investigación longitudinal sobre los traductores en China.

Con este trabajo presentamos los resultados de un estudio longitudinal de tendencias sobre traductores técnicos. Tiene su origen en una investigación iniciada en 2010 en el seno del grupo GENTT (Géneros Textuales para la Traducción) de la Universitat Jaume I, cuyo objetivo era perfilar distintos tipos de traductores profesionales —médicos, jurídicos y técnicos— y descubrir sus necesidades a la hora de documentarse. Para ello, se analizó la información recogida en encuestas administradas a traductores de estos ámbitos. Aquella investigación vio publicados algunos resultados (por ejemplo, García-Izquierdo y Conde, 2012; 2014; Muñoz-Miquel y Conde, 2012); no obstante, los que atañían de manera específica a los traductores técnicos permanecieron inéditos para la comunidad científica. Más de una década después, se ha decidido llevar a cabo un segundo estudio para sacarlos a la luz, pero comparados con datos actuales.

El objetivo de este capítulo es analizar la evolución del perfil y de las necesidades documentales de los traductores técnicos comparando los datos recogidos en las encuestas de 2010 y 2022. Dado el impacto de la automatización en los procesos de traducción (Rodríguez, 2017) y en la documentación, la encuesta de 2022 recoge además cuestiones relacionadas con las nuevas tecnologías. El capítulo se organiza como sigue: la sección 2 ofrece una descripción de los materiales y métodos; la 3 expone los resultados, distinguiendo entre los que ayudan a perfilar a los sujetos y los que muestran el uso que hacen de los recursos documentales; por último, figuran (sección 4) las conclusiones y nuevas posibilidades de investigación.

2. Materiales y métodos

Hemos puesto en marcha un estudio longitudinal que examina diferentes muestras de la misma población en momentos distintos con objeto de revelar tendencias o patrones a lo largo del tiempo (Veiga de Cabo *et al.*, 2008). A diferencia de otros estudios de naturaleza longitudinal[1], los de tendencias no

1 Como los de cohortes, que implican el seguimiento de los mismos sujetos en distintos momentos y tienen una finalidad analítica: es decir, pretenden comprobar hipótesis de asociación.

estudian a los mismos sujetos (sí a la misma población) y su finalidad es puramente descriptiva (Liu, 2017; Veiga de Cabo *et al.*, 2008).

2.1. Población y muestra

La población objeto de estudio son los traductores dedicados al ámbito técnico que trabajan con el español. Estos traductores han sido estudiados en dos momentos: en 2010 y en 2022. La muestra se ha obtenido en ambos casos del buscador de profesionales[2] de Asetrad (Asociación Española de Traductores, Correctores e Intérpretes), utilizando como filtro los campos de trabajo relacionados con las áreas técnicas (ingeniería, industria, tecnología, etc.). El censo de 2010 estaba compuesto por 217 traductores, de entre los que se hizo un muestreo aleatorio simple, que seleccionó a 31 personas a las que se dirigió la encuesta. En 2022, el censo estaba formado por 158 profesionales y se envió la encuesta a todos ellos.

2.2. Instrumento de recogida de datos

El método de recogida de datos es la encuesta en línea. En 2010, se diseñó con la herramienta LimeSurvey, y en 2022, con el programa Qualtrics. El objetivo es obtener información sobre el perfil del traductor técnico (géneros textuales y temas que traduce, lenguas de trabajo, años de experiencia, clientes, etc.), y ahondar en las necesidades ligadas a la documentación y al uso de corpus. Tanto la encuesta de 2010 como la de 2022 (en adelante, E10 y E22, respectivamente) incluían las mismas 19 preguntas, salvo excepciones debidas a:

1) Las posibilidades de diseño. Por ejemplo, en la E10 se incluyeron preguntas abiertas para indicar categorías no incluidas en algunas preguntas, mientras que en la E22 la propia pregunta ha permitido incluir un campo de texto abierto con este fin.
2) La introducción de mejoras. La experiencia obtenida en el análisis de la E10 aconsejó modificar la formulación de algunas preguntas; por ejemplo, en la pregunta sobre clientes, la E10 no distinguía entre empresas de servicios y empresas de traducción; en la E22 sí que se ha realizado esta distinción.
3) La inclusión de preguntas relacionadas con las nuevas tecnologías y su posible influencia en los procesos de documentación, no contempladas en la E10.

---

2 Véase: https://asetrad.org/buscarprofesional.

Para comprobar la validez y comprensibilidad de las preguntas, ambos estudios contaron con sendas pruebas piloto, con traductores que pertenecían a la población objetivo.

2.3. Herramienta de análisis y tasa de respuesta

Los datos se han analizado con el programa estadístico R. Para comprobar si las diferencias entre ambas muestras son estadísticamente significativas, se ha realizado un test exacto de Fisher para todas las variables excepto las continuas (edad y años de experiencia); en estas últimas se ha empleado una prueba t-Student. Se ha considerado que un valor de p igual o inferior a 0.05 muestra una diferencia significativa (Wood 2003).

La E10 fue contestada por 18 informantes, lo que supone una tasa de respuesta del 58 % (considerando la selección de 31 traductores). La E22 fue respondida por 100 personas (tasa de respuesta de 63.3 %), si bien solo 26 respuestas fueron válidas: el resto estaban incompletas y no se han analizado.

3. Resultados y discusión

En esta sección se presentan las respuestas agrupadas en tres bloques: en el primero figuran los datos sociodemográficos; en el segundo, las respuestas a cuestiones profesionales, y en el tercero, aspectos acerca de las herramientas documentales.

3.1. Datos sociodemográficos[3]

La proporción de mujeres y hombres no varía entre los grupos: en 2010, el 77.7 % eran mujeres, frente a un 73.08 % en 2022. Este dato está en consonancia con la imagen tradicional de esta profesión, con predominio femenino (Pym *et al.*, 2012). Respecto a la edad, la media era diez años menor en 2010 (37.8) que en 2022 (47.4), una diferencia estadísticamente significativa ($p = 0.004$) que podría deberse a que los traductores más jóvenes no se asocian a Asetrad o a que no se decantan por este ámbito de especialización. En 2010 la experiencia media era de 11.3 años; en 2022, la media asciende a los 18.1 ($p = 0.020$).

3 Las encuestas incluían también una pregunta sobre el nivel de estudios, que no se muestra en este capítulo por limitaciones de espacio.

3.2. Perfil profesional

A continuación, se muestran los resultados en torno a las siguientes cuestiones: tareas desempeñadas, ámbitos y géneros traducidos, clientes y lenguas de trabajo.

3.2.1. Tareas desempeñadas

La Tabla 1 muestra las tareas que los informantes afirman haber desempeñado en los seis meses anteriores a la realización de la encuesta, ordenadas según los datos de 2022[4]. La E22 incluye nuevas categorías (franjas grises en la tabla) para contemplar tareas derivadas de los avances tecnológicos, así como otras actividades que investigadores del campo técnico (Byrne, 2012; Olohan, 2016) consideran propias del sector.

Tabla 1. Tareas

Tipo de tarea	2010 (N = 18)	2022 (N = 26)	Valor *p*
Traducción	18 (100 %)	26 (100 %)	.
Revisión/Corrección	12 (66.67 %)	17 (65.38 %)	1.000
Posedición	n/d	8 (30.77 %)	-
Gestión de empresa	4 (22.22 %)	4 (15.38 %)	0.697
Localización de software	n/d	4 (15.38 %)	
Interpretación	3 (16.67 %)	3 (11.54 %)	0.676
Enseñanza de idiomas	2 (11.11 %)	3 (11.54 %)	1.000
Redacción técnica	1 (5.56 %)	2 (7.69 %)	1.000
Gestión terminológica	1 (5.56 %)	2 (7.69 %)	1.000
Formación de traductores	1 (5.56 %)	2 (7.69 %)	1.000
Gestión de proyectos	2 (11.11 %)	1 (3.85 %)	0.558
Gestión documental	0 (0 %)	1 (3.85 %)	1.000
Edición técnica o DTP	n/d	1 (3.85 %)	-
Testeo lingüístico	n/d	1 (3.85 %)	-

Todas las opciones han sido mencionadas en ambos grupos, lo que indica que la realización de tareas variadas se mantiene con los años. La tarea más desempeñada es la traducción, seguida a mucha distancia de la revisión/corrección,

4 Todas las tablas se han ordenado de mayor o menor tomando como referencia los datos de 2022.

la gestión de empresa y la interpretación. En 2022 entran con fuerza dos categorías que no aparecían en la E10 (posedición y localización de software), lo que apunta a su creciente importancia. No se puede decir lo mismo de la edición técnica y del testeo lingüístico, citadas una sola vez. Del resto de tareas se encargan pocos traductores.

3.2.2. Ámbitos

La Tabla 2 recoge el ámbito al que pertenecen los textos técnicos que los sujetos dicen haber traducido en los seis meses anteriores a cada encuesta. Para elegir las categorías, se partió de los campos incluidos en el buscador de profesionales de Asetrad. En la E22, a sugerencia de las expertas que completaron la prueba piloto, se añadió la categoría Arquitectura.

Tabla 2. Ámbitos

Ámbitos	**2010 (N = 18)**	**2022 (N = 26)**	**Valor *p***
Informática	9 (50 %)	10 (38.46 %)	0.653
Ingeniería/tecnología mecánica	5 (27.78 %)	9 (34.62 %)	0.881
Tecnología médica	6 (33.33 %)	8 (30.77 %)	1
Electrónica	4 (22.22 %)	7 (26.92 %)	1
Procesos tecnológicos	2 (11.11 %)	6 (23.08 %)	0.439
Tecnología de vehículos	2 (11.11 %)	6 (23.08 %)	0.439
Telecomunicaciones	2 (11.11 %)	6 (23.08 %)	0.439
Construcción	3 (16.67 %)	5 (19.23 %)	1
Arquitectura	n/d	4 (15.38 %)	-
Ingeniería/tecnología eléctrica	2 (11.11 %)	4 (15.38 %)	1
Tecnología industrial	4 (22.22 %)	4 (15.38 %)	0.697
Aeronáutica	1 (5.56 %)	3 (11.54 %)	0.634
Tecnología transporte	1 (5.56 %)	3 (11.54 %)	0.634
Tecnología minas	0 (0 %)	3 (11.54 %)	0.258
Ingeniería agrícola	0 (0 %)	2 (7.69 %)	0.505
Instrumentación	0 (0 %)	2 (7.69 %)	0.505
Medio ambiente	0 (0 %)	2 (7.69 %)	0.505
Tecnología energética	0 (0 %)	2 (7.69 %)	0.505
Tecnología metalúrgica	0 (0 %)	2 (7.69 %)	0.505
Ingeniería química	0 (0 %)	2 (7.69 %)	0.505

(*continúa*)

Tabla 2. Continúa

Ámbitos	**2010 (N = 18)**	**2022 (N = 26)**	**Valor *p***
Tecnología alimentación	2 (11.11 %)	1 (3.85 %)	0.558
Tecnología ferrocarriles	1 (5.56 %)	1 (3.85 %)	1
Tecnología materiales	1 (5.56 %)	1 (3.85 %)	1
Tecnología textil	0 (0 %)	1 (3.85 %)	1
Planificación urbana	2 (11.11 %)	0 (0 %)	0.162
Tecnología nuclear	1 (5.56 %)	0 (0 %)	0.409

Los ámbitos predominantes en 2010 se mantienen en 2022: informática, ingeniería/tecnología mecánica, tecnología médica y electrónica. En ambos grupos hay opciones citadas por un solo sujeto, y muchas de ellas coinciden. La principal diferencia es que el grupo de 2022 ha citado más ámbitos (mencionan el 92.86 % de los ámbitos, frente al 70.37 % que cita el grupo de 2010), lo que puede indicar que actualmente los traductores están más diversificados o que hay necesidades de traducción en ámbitos más diversos. Hay dos categorías que no han sido citadas y no aparecen en la tabla: tecnología de petróleo y tecnología naval.

3.2.3. Géneros

La Tabla 3 muestra los géneros textuales más traducidos. En la E22 se han introducido cuatro categorías nuevas, teniendo en cuenta las consideraciones respecto a los géneros más habituales de este ámbito de autores de Byrne (2012) y Olohan (2016).

Tabla 3. Géneros

Géneros	**2010 (N = 18)**	**2022 (N = 26)**	**Valor *p***
Manual instrucciones/instalación/uso	13 (72.22 %)	12 (46.15 %)	0.159
Ficha técnica	n/d	10 (38.46 %)	-
Software	9 (50 %)	9 (34.62 %)	0.479
Artículo divulgativo	2 (11.11 %)	9 (34.62 %)	0.155
Artículo técnico	7 (38.89 %)	8 (30.77 %)	0.814
Especificaciones de producto	n/d	8 (30.77 %)	-
Catálogo de producto	6 (33.33 %)	7 (26.92 %)	0.903
Documentación sobre cursos	2 (11.11 %)	6 (23.08 %)	0.439

Tabla 3. Continúa

Géneros	**2010 (N = 18)**	**2022 (N = 26)**	**Valor *p***
Nota de prensa	8 (44.44 %)	5 (19.23 %)	0.143
Carta o circular	3 (16.67 %)	5 (19.23 %)	1
Publicidad técnica (anuncio, folleto)	3 (16.67 %)	5 (19.23 %)	1
Publicidad general (anuncio, folleto)	3 (16.67 %)	4 (15.38 %)	1
Certificado técnico	2 (11.11 %)	4 (15.38 %)	1
Manual de ventas	2 (11.11 %)	3 (11.54 %)	1
Obra de referencia (tratado, manual)	1 (5.56 %)	3 (11.54 %)	0.634
Procedimiento	0 (0 %)	3 (11.54 %)	0.258
Manual de mantenimiento	n/d	3 (11.54 %)	-
Memoria/informe anual	7 (38.89 %)	2 (7.69 %)	0.021
Listado de piezas	3 (16.67 %)	2 (7.69 %)	0.386
Manual de calidad	1 (5.56 %)	2 (7.69 %)	1
Reunión/curso	1 (5.56 %)	2 (7.69 %)	1
Patente	0 (0 %)	2 (7.69 %)	0.505
Hoja de datos de seguridad de materiales	n/d	2 (7.69 %)	-
Proyecto	2 (11.11 %)	1 (3.85 %)	0.558
Acta de reunión	1 (5.56 %)	1 (3.85 %)	1
Pliego de condiciones	1 (5.56 %)	1 (3.85 %)	1
Plan técnico	0 (0 %)	1 (3.85 %)	1
Reglamento técnico	0 (0 %)	1 (3.85 %)	1
Informe técnico	7 (38.89 %)	0 (0 %)	0.001
Garantía producto	3 (16.67 %)	0 (0 %)	0.062
Monografía divulgativa	2 (11.11 %)	0 (0 %)	0.162
Monografía especializada	2 (11.11 %)	0 (0 %)	0.162
Marca (propiedad industrial)	1 (5.56 %)	0 (0 %)	0.409
Memoria de calidad	1 (5.56 %)	0 (0 %)	0.409
Modelo de utilidad	1 (5.56 %)	0 (0 %)	0.409
Norma	1 (5.56 %)	0 (0 %)	0.409
Obra didáctica	1 (5.56 %)	0 (0 %)	0.409
Plan de estudios	1 (5.56 %)	0 (0 %)	0.409
Solicitud de desarrollo de producto	1 (5.56 %)	0 (0 %)	0.409

En 2022 se sigue traduciendo una amplia variedad de géneros, aunque en 2010 se citó un mayor número de ellos: el 88.9 % de los géneros aparecieron mencionados en la E10, frente al 72.5 % en la E22. Este resultado es opuesto al observado con los ámbitos. Ha habido géneros que ningún sujeto ha mencionado, aunque no coinciden en 2010 y en 2022. Los géneros cuya demanda de traducción se mantiene estable con los años son el manual de instrucciones/de instalación/de uso (género por antonomasia de este ámbito), el software, el artículo divulgativo, el artículo técnico y el catálogo de producto. Entre ellos, el manual y el software se traducen menos en 2022, aunque no se aprecia significatividad estadística. Hay que destacar el caso de la ficha técnica, que no aparecía en la E10 y que, sin embargo, en la E22 ocupa el segundo lugar. También destaca el género especificaciones de producto, que traduce más del 30 % de los informantes. Se observa también una reducción significativa en la traducción del informe técnico: en 2010 casi el 40 % de los sujetos traducía este género y en 2022 ningún informante afirma haberlo traducido. Otras reducciones, si bien no estadísticamente significativas, las encontramos en la memoria/informe anual y la garantía de producto.

3.2.4. Clientes

Respecto a los clientes, la E22 incorpora dos categorías no presentes en la E10: Administración pública y Empresas de traducción o proveedoras de servicios lingüísticos.

Tabla 4. Clientes

Clientes	**2010 (N = 18)**	**2022 (N = 26)**	**Valor *p***
Empresas de traducción	n/d	19 (73.08 %)	-
Empresas industriales	10 (55.56 %)	10 (38.46 %)	0.417
Particulares	10 (55.56 %)	7 (26.92 %)	0.109
Ingenieros/especialistas	3 (16.67 %)	5 (19.23 %)	1.000
Administración pública	n/d	4 (15.38 %)	-
Empresas de servicios (telefonía, teleco, etc.)	13 (72.22 %)	4 (15.38 %)	<0.001
Organismos oficiales	4 (22.22 %)	3 (11.54 %)	0.419
Revistas	1 (5.56 %)	3 (11.54 %)	0.634
Editoriales	3 (16.67 %)	3 (11.54 %)	0.676

La diferencia más significativa (Empresas de servicios) puede deberse al cambio de redacción en las categorías. Como se ha apuntado antes, la E10 hablaba solo de Empresas de servicios, y la E22 diferenciaba entre Empresas de traducción y Empresas de servicios (telefonía, transportes, telecomunicaciones, etc.). La reducción en el porcentaje de traductores que trabajan para empresas de servicios sugiere que en la E10 muchos identificaron las empresas de servicios con las de traducción. Lo mismo puede ocurrir con la mayor presencia de los organismos oficiales en 2010, que se debería a que entonces no se había incluido la opción Administración pública, más marcada en la E22. Mención especial merece la disminución del porcentaje de informantes que trabaja para particulares. Si bien esta diferencia no llega a ser significativa, sí podría relacionarse con el uso cada vez más generalizado que se hace de la TA, que podría hacer que muchos particulares prescindieran de los servicios de traductores profesionales. Con todo, se observa que, en términos generales, además de las empresas de traducción, los clientes más habituales son las empresas industriales, los particulares, los especialistas y los entes públicos/oficiales. Por consiguiente, la traducción para clientes directos tiene un peso considerable.

3.2.5. Idiomas

La Tabla 5 muestra las lenguas origen y destino de los sujetos. En la E22 se han incluido todas las lenguas cooficiales de España (en la E10 solo estaba recogido el catalán)[5].

Tabla 5. Idiomas

Lengua origen				Lengua destino			
Idioma	2010 (N = 18)	2022 (N = 26)	Valor *p*	Idioma	2010 (N = 18)	2022 (N = 26)	Valor *p*
Inglés	15 (83.33 %)	23 (88.46 %)	0.676	Español	13 (72.22 %)	23 (88.46 %)	0.240
Español	3 (16.67 %)	11 (42.31 %)	0.143	Inglés	7 (38.89 %)	8 (30.77 %)	0.814
Alemán	7 (38.89 %)	5 (19.23 %)	0.183	Catalán	0 (0 %)	3 (11.54 %)	0.258
Francés	4 (22.22 %)	5 (19.23 %)	1.000	Italiano	0 (0 %)	2 (7.69 %)	0.505
Italiano	2 (11.11 %)	3 (11.54 %)	1.000	Alemán	1 (5.56 %)	1 (3.85 %)	1.000
Catalán	1 (5.56 %)	1 (3.85 %)	1.000	Francés	2 (11.11 %)	1 (3.85 %)	0.558
Gallego	n/d	1 (3.85 %)	-	Gallego	n/d	1 (3.85 %)	-
Euskera	n/d	0 (0 %)	-	Euskera	n/d	1 (3.85 %)	-
Portugués	1 (5.56 %)	0 (0 %)	0.409	Portugués	0 (0 %)	0 (0 %)	-

5 La razón es que la E10 partía de un proyecto originariamente financiado por la Comunidad Valenciana.

En los datos relativos al idioma de origen, puede verse que los tres predominantes son el inglés, el español y el alemán. Se mantiene la clara preponderancia del inglés, auténtica *lingua* franca de la ciencia y la tecnología. Destaca asimismo que el español sea ahora el segundo idioma desde el que más se traduce, puesto que ocupaba el alemán en 2010. En cualquier caso, el poder tecnológico alemán puede explicar la posición, tan destacada, de su lengua, en comparación con otras, como el francés o el italiano. Además, aunque el porcentaje es bajo, los datos reflejan que se generan textos técnicos originales en la mayoría de las lenguas cooficiales, que se traducen posteriormente a otras lenguas, lo que también podría deberse a que parte de los clientes de los traductores son las administraciones públicas. Respecto al idioma de llegada, en 2022 hay más variedad de lenguas meta, entre las que destaca el español, un dato esperable, dado que los informantes pertenecen a una asociación nacional (la mayoría serán españoles y traducirán a su lengua materna). A bastante distancia está el inglés. La presencia de lenguas cooficiales, al igual que en el caso del idioma origen, podría deberse al tipo de clientes para los que muchos traductores trabajan (esto es, entes públicos).

3.3. Necesidades documentales

Este apartado incluye los recursos y las herramientas documentales utilizados, la finalidad de las consultas terminológicas y el uso que se hace de los corpus.

3.3.1. Recursos y herramientas documentales

La Tabla 6 muestra los recursos y las herramientas que los sujetos utilizan para documentarse. En 2022 se han incluido recursos no contemplados en la E10 que, en su mayoría, responden a avances tecnológicos. Asimismo, aparecen otras opciones que se consideran relevantes en campos especializados como el técnico (por ejemplo, la consulta directa a especialistas en la materia).

Tabla 6. Recursos y herramientas documentales

Recursos y herramientas documentales	**2010 (N = 18)**	**2022 (N = 26)**	**Valor *p***
Correctores ortotipográficos	n/d	26 (100 %)	-
Memorias de traducción	15 (83.3 %)	26 (100 %)	0.062
Recursos de elaboración propia (glosarios, memorias, etc.)	n/d	26 (100 %)	-
Diccionarios bilingües especializados	17 (94.4 %)	26 (100 %)	0.409
Corpus generales o específicos	12 (66.7 %)	26 (100 %)	0.003
Diccionarios monolingües especializados	17 (94.4 %)	26 (100 %)	0.409
Bases de datos terminológicas	16 (88.9 %)	25 (96.15 %)	0.558
Diccionarios bilingües generales	17 (94.4 %)	25 (96.15 %)	1.000
Respuestas en comunidades de traductores/lingüistas	16 (88.9 %)	25 (96.15 %)	0.558
Textos paralelos	n/d	24 (92.31 %)	-
Diccionarios monolingües generales	17 (94.4 %)	24 (92.31 %)	1.000
Consulta directa a persona conocida (experto)	n/d	24 (92.31 %)	-
Manuales y obras conceptuales	14 (77.8 %)	23 (88.46 %)	0.419
Sistema de gestión de traducciones (TAO, TA, glosarios) en local	n/d	22 (84.62 %)	-
Respuestas en comunidades de expertos en la materia	12 (66.7 %)	22 (84.62 %)	0.273
Sistema de gestión de traducciones (TAO, TA, glosarios) en la nube	n/d	19 (73.08 %)	-
Traductores automáticos integrados en una TAO	n/d	18 (69.23 %)	-
Tesauros	12 (66.7 %)	18 (69.23 %)	1.000
Traductores automáticos en web	n/d	17 (65.38 %)	-

Los traductores utilizan recursos de todo tipo (todos han sido seleccionados). En 2022 aumenta el porcentaje de traductores que los usan, que es superior al de 2010 en todas las categorías. Hay seis recursos que usa el 100 % de los sujetos: los correctores ortotipográficos, las memorias de traducción, los recursos de elaboración propia (glosarios, fichas terminológicas, memorias, etc.), los diccionarios especializados (bilingües y monolingües) y los corpus (Linguee, CREA, Chemnitz, ECI/MCI, ETDEWEB, IDS, etc.). También son fundamentales las bases de datos terminológicas, los diccionarios bilingües y las respuestas en comunidades de traductores. Los aumentos más destacados son los de los siguientes recursos:

- los corpus (una diferencia estadísticamente significativa), posiblemente por el surgimiento de corpus como Linguee y la mejora de otros ya existentes;
- las memorias, lo que indica que hoy día ningún traductor técnico trabaja sin una herramienta de TAO; y
- la consulta a expertos a través de comunidades virtuales, un recurso clave para resolver problemas conceptuales y terminológicos.

Cabe subrayar el peso tan importante de las herramientas tecnológicas (como los sistemas de gestión de traducciones en la nube y en local, los traductores automáticos, etc.), pues una amplia mayoría de traductores los utiliza. A este respecto, destaca el porcentaje de traductores que utilizan la TA, opción que no se incluyó en la E10.

En las encuestas se incluyó una pregunta para que los informantes especificaran qué recursos consultaban también en entornos no digitales (Tabla 7). En este caso, se eliminaron las categorías que no eran accesibles mediante esta vía.

Tabla 7. Recursos documentales en entornos no digitales

Recursos consultados en papel	**2010 (N = 18)**	**2022 (N = 26)**	**Valor *p***
Diccionarios bilingües especializados	15 (83.3 %)	14 (53.85 %)	0.088
Consulta directa a persona conocida (experto)	n/d	13 (50 %)	-
Diccionarios monolingües especializados	15 (83.3 %)	10 (38.46 %)	0.008
Diccionarios bilingües generales	15 (83.3 %)	9 (34.62 %)	0.004
Textos paralelos	n/d	7 (26.92 %)	-
Manuales y obras conceptuales	12 (66.7 %)	7 (26.92 %)	0.021
Diccionarios monolingües generales	15 (83.3 %)	6 (23.08 %)	<0.001
Recursos de elaboración propia	n/d	5 (19.23 %)	-
Corpus generales o específicos	2 (11.1 %)	3 (11.54 %)	1.000
Tesauros	6 (33.3 %)	2 (7.69 %)	0.048

Como era previsible, los traductores técnicos consultan menos recursos documentales en papel que en 2010, una diferencia que es, además, estadísticamente significativa en todos los ítems. La tendencia, especialmente visible en el caso de los diccionarios (en 2010 más del 80 % de los traductores consultaba diccionarios en papel), subraya la presencia cada vez mayor de los recursos digitales accesibles únicamente en línea. Ahora bien, todavía muchos traductores (entre el 23 y el 53 %) siguen confiando en las obras impresas.

También se quiso saber qué obras consideran de utilidad para la traducción técnica. En la E10, esta pregunta era opcional, y solo se registraron tres respuestas; en cambio, en la E22 era de respuesta obligatoria, y los informantes han mencionado 40 recursos diferentes, tanto digitales como impresos. Los más citados (entre el 10 y el 30 % de los sujetos lo hacen) se encuentran: IATE, Diccionario técnico EN-ES Federico Beigbeder Atienza, Cosnautas, Linguee, Portal Lingüístico de Microsoft, Dictindustry, Eurlex, Diccionario de términos médicos de la RANM, Fundéu, RAE y Termcat.

3.3.2. *Información consultada*

Dado que gran parte de las consultas documentales que realizan los traductores especializados son terminológicas, se ha querido saber con qué objetivo realizaban este tipo de consultas, indicando, además, la frecuencia: Nunca (1), A menudo (2), Siempre (3). La E10 solo incluía dos categorías: para encontrar el término equivalente en lengua meta y para conocer su significado. En la E22 se han introducido dos más: para buscar sinónimos o traducciones alternativas, y para conocer el contexto de uso del término.

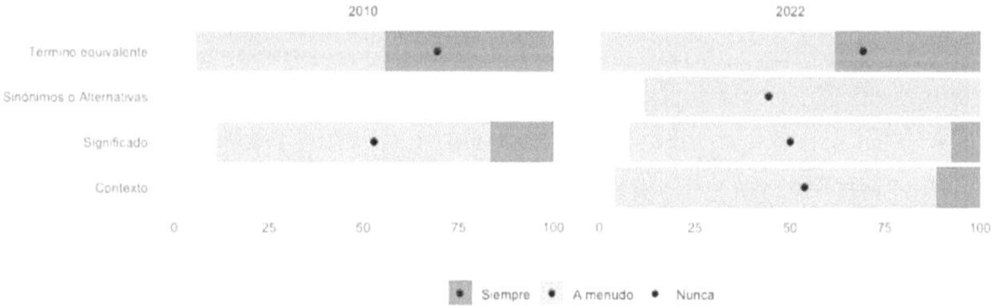

Figura 1. Consultas terminológicas

El punto en las barras representa la media obtenida en la escala Likert, que ha sido convertida a escala 0–100. Se aprecia que los resultados respecto a la realización de consultas para encontrar el término equivalente y para conocer el significado son prácticamente idénticos en los dos grupos. En 2022, con la inclusión de las nuevas categorías, las consultas terminológicas son fundamentalmente para encontrar el término equivalente (único tipo de consulta que realiza el 100 % de los informantes). Los otros tres tipos se sitúan al mismo nivel de frecuencia.

Dada la relevancia de los corpus como recurso documental, en las encuestas se incluyeron dos preguntas relacionadas con su uso. En primer lugar, se quiso saber qué necesidad motivaba la consulta de corpus (por ejemplo, ver cómo se estructuran textos de similares características, consultar la terminología y la fraseología, resolver cuestiones temáticas, etc.). La Tabla 8 muestra el porcentaje de sujetos que consulta los corpus con un fin determinado.

Tabla 8. Información que busca obtenerse de los corpus

Información que busca obtenerse de los corpus	2010 (N = 18)	2022 (N = 26)	Valor *p*
Contexto/situación comunicativa	12 (66.67 %)	19 (73.08 %)	0.903
Tema/conceptos	14 (77.78 %)	19 (73.08 %)	1
Registro/nivel de formalidad	8 (44.44 %)	18 (69.23 %)	0.183
Estructura	7 (38.89 %)	18 (69.23 %)	0.091
Gramática	11 (61.11 %)	18 (69.23 %)	0.814
Terminología/Fraseología	16 (88.89 %)	17 (65.38 %)	0.155

Como puede apreciarse, los corpus sirven para resolver problemas diversos. Aunque no hay diferencias estadísticamente significativas, parece que la tendencia en 2022 es a utilizarlos para fines más variados. La diferencia más notable (casi estadísticamente significativa) se da en el registro: ahora los traductores usan más los corpus para conocer el registro o nivel de formalidad de un término o expresión. La mejora que han experimentado los corpus en los últimos años, que ahora permiten obtener más información, podría explicar estos datos.

La segunda pregunta sobre corpus era abierta y con ella se pretendía conocer qué información echaban de menos los informantes en los corpus que conocían. Al tratarse de una pregunta opcional, se registraron pocas respuestas en ambas encuestas. Lo más señalado es que los corpus no suelen aportar información contextual o de uso (lo cual puede resultar chocante, habida cuenta del tipo de información que suelen ofrecer los corpus), o que están poco actualizados. Un sujeto en la E10 aludía a su dificultad de uso, pero esta cuestión no ha sido citada en la E22.

3.3.3. *Nuevas tecnologías*

Como se avanzaba en la introducción de este capítulo, la imparable automatización de la traducción y el empleo tan habitual que se hace de los programas de TAO y, cada vez más, de TA, han aconsejado incluir en la E22 dos preguntas (una cerrada y otra abierta) con las que conocer si las nuevas tecnologías influyen de alguna manera en las necesidades documentales. La Tabla 9 muestra en qué medida (desde Nada hasta Mucho) el uso de la TAO y la TA han modificado las necesidades documentales (por ejemplo, cantidad y tipo de búsquedas realizadas, momento del proceso traductor en el que se realizan las consultas, etc.) de los informantes.

Tabla 9. Impacto de las nuevas tecnologías en las necesidades documentales

	Nada (1)	Poco (2)	Algo (3)	Bastante (4)	Mucho (5)	Media
TAO	5 (19.23 %)	0 (0 %)	10 (38.46 %)	3 (11.54 %)	8 (30.77 %)	3.35
TA	5 (19.23 %)	5 (19.23 %)	7 (26.92 %)	4 (15.38 %)	5 (19.23 %)	2.96

Ambas tecnologías parecen haber afectado a las necesidades documentales de los traductores, si bien la TAO es la que mayor impacto ha tenido. La razón podría estar en la larga trayectoria que tiene y en el hecho de que, hoy en día, la mayoría de traductores técnicos trabajan con este tipo de programas, en comparación con el uso más incipiente de la TA en la traducción profesional.

Entre la información cualitativa aportada por los informantes para justificar su respuesta (pregunta abierta) se encuentran razones de todo tipo. Respecto a la TAO, la mayoría indican que con estos programas las necesidades de búsqueda documental son generalmente menores, dado que las memorias suelen contener equivalentes y fraseología de preferencia del cliente que agilizan las búsquedas y evitan consultas adicionales de verificación; eso sí, hay traductores que matizan que eso solo es posible cuando las memorias y las bases terminológicas son de calidad. En cuanto a la TA, la mayoría de las respuestas indican que, como las soluciones que aporta esta tecnología no son lo suficientemente fiables, no sirven para reducir las necesidades de búsqueda documental. También hay comentarios que apuntan que, al disponer de un texto traducido como base, las búsquedas se realizan más hacia el final del proceso y se limitan a la mera comprobación, por lo que son más rápidas que cuando se busca un término desde cero. Un informante indica, de hecho, que «la TA es extremadamente útil para ahorrar tiempo en el ámbito técnico». Finalmente, hay cinco respuestas que señalan que estas tecnologías apenas reducen las consultas documentales, pues siempre hay que asegurarse de que la traducción ofrecida es la correcta.

Conclusiones

La traducción técnica tiene una importancia indiscutible en el mercado de la traducción. A pesar de ello, desde los Estudios de Traducción apenas se han emprendido investigaciones con el objetivo de acercarse a la idiosincrasia de los profesionales que se ocupan de este campo y, menos aún, de sus necesidades desde el punto de vista de la documentación. En este capítulo se han presentado los resultados de un estudio longitudinal de tendencias para analizar si el perfil y las necesidades documentales de los traductores técnicos han cambiado durante los últimos años, mediante la comparación de los datos recogidos en dos momentos temporales: 2010 y 2022.

Respecto a los aspectos profesionales, los resultados indican que estamos ante un sector estable, con variaciones que apuntan a un campo vivo que responde a las necesidades del mercado, pero en el que no parece que se hayan producido cambios sustanciales. La excepción son los relacionados con las tecnologías, que en gran parte podrían haber afectado a las tareas profesionales, los recursos y las herramientas utilizados, y las necesidades de documentación. Así, aunque las tareas más habituales se mantienen, entran con fuerza las derivadas de la TA, como la posedición, que un importante porcentaje de traductores (30 %) afirma realizar. Se sigue traduciendo una amplia gama de géneros y ámbitos, aunque la variedad de los primeros ha disminuido. Respecto a los clientes, se mantienen los principales (empresas de traducción, empresas industriales, especialistas, entes públicos, etc.), aunque hay un descenso en los particulares, el cual podría estar relacionado con el uso cada vez más generalizado que se hace de la TA: esta tecnología podría estar haciendo que se reduzca la demanda de servicios de traducción profesional en determinados campos o géneros.

En cuanto a los recursos y las necesidades documentales, los traductores fundamentan sus indagaciones en una mayor cantidad y variedad de recursos. Muchos de estos recursos están directamente vinculados a las tecnologías; de hecho, no hay ningún traductor que traduzca hoy sin herramientas de TAO. La TA también ha adquirido un papel destacado, posiblemente por los resultados que ofrece la TA neuronal, cada vez mejores. Este aspecto concuerda con lo que sucede en otros ámbitos de especialidad, como el médico-sanitario (Trujillos-Yébenes y Muñoz-Miquel, 2022), en los que el uso de la TA va en aumento. Los resultados también indican que los corpus son un recurso cada vez más utilizado y al que se acude para resolver consultas variadas, posiblemente por la mejora que han experimentado estas herramientas en los últimos años. Finalmente, si bien la consulta de obras impresas se ha reducido significativamente, todavía son muchos los traductores que acuden a diccionarios o manuales en papel, posiblemente porque hay obras imprescindibles para las que no existen versiones digitales.

El estudio revela que las tecnologías, tanto la TA, como, especialmente, la TAO, podrían haber afectado al proceso documental. La TAO ayuda a reducir las búsquedas, dado que, si las memorias están alimentadas con traducciones y bases terminológicas de calidad, las necesidades de consulta y comprobación disminuyen. En cambio, la TA, a pesar de que también ahorra tiempo, aporta todavía pocas traducciones fiables y eso obliga al traductor a no prescindir de las búsquedas documentales. Aunque estos últimos resultados no son longitudinales, sino limitados a 2022, plantean hipótesis interesantes que cabría seguir investigando en estudios dirigidos a una muestra mayor. Una de las principales limitaciones del estudio es, precisamente, el tamaño muestral, que no permite la extrapolación de resultados. Sin embargo, la escasez de trabajos dirigidos a conocer la situación de los traductores técnicos y, sobre todo, de investigaciones longitudinales con traductores profesionales, hacen de la nuestra una aportación relevante. La novedad de la metodología utilizada puede servir de inspiración para otros proyectos que pongan en una perspectiva temporal los avances vividos en los distintos entornos de la traducción.

Referencias bibliográficas

Álvarez-Vidal, S., Oliver, A. y Badia, T. (2020). Post-editing for Professional Translators: Cheer or Fear? *Revista Tradumàtica: tecnologies de la traducció*, 18, 49–69.

Byrne, J. (2012). *Scientific and Technical Translation Explained: A Nuts and Bolts Guide for Beginners*. Manchester: St. Jerome.

Canadell Giralt, C. (2016). *La formación en traducción técnica en España*. Trabajo de Fin de Grado. Barcelona: Universitat Autònoma de Barcelona. https://core.ac.uk/download/pdf/78543252.pdf

Cerezo Merchán, B. (2012). *La didáctica de la traducción audiovisual en España: un estudio de caso empírico-descriptivo*. Tesis doctoral. Castellón de la Plana: Universitat Jaume I.

Diéguez Morales, M. I., Lazo Rodríguez, R. M. y Quezada Gaponov, C. (2014). Estudio de mercado de la traducción en Argentina, Chile y España: perfil académico y profesional de los traductores. *Onomázein*, 30, 70–89.

ELIS survey partners. (2021). *European Language Industry Survey*. https://elis-survey.org

García-Izquierdo, I. y Conde T. (2012). Investigating specialized translators: Corpus and documentary sources. *Ibérica*, 23, 131–156.

García-Izquierdo, I. y Conde, T. (2014). Necesidades documentales del traductor médico en España. *TRANS: Revista de Traductología*, 18, 141–162.

Gregorio Cano, A. (2017). Problemas de traducción, detección y descripción: un estudio longitudinal en la formación de traductores. *Revista Digital de Investigación en Docencia Universitaria*, 11(2), 25–49.

Katan, D. (2009). Translation theory and professional practice: A global survey of the great divide. *Hermes*, 42, 111–153.

Kujamäki, M. (2019). Source text influence in student translation: results of a longitudinal study. *Interpreter and Translator Trainer*, 13(4), 390–407.

Liu, C. F. (2017). A Longitudinal Study of Translators in Greater China. *Hermeneus*, 19, 121–138.

Monzó-Nebot, E. (2019). Interviewing legal interpreters and translators. Framing status perceptions and interactional and structural power. En Ł. Biel, J. Engberg, R. Martín Ruano y V. Sosoni (eds.), *Research Methods in Legal Translation and Interpreting. Crossing Methodological Boundaries* (pp. 187–211). Abigdon: Routledge.

Muñoz-Miquel, A. (2014). El perfil y las competencias del traductor médico desde el punto de vista de los profesionales: una aproximación cualitativa. *TRANS: Revista de Traductología*, 18, 163–181.

Muñoz-Miquel, A. y Conde, T. (2012). Perfil socio-profesional y uso de herramientas documentales: diferencias entre traductores expertos y traductores inexpertos. En P. Ordóñez y T. Conde (eds.), *Estudios de Traducción e Interpretación: Perspectivas transversales (vol. I)* (pp. 83–94). Publicacions de la Universitat Jaume I.

Olohan, M. (2016). *Scientific and Technical Translation*. Londres: Routledge.

Pym, A., F. Grin, C. Sfreddo y Chan, A. L. J. (2012). *The Status of the Translation Profession in the European Union*. Luxemburgo: Servicio de Traducción de la Comisión Europea.

Rico Pérez, C. y García Aragón, Á. (2016). *Análisis del sector de la traducción en España (2014–2015)*. Madrid: Universidad Europea de Madrid.

Rodríguez de Céspedes, B. (2017). Addressing employability and enterprise responsibilities in the translation curriculum. *Interpreter and Translator Trainer*, 11(2–3), 107–122.

Rodríguez, N. y Schnell, B. (2012). Direccionalidad y formación de traductores: un estudio longitudinal de los procesos cognitivos en la traducción inversa. *Meta*, 57(1), 67–81.

Schubert, K. (2010). Technical translation. En Y. Gambier y L. van Doorslaer (eds.), *Handbook of Translation Studies, Volume 1* (pp. 350–355). Ámsterdam: John Benjamins.

Trujillos-Yébenes, L., y Muñoz-Miquel, A. (2022). La traducción automática y la posedición en el ámbito médico. *Revista Tradumàtica: tecnologies de la traducció*, 20, 57–76.

Veiga de Cabo, J., de la Fuente Díez, E. y Zimmermann Verdejo, M. (2008). Modelos de estudios en investigación aplicada: conceptos y criterios para el diseño. *Medicina y Seguridad del Trabajo*, 54(210), 81–88.

Wood, M. (2003). *Making Sense of Statistics. A Non-mathematical Approach.* Nueva York: Palgrave.

José Ramón Calvo-Ferrer

Universidad de Alicante

Opinión del alumnado de Traducción e Interpretación sobre el empleo del videojuego *Subtitle Legends* para el desarrollo de la competencia traductora y sus subcompetencias

Resumen: El presente estudio analiza la percepción de estudiantes del grado en Traducción e Interpretación sobre la utilidad del videojuego *Subtitle Legends* para el desarrollo de conocimientos y habilidades necesarias para la práctica profesional de la traducción. Además, explora las diferencias individuales que podrían influir en dicha percepción. Un total de 67 estudiantes de entre 18 y 37 años probaron el videojuego y cumplimentaron una encuesta en la que se evaluaba su opinión sobre la utilidad del mismo para el desarrollo de la competencia traductora y sus subcompetencias. La encuesta incluía distintas preguntas de escala Likert relacionadas con las nueve subcompetencias identificadas a partir de distintos modelos de competencia traductora. Para analizar los resultados de la encuesta, se llevaron a cabo diversos análisis estadísticos, entre los que se incluyen estadísticos descriptivos, análisis de consistencia interna, análisis de regresión y pruebas de contraste de medias. En conjunto, los resultados sugieren que los estudiantes de Traducción e Interpretación perciben el videojuego *Subtitle Legends* como una herramienta valiosa para el desarrollo de la competencia traductora y sus subcompetencias, independientemente de su género o de su actitud hacia los videojuegos.

Palabras clave: videojuegos, competencia traductora, opinión, traducción, interpretación

Abstract: This study examines students' perceptions towards the video game Subtitle Legends regarding its usefulness in developing the skills necessary for professional translation practice and explores individual differences that may affect these perceptions. A total of 67 students between the ages of 18 and 37 played Subtitle Legends and completed a survey that assessed their opinions on the game's usefulness. The survey included Likert-scale questions related to nine subcompetences identified from previous models of translation competences. Statistical analyses were conducted to analyze the survey results, including descriptive statistics, internal consistency analysis, regression analysis, and t-tests. All in all, the findings suggest that the video game Subtitle Legends is perceived as a valuable tool for the development of the translation competence and its subcompetences by Translation and Interpreting trainees, regardless of their gender or attitudes towards video games.

Keywords: video games, translation competence, opinion, translation, interpreting

1. Introducción

La noción de competencia traductora es de gran relevancia en el ámbito de la formación en traducción e interpretación. Pese a haber sido estudiada desde distintas perspectivas, apenas se ha explorado su desarrollo mediante el empleo de videojuegos. Por su parte, los videojuegos, cuya percepción como herramienta pedagógica es cada vez más positiva (Asociación Española de Distribuidores y Editores de Software de Entretenimiento, 2012), se vienen empleando para aprender segundas lenguas, mejorar la motivación y fomentar un aprendizaje contextual y colaborativo. Entre otras, su uso puede mejorar la atención, la memoria y las habilidades comunicativas necesarias para ejercer profesiones como la traducción e interpretación. Habida cuenta de ello, a continuación, se ofrece una visión general de las subcompetencias que conforman la competencia traductora, se expone el marco teórico sobre el uso de videojuegos como herramienta educativa y se describe en detalle el videojuego *Subtitle Legends* como paso previo al desarrollo de la investigación.

1.1. La competencia traductora y sus subcompetencias

Desde la década de 1980, distintos estudios han tratado de definir la noción de competencia en el campo de la traductología. Autores como Krings (1986), Wilss (1989), Lörscher (1991), Toury (1991), Kiraly (1995) y Fraser (1996) han mostrado interés en identificar las habilidades subyacentes a la práctica de la traducción. Con idéntico objetivo, los estudios de Hurtado (1996), Kelly (2002), el grupo PACTE (2003) y el grupo de expertos del *European Master's in Translation* (EMT) (2009) proponen diferentes modelos que examinan las distintas dimensiones que, en su opinión, conforman la denominada «competencia traductora».

Según Hurtado (1996), la competencia traductora está compuesta por cinco subcompetencias, entre las que se encuentran la «lingüística», «extralingüística», «estratégica», «traslatoria» y «profesional». La competencia lingüística se refiere a la capacidad de comunicarse eficientemente en dos idiomas, mientras que la extralingüística hace referencia al conocimiento temático y cultural. Por otra parte, por competencia estratégica se relaciona con la capacidad de resolver problemas durante el proceso de traducción, la competencia traslatoria se entiende como la capacidad de traducir sin interferencias entre lenguas y la competencia profesional tiene que ver con el conocimiento del mercado laboral para la traducción y las tecnologías relacionadas con ella. Hurtado (1996) destaca las dos primeras como requisitos previos para el desarrollo de la competencia traductora y señala que son susceptibles de mejora por medio de la práctica.

Kelly (2002:15), que define la competencia traductora como «la macrocompetencia que constituye el conjunto de capacidades, destrezas, conocimientos e incluso actitudes que reúnen los traductores profesionales», desarrolla un modelo de competencias que busca servir de base para el diseño curricular y la planificación de la formación universitaria de traductores y que incluye siete subcompetencias: «subcompetencia comunicativa y textual en al menos dos lenguas y culturas» (conocimiento de las convenciones textuales de las diferentes culturas de trabajo y capacidad para comunicarse en varios idiomas), «subcompetencia cultural» (conocimiento enciclopédico de las culturas de trabajo), «subcompetencia temática» (conocimientos básicos sobre los campos temáticos de trabajo), «subcompetencia instrumental profesional» (habilidad en el uso de herramientas para la práctica de la traducción y conocimiento de la actividad profesional), «subcompetencia psicofisiológica» (dimensión cognitiva y actitudinal del traductor), «subcompetencia interpersonal» (relacionada con la capacidad de trabajar en equipo y relacionarse profesionalmente) y «subcompetencia estratégica» (conocimientos sobre los procedimientos, estrategias y métodos para realizar correctamente la traducción).

Por otra parte, el grupo PACTE (2003) señala que la competencia traductora es un sistema subyacente de conocimientos declarativos y operativos necesarios para traducir e incluye en su modelo la «subcompetencia bilingüe» (conocimientos operativos para la comunicación en dos idiomas), la «subcompetencia extralingüística» (conocimientos sobre el mundo en general y sobre áreas específicas), la «subcompetencia de conocimientos en traducción» (conocimientos sobre la práctica de la traducción y los aspectos profesionales), la «subcompetencia instrumental» (conocimientos sobre las fuentes de documentación y las tecnologías aplicadas a la traducción), la «subcompetencia estratégica» (conocimientos para traducir con eficacia y resolver problemas) y los «componentes psicofisiológicos» (componentes cognitivos y actitudinales y mecanismos psicomotores adecuados para la práctica de la traducción). Según PACTE, la participación de una o más subcompetencias en la traducción depende de varios factores, incluyendo la dirección de la traducción (directa o inversa), la combinación lingüística, el nivel de especialidad, la experiencia del traductor, su nivel educativo y las condiciones del encargo (plazo, remuneración, cliente, etc.). El grupo de expertos del *European Master's in Translation* (2009) desarrolló un marco de competencias con el objetivo de mejorar la calidad en la formación de traductores e intérpretes para una mejor integración en el mercado laboral compuesto por seis competencias interdependientes necesarias para la labor de traducción: «competencia para la prestación de servicios de traducción» (relaciones interpersonales en la práctica de la traducción y estrategias necesarias para su realización), «competencia lingüística» (dominio de los idiomas de trabajo), «competencia intercultural» (capacidad de análisis del texto original a través del conocimiento sociolingüístico y textual subyacente al mismo), «competencia para buscar información» (capacidad de utilizar fuentes documentales disponibles en internet de manera crítica y uso correcto de herramientas tradicionales tales como diccionarios, glosarios, etc.), «competencia temática» (conocimientos sobre una determinada especialidad y capacidad para alcanzarlos), «competencia tecnológica» (utilización adecuada de las nuevas tecnologías en la actividad profesional del traductor) y «competencia de gestión profesional e interpersonal» (capacidad de trabajo en equipo, interacción con clientes y otros profesionales, deontología y ética profesional, etc.).

Tomando en consideración los distintos modelos competenciales analizados, en los que las distintas destrezas que componen la competencia traductora pueden clasificarse en dos categorías principales, una relacionada con las características del texto y otra relacionada con la habilidad del traductor, se propone a continuación un modelo de competencia traductora conformado por «competencias textuales» y «competencias procedimentales». Así, las subcompetencias que conforman este primer conjunto son las que se detallan a continuación:

- *Competencia cultural.* Conocimiento de las convenciones propias de las culturas y los ordenamientos implicados en el proceso traductor.
- *Competencia lingüística.* Conocimiento enciclopédico de las lenguas en contraste desde un plano léxico-gramatical, pragmático y sociolingüístico.
- *Competencia temática.* Conocimiento de los campos temáticos y de la terminología propia del género textual a traducir.

Por el contrario, entre las subcompetencias pertenecientes al grupo de «competencias procedimentales» se incluyen las siguientes:

- *Competencia cognitiva.* Destrezas de tipo cognitivo necesarias para el correcto ejercicio de la práctica traductora, tales como memoria, creatividad, análisis, capacidad de síntesis, etc.
- *Competencia documental.* Conocimiento y dominio de las obras de consulta para el acceso a información relevante en el proceso traductor.
- *Competencia estratégica.* Capacidad de identificar problemas de traducción, así como de llevar a cabo las actuaciones adecuadas para su resolución.
- *Competencia personal.* Habilidades sociales y capacidad de trabajar en equipo.

- *Competencia profesional.* Conocimiento de los procesos relacionados con la práctica de la traducción como actividad remunerada, respecto a cuestiones tales como asociacionismo, deontología profesional, buenas prácticas, etc.
- *Competencia tecnológica.* Conocimiento y dominio de los recursos tecnológicos necesarios para el ejercicio de la práctica traductora.

1.2. Los videojuegos como herramienta para la educación y la formación

El interés de la investigación en videojuegos para la educación y la formación ha crecido de manera paralela a la expansión de los juegos comerciales y al aumento del número de jugadores, gracias en parte empleo global de *smartphones* y *tablets*, así como a las nuevas oportunidades de interacción que ofrecen (Egenfeldt-Nielsen, 2006). Su empleo en el aprendizaje de segundas lenguas ha sido estudiado de forma extensa, ya que se trata de herramientas tecnológicas que recrean situaciones reales y proporcionan contextos seguros para la práctica, algo que, en opinión de distintos autores (Reinders y Wattana, 2011; Schwienhorst, 2002), aumenta el entusiasmo de los estudiantes, reduce la ansiedad y mejora la disposición a comunicarse. Del mismo modo, se ha demostrado que el aprendizaje basado en videojuegos mejora la motivación y el compromiso del jugador, favorece su interacción y autonomía y fomenta un aprendizaje contextual y colaborativo (Acquah y Katz, 2020; Bahari, 2020; Rasti-Behbahani, 2021; Tseng *et al.*, 2020). Los videojuegos también pueden ser utilizados para crear dinámicas de trabajo en grupo dentro y fuera del juego y facilitar la socialización lingüística (Zou *et al.*, 2021). Según Anderson *et al.* (2008), los videojuegos preparan a los estudiantes para interactuar en sociedad, mientras que Rankin, Gold y Gooch (2006) argumentan que el aprendizaje en el mundo virtual puede ser trasladado al mundo real, ya que los videojuegos promueven el desarrollo de habilidades comunicativas y fomentan la experimentación del alumnado.

En esta línea, varias revisiones de la literatura científica concluyen que el uso de videojuegos tiene un efecto positivo sobre los resultados de aprendizaje (Hainey *et al.*, 2016). Así, en el ámbito de la traducción y la interpretación, los videojuegos son una herramienta que favorece el desarrollo de competencias. Los videojuegos fomentan la atención dividida, la anticipación y la memoria a corto plazo, destrezas necesarias para el ejercicio de la profesión (Mitchell, 2001; Pérez-Luzardo Díaz, 2005). Además, su uso es frecuente para la mejora de la subcompetencia bilingüe, ya que replican contextos socioculturales reales (Reinhardt, 2017). La utilidad de los videojuegos también ha quedado demostrada para la mejora de la comprensión auditiva (Hu y Chang, 2008) y de las habilidades comunicativas (Huyen y Nga, 2003) en lengua extranjera, ya que favorecen procesos cognitivos que mejoran la competencia bilingüe (Hitosugi et al., 2014). De igual manera, existen distintos estudios que ponen de manifiesto la utilidad de los videojuegos para el aprendizaje de vocabulario (Tsai y Tsai, 2018; Zou *et al.*, 2021).

Por otra parte, numerosos estudios relativos al uso de videojuegos indican que estos son herramientas conocidas y empleadas por un amplio segmento de la población, con independencia de cuestiones como sexo y edad, quedando desterrado en cierta medida el estereotipo del videojugador como varón joven. Así, de acuerdo con la Asociación Española de Videojuegos (AEVI) (2021), el número de usuarios en España sobrepasa los 18 millones de videojugadores, de los cuales el 52 % son hombres y el 48 % son mujeres, mientras que el estudio de la Asociación Española de Distribuidores y Editores de Software de Entretenimiento (aDeSe) *Videojuegos en las aulas* (2012), que analiza la percepción del videojuego como herramienta para la educación y la formación, refleja que, ya en el año de su publicación, más del 75 % de los profesores de primaria consideraba los videojuegos un «estimulante método de enseñanza» con «gran capacidad pedagógica», al tiempo que el 92 % de los progenitores encuestados aprobaba su empleo como herramienta educativa, lo que da buena cuenta de la aceptación de estas herramientas en el ámbito educativo.

1.3. El videojuego *Subtitle Legends* como herramienta para el desarrollo de la competencia traductora

Considerando que numerosos estudios han dado cuenta de la idoneidad de los videojuegos como herramientas tecnológicas para enseñar lenguas extranjeras y para reproducir contextos socioculturales reales y, por tanto, para el desarrollo de competencias propias de la traducción y de la interpretación, sean de tipo textual (temática, lingüística, cultural) o de tipo procedimental (cognitiva, estratégica, profesional, tecnológica, etc.), el autor del presente estudio desarrolló, junto con otros investigadores, el videojuego *Subtitle Legends* (Calvo-Ferrer *et al.*, 2019) como parte de un proyecto financiado por la Generalitat Valenciana con el objetivo principal de ofrecer formación específica al alumnado universitario del grado en Traducción e Interpretación a través de una herramienta novedosa.

Como se observa en la Figura 1, la dinámica de juego se basa en la identificación de errores de subtítulos, donde el jugador actúa como un traductor profesional. En el juego, el jugador recibe encargos para revisar subtítulos, que en ocasiones presentan discrepancias con los audios correspondientes. La identificación de estos errores permite poner en práctica la comprensión oral de la lengua de origen, así como la adecuación lingüística del producto traducido a nivel gramatical, ortográfico, léxico y semántico. La práctica con el videojuego posibilita además el desarrollo de habilidades de revisión y corrección, lo cual es esencial en el ámbito profesional de la traducción y la interpretación. Este se basa en una dinámica de recepción de encargos de traducción que el traductor debe decidir si acepta o rechaza, atendiendo a cuestiones como tiempo disponible, encargos ya aceptados, número esperado de errores, nivel de dificultad del texto y remuneración por realizar el trabajo. A través de la corrección de errores en subtítulos, se activa la capacidad del jugador para detectar problemas y solucionarlos de manera efectiva, poniendo en práctica la atención al detalle y la capacidad de trabajar con rigor y precisión, habilidades básicas para cualquier profesional en el campo de la traducción y la interpretación. El videojuego se encuentra diseñado, por tanto, con el objeto de permitir el desarrollo de las distintas subcompetencias que componen la denominada competencia traductora, al tiempo que aumenta la satisfacción, la motivación y el interés del alumno, y persigue, en línea con ello, los objetivos que se detallan a continuación:

Figura 1. Pantallas de juego del videojuego Subtitle Legends

- Desarrollo de la *competencia lingüística* a través de la identificación de errores en los subtítulos, para lo que ha de atender al input recibido, en un par lingüístico determinado, por medio de un canal de comunicación tanto escrito como oral.
- Desarrollo de la *competencia temática* a través de la revisión de textos de distintas temáticas y áreas de conocimiento que presenta el videojuego a lo largo de sus contenidos.
- Desarrollo de la *competencia cultural* a través de los contenidos de los textos incluidos en el videojuego, que pretenden reproducir convenciones propias de las culturas de las lenguas de trabajo.
- Desarrollo de la *competencia cognitiva* a través de la atención a los distintos detalles y procesos que se activan a través de la práctica con videojuegos, así como de la percepción sobre la propia capacidad traductora gracias a los comentarios *feedback* recibidos tras la entrega de cada encargo.
- Desarrollo de la *competencia documental* por medio de herramientas que ponen de relieve obras y foros de consulta relevantes para el ejercicio de la práctica del subtitulado y del conocimiento de dicha actividad profesional.
- Desarrollo de la *competencia estratégica* a través de la identificación de errores en los encargos aceptados, así como de las estrategias para resolverlos por medio de la selección de las «armas» más adecuadas.
- Desarrollo de la *competencia personal* por medio del trabajo en equipo para la creación de contenidos para el videojuego a través del editor de contenidos y de los personajes que aparecen en el videojuego.
- Desarrollo de la *competencia profesional* ofreciendo al alumnado un contexto de práctica seguro que simula la labor de un subtitulador, fundamentada en la recepción y aceptación de encargos basados en la traducción como actividad remunerada basada en el respeto del código deontológico profesional y las buenas prácticas.
- Desarrollo de la *competencia tecnológica* a través de la propia dinámica de juego, de las armas que se ponen a disposición del jugador para la identificación y resolución de errores, y del propio manejo del videojuego y de su editor de contenidos.

1.4. Objetivos

Pese al uso de los videojuegos como herramientas tecnológicas para enseñar lenguas extranjeras y para reproducir contextos socioculturales reales conducentes al desarrollo de competencias propias de la traducción y de la interpretación, no existen estudios que permitan conocer la percepción del usuario acerca de la idoneidad de estas herramientas para el desarrollo de la competencia traductora y sus subcompetencias. De este modo, tomando en consideración la relevancia tanto de la noción de competencia como la de los videojuegos en el ámbito de la formación de traductores e intérpretes, el presente estudio pretende identificar el modo en que un grupo de estudiantes del grado en Traducción e Interpretación percibe que el videojuego *Subtitle Legends*, diseñado específicamente para el desarrollo de competencias propias de la traducción y de la interpretación, favorece su adquisición. Este estudio continúa investigaciones previas (véase Calvo-Ferrer y Belda-Medina, 2021) que exploran la capacidad del alumnado para la creación de contenidos para el mencionado videojuego mediante técnicas de aprendizaje colaborativo basadas en el modelo CSCL, del inglés *Computer-Supported Collaborative Learning* (Chen *et al.*, 2018), y el modo en que estas mejoran su subcompetencia bilingüe.

1.5. Preguntas de investigación

A partir de los objetivos mencionados, el presente estudio se estructura sobre las siguientes preguntas de investigación: «¿es el videojuego *Subtitle Legends*, en opinión del alumnado de Traducción e Interpretación, una herramienta adecuada para el desarrollo de la competencia traductora?», «¿de qué modo percibe el estudiantado del grado en Traducción e Interpretación que el videojuego *Subtitle Legends* puede desarrollar las distintas competencias necesarias para el ejercicio de la profesión en un contexto profesional?» y «¿existen diferencias entre las opiniones del alumnado de Traducción e Interpretación respecto a la utilidad del videojuego *Subtitle Legends* como herramienta para el desarrollo de la competencia traductora y sus subcompetencias atribuibles a factores individuales tales como género o actitud frente a los videojuegos?». Con el objeto de responder a estas preguntas de investigación y atendiendo a los trabajos previos analizados, el presente estudio explora las hipótesis que se formulan a continuación:

H1. El alumnado de Interpretación y Traducción percibe el videojuego *Subtitle Legends* como una herramienta de utilidad para el desarrollo de la competencia traductora.

H2. El alumnado de Interpretación y Traducción percibe el videojuego *Subtitle Legends* como una herramienta de utilidad para el desarrollo de las distintas subcompetencias que conforman la competencia traductora.

H3. Aquellos estudiantes con una actitud más positiva hacia los videojuegos valorarán el videojuego *Subtitle Legends* como una herramienta de mayor utilidad para el desarrollo de la competencia traductora y sus subcompetencias.

H4. No existen diferencias con respecto a la valoración del videojuego *Subtitle Legends* como herramienta para el desarrollo de la competencia traductora y sus subcompetencias atribuibles al género de los participantes en el estudio.

2. Método

El presente apartado ofrece detalle de los participantes, de los materiales e instrumentos empleados, del procedimiento seguido durante el desarrollo de la experimentación y de los análisis realizados de acuerdo con las preguntas de investigación del estudio.

2.1. Participantes

Para llevar a cabo la presente investigación se ha contado con la participación de 67 estudiantes de la asignatura *32614 Lengua B(II): Inglés* del grado en Traducción e Interpretación de la Universidad de Alicante con edades comprendidas entre los 18 y 37 años (M = 19.01, *SD* = 2.585), de los cuales 53 se identificaron como mujeres y 14 como hombres.

2.2. Materiales

El alumnado participante tuvo acceso al videojuego *Subtitle Legends*, que, como se ha explicado en el apartado 1.3., reproduce un contexto profesional en el que el jugador recibe distintos encargos de revisión de subtítulos. A través de una dinámica basada en la identificación de errores, este ha de comprobar que los subtítulos que ha de revisar están debidamente traducidos, es decir, que reflejan adecuadamente lo expresado por su correspondiente audio en lengua inglesa. Al jugar, se ponen en práctica distintas competencias relacionadas con el ejercicio profesional de la traducción y que reproducen, en mayor o menor grado, las distintas subcompetencias que conforman, en conjunto, la denominada competencia traductora.

2.3. Instrumentos

Para recoger las opiniones del alumnado con respecto a la idoneidad del videojuego *Subtitle Legends* como herramienta para el desarrollo de la competencia traductora y sus subcompetencias, se generó un cuestionario en el que se solicitaba al alumnado que indicara el grado de conformidad con una serie de ítems relacionados con tales competencias. Para la generación de los distintos ítems se atendió a las descripciones expresadas por los distintos autores que han propuesto modelos de competencia traductora, tal como se detalla en el apartado

1.1., así como a la formulación de las distintas competencias generales y específicas del grado en Traducción e Interpretación de la Universidad de Alicante. Un total de 60 preguntas de escala Likert referidas a las nueve subcompetencias traductoras identificadas a partir del análisis de los modelos propuestos fueron incluidas en el cuestionario resultante. Posteriormente, se compartió entre el alumnado de la asignatura *32645 Traducción económica, comercial y financiera B-A/A-B II: Inglés-Español/Español-Inglés* para valorar su comprensión y recabar su opinión al respecto. Tras la corrección de algún error ortotipográfico y la inclusión de algún cambio sugerido, como la reordenación de los elementos de una oración para su mejor comprensión, se añadieron 4 preguntas relacionadas con el grado de afinidad de los participantes con los videojuegos y se puso a disposición de los estudiantes de la asignatura *32614 Lengua B(II): Inglés* para que ofrecieran su opinión al respecto. En conjunto, para el diseño del cuestionario y su validación, se siguió lo dispuesto por Martín Arribas (2004), que describe características clave como validez, fiabilidad y sensibilidad y proporciona orientaciones para definir el constructo, establecer el propósito, componer ítems y redactar preguntas efectivas.

2.4. Procedimiento

Para conocer el grado en que el videojuego *Subtitle Legends* favorece el desarrollo de la competencia traductora, se desarrolló una actividad didáctica a través de la cual el alumnado de la asignatura *32614 Lengua B(II): Inglés* pudo interactuar con el videojuego y mostrar su opinión al respecto. Así, se creó una actividad en el espacio virtual de la asignatura, por medio de la que el alumnado había de descargarse el videojuego, jugar hasta alcanzar un determinado nivel y compartir los resultados obtenidos a través de la entrega de una tarea. Específicamente, el procedimiento seguido por el alumnado para la realización del presente estudio fue el que se detalla a continuación:

- *Descarga e instalación del videojuego.* Se indicó al alumnado que visitara la página http://bit.ly/subtitlelegends y se descargara el videojuego para su instalación en dispositivos (tabletas o teléfonos inteligentes) con sistema operativo Android. En caso de que no dispusieran de este sistema operativo en sus dispositivos, se les dio indicaciones para poder ejecutar el videojuego desde sus ordenadores a través del programa *BlueStacks*, diseñado para permitir que aplicaciones Android puedan ejecutarse en ordenadores Windows y Macintosh.

- *Práctica con el videojuego.* Tras ello, se solicitó al alumnado que jugara al videojuego hasta completar un número de partidas suficiente para poder conocer su dinámica y, con ello, poder formarse una opinión acerca del modo en que contribuye al desarrollo de las distintas subcompetencias que conforman, en su conjunto, la denominada competencia traductora. El alumnado recibió instrucciones para completar 5 días de trabajo dentro del videojuego, que equivale, aproximadamente, a unas dos horas de práctica.
- *Envío de resultados.* Una vez llevada a cabo la práctica con el videojuego, se indicó al alumnado que compartiera los resultados realizando una captura de pantalla del progreso y subiéndola a la tarea en *Moodle*. El objetivo de esta acción era comprobar que el alumnado había efectivamente alcanzado un tiempo de práctica con el videojuego suficiente para poder completar el cuestionario con propiedad, sin que el desconocimiento acerca de su funcionamiento diera lugar a variables extrañas que pudieran afectar la explicación de los resultados obtenidos.
- *Cumplimentación del cuestionario.* Una vez completada la tarea consistente en la entrega de una captura de pantalla que diera cuenta del progreso del jugador, la plataforma *Moodle* ejecutaba la apertura automática de un cuestionario en el que los participantes habían de responder a las 60 preguntas de escala Likert referidas a las nueve subcompetencias traductoras identificadas anteriormente.

2.5. Análisis de datos

Para conocer los resultados de la encuesta se han realizado distintos tipos de análisis. En primer lugar, se ha llevado a cabo un análisis de estadísticos descriptivos con el objeto de identificar el sexo y la edad de los participantes, así como de las opiniones reflejadas a través de las respuestas a los distintos ítems del cuestionario, recogidos en la Tabla 1. En segundo lugar, se ha llevado a cabo un análisis de consistencia interna con una fiabilidad de las puntuaciones de la escala en la muestra de .957, que, de conformidad con Nunnally (1967) y Huh *et al.* (2006), indica un grado de consistencia interna alto en investigación exploratoria. En tercer lugar, se ha realizado un análisis de correlaciones entre las distintas variables computadas, tal como se muestra en la Tabla 2, conducente a un análisis de regresión para analizar, previa comprobación de los supuestos de linealidad, independencia, normalidad, homocedasticidad y no-colinealidad (véase Vilà Baños *et al.*, 2019), el efecto de la variable independiente «afinidad con los videojuegos» sobre la variable dependiente «percepción del alumnado respecto a la mejora de la competencia traductora». Por último, se ha llevado a cabo una prueba *t* de Student para muestras independientes para comparar las medias de las respuestas de hombres y mujeres e identificar, en su caso, diferencias de opinión respecto a la mejora de la competencia traductora con el videojuego *Subtitle Legends* atribuibles a la variable «género». Estos análisis se han realizado por medio del programa estadístico SPSS 23.0 con un nivel de significación de .05.

3. Resultados

En esta sección se presentan los datos obtenidos a través de la encuesta distribuida entre los participantes. Además, se muestran las relaciones observadas entre esta opinión y la afinidad del alumnado con los videojuegos, así como el impacto del género de los participantes en estas percepciones. Así, los distintos subapartados que conforman esta sección se corresponden con las preguntas de investigación formuladas anteriormente, que son aquellas sobre las que se articula el objeto del presente estudio.

Tabla 1. Ítems del cuestionario. Estadísticos descriptivos

	M	SD
Competencia cognitiva (Cronbach's α = .822)		
Carece de mecanismos que permitan desarrollar la capacidad de razonamiento lógico y crítico en traducción.	3.60	1.045
Creo que favorece la toma de decisiones en traducción.	4.10	.837
No me ayuda a desarrollar mis capacidades por cuenta propia.	3.75	1.092
Desarrolla mi creatividad para resolver problemas de traducción.	3.93	.745
Mejora mis habilidades cognitivas necesarias para el ejercicio de la traducción.	3.93	.841
No siento que haga mejorar especialmente la competencia cognitiva de los traductores.	3.90	.940
Competencia cultural (Cronbach's α = .853)		
Me ayuda a identificar diferencias entre la cultura de los países de habla inglesa y la cultura española.	3.55	.892
Me permite aprender aspectos de la cultura de los países de habla inglesa de utilidad para los traductores.	3.19	1.004
No muestra aspectos socioculturales de la lengua inglesa y española.	3.28	.982
Hace valorar la diversidad multilingüística y cultural.	3.43	.908
Me permite ser consciente de situaciones de contrastes culturales de importancia para los traductores.	3.39	.937

(*continúa*)

Tabla 1. Continúa

	M	SD
Creo que no hace mejorar mi competencia cultural como traductor/a.	3.60	1.001
Competencia documental (Cronbach's α = .615)		
Me permite ser más consciente de la importancia de los recursos documentales en traducción.	3.94	.868
Me hace ver que se puede traducir adecuadamente sin documentarse tanto.	3.01	1.187
Muestra lo relevantes que son para el traductor obras de consulta tales como gramáticas, diccionarios, enciclopedias, manuales de referencia, etc.	4.22	.935
Mejora mi capacidad de buscar información y documentación.	3.58	.972
No mejora la competencia documental de los traductores.	3.60	1.031
Competencia estratégica (Cronbach's α = .815)		
Pienso que no favorece el rigor y la calidad en el trabajo de traducción.	3.97	.953
Creo que favorece la organización del trabajo del traductor.	3.87	.833
Pienso que ayuda a gestionar el diseño, la gestión y la coordinación de proyectos de traducción.	3.63	.775
Muestra la importancia de revisar con rigor y garantizar la calidad en el trabajo de traducción.	4.45	.784
Ayuda a aplicar mis conocimientos teóricos a la práctica de la traducción.	4.03	.797
Creo que no es de utilidad para resolver problemas básicos de la traducción de textos.	4.13	.851
Sirve para comprender y resolver problemas de traducción.	4.19	.743
No creo que sirva para mejorar mi capacidad de traducción.	4.00	.921
Competencia lingüística (Cronbach's α = .842)		
Mejora mi nivel de inglés.	3.90	.800
No es especialmente útil para mejorar la comprensión de textos orales.	4.21	.913
Mejora mi comprensión de textos escritos.	3.93	.745
Me permite ser capaz de corregir estructuras con problemas gramaticales.	4.03	.870
No contribuye al desarrollo de mis conocimientos lingüísticos.	3.84	.979
Ayuda a mejorar mis conocimientos lingüísticos.	4.01	.826
Permite mi mejora en aspectos lingüísticos tales como ortografía, morfosintaxis, estilo, tipografía, etc.	4.01	.728
No creo que ayude a mejorar la competencia lingüística de los traductores.	4.12	.930
Competencia personal (Cronbach's α = .779)		
No siento que haga mejorar especialmente mi habilidad para traducir.	3.66	1.109
Me ayuda a organizarme mejor a la hora de traducir.	3.69	.941

Tabla 1. Continúa

	M	SD
Me enseña a relacionarme con otros traductores, revisores, gestores de proyectos, clientes, etc.	3.39	1.029
Mejora mi capacidad de trabajo en equipo.	2.91	1.026
Creo que no es de especial utilidad para desarrollar habilidades sociales en el ámbito de la traducción.	3.52	.975
Favorece la dinámica de trabajo con otros traductores.	3.46	1.049
Competencia profesional (Cronbach's α = .755)		
Muestra cómo funciona el mercado de la traducción (tipo de traductor, modalidades de traducción, tipo de encargos, etc.).	3.87	.833
Muestra los aspectos profesionales de la traducción (mercado laboral, principios éticos y protocolarios, modalidades y etapas de trabajo, etc.).	3.67	.944
Permite conocer cómo se trabaja con clientes, revisores, editores, gestores de proyectos, etc.	3.75	1.005
Hace que sienta un mayor compromiso ético en el ejercicio de la profesión.	3.57	.821
Creo que no aumenta mi afán de rigor, calidad y profesionalidad en el trabajo.	3.84	.947
Permite conocer contextos profesionales reales relacionados con la traducción.	3.82	.869
Permite conocer la gestión y la coordinación de proyectos de traducción.	3.94	.672
No permite mejorar la competencia profesional como traductor.	3.79	1.081
Competencia tecnológica (Cronbach's α = .752)		
Permite conocer aplicaciones informáticas útiles para la traducción.	3.49	.943
Favorece el uso de recursos tecnológicos útiles para la traducción.	4.10	.761
Permite desarrollar técnicas de búsqueda de información y documentación.	3.67	1.021
Enseña a dominar las herramientas básicas de la traducción.	3.91	.883
Permite conocer herramientas útiles para el ejercicio de la profesión.	4.09	.621
Muestra las herramientas informáticas más habituales para el traductor.	3.93	.926
Creo que no mejora mi competencia tecnológica como traductor.	3.49	1.160
Competencia temática (Cronbach's α = .770)		
Hace que entienda conceptos sobre distintos temas de interés para el traductor.	3.82	.851
No ofrece conocimientos básicos sobre los campos temáticos en los que trabaja el traductor.	3.57	1.076
Me facilita la comprensión de la temática de un texto.	3.81	.802
Me ayuda a conocer distintas tipologías textuales.	3.75	.859

(continúa)

Tabla 1. Continúa

	M	SD
No es suficiente para entender las características léxicas, sintácticas y pragmáticas de distintas tipologías textuales.	3.30	1.087
Hace que me sienta más familiarizado/a con distintos tipos de textos.	3.79	.880
Afinidad con los videojuegos (Cronbach's α = .893)		
Los videojuegos son divertidos.	4.55	.989
Me gusta jugar a videojuegos.	4.31	1.076
Me considero un jugador habitual de videojuegos.	3.25	1.636
Llevo jugando a videojuegos la mayor parte de mi vida.	3.61	1.497

3.1. Percepción del alumnado respecto a la mejora de la competencia traductora con el videojuego *Subtitle Legends*

Con el objeto de dar respuesta a la primera de las preguntas de investigación del presente estudio, que plantea si el videojuego *Subtitle Legends* es una herramienta adecuada para el desarrollo de la competencia traductora en opinión del alumnado de Traducción e Interpretación, se ha llevado a cabo un análisis de estadísticos descriptivos a través del cual se han medido las respuestas al cuestionario. Para ello, se han agrupado las respuestas relativas a las distintas subcompetencias en un total de nueve dimensiones, lo que ha dado lugar a un total de nueve variables de agrupación (subcompetencias cognitiva, cultural, documental, estratégica, lingüística, personal, profesional, tecnológica y temática), que a su vez han sido computadas a través del cálculo del promedio de sus valores en una única variable (competencia traductora). En conjunto, los datos obtenidos a partir del cuestionario suministrado a 67 estudiantes de la asignatura *32614 Lengua B(II): Inglés* revelan una tendencia positiva en la percepción respecto a la mejora de su competencia traductora tras el uso del videojuego *Subtitle Legends*. Tomando en consideración el rango de respuestas ofrecido por la escala (1 = Totalmente en desacuerdo; 5 = Totalmente de acuerdo), el promedio de las respuestas obtenidas arrojó un valor alto ($M = 3.743$, $SD = .494$), lo que sugiere que los estudiantes perciben de forma generalizada que el uso de esta herramienta lúdica puede ser beneficioso para su formación en traducción.

3.2. Percepción del alumnado respecto a la mejora de las subcompetencias traductoras con el videojuego *Subtitle Legends*

Por otra parte, con el objeto de dar respuesta a la segunda de las preguntas de investigación del presente estudio, que pretende averiguar el modo en que los estudiantes del grado en Traducción e Interpretación perciben que el videojuego *Subtitle Legends* puede desarrollar las distintas subcompetencias necesarias para el ejercicio de la profesión en un contexto profesional, se ha llevado a cabo el análisis de las respuestas dadas a cada una de las preguntas que componen las distintas dimensiones del cuestionario. Así, en relación a las subcompetencias traductoras, cabe destacar la competencia estratégica (M = 4.036, SD = .551), donde se ha evidenciado una percepción muy positiva en relación al uso del videojuego para el desarrollo de habilidades estratégicas y la toma de decisiones adecuadas durante el proceso de la traducción. Esto sugiere que los estudiantes consideran que el videojuego les ha ayudado a mejorar en la planificación y organización de su trabajo, así como en la capacidad de adaptarse a distintas situaciones y encontrar soluciones a los problemas que surgen en la traducción.

Otra subcompetencia valorada positivamente es la competencia lingüística (M = 4.008, SD = .587), donde los estudiantes han percibido que el uso del videojuego ha sido beneficioso para el desarrollo de habilidades lingüísticas como la comprensión lectora, la gramática y el vocabulario, habilidades clave en la labor del traductor. En lo que respecta a la competencia documental (M = 3.672, SD = .630), los estudiantes han valorado positivamente el uso de *Subtitle Legends* para el desarrollo de habilidades en la búsqueda, selección y manejo de documentación relevante para la realización de la traducción. Este aspecto es fundamental en la labor del traductor, ya que implica saber identificar y gestionar fuentes de información útiles y relevantes para el trabajo que se está realizando. Del mismo modo, otras subcompetencias valoradas positivamente por los estudiantes incluyen, en orden descendente, la competencia cognitiva (M = 3.866, SD = .673), la competencia tecnológica (M = 3.812, SD = .582), la competencia profesional (M = 3.782, SD = .549), la competencia personal (M = 3.438, SD = .704) y la competencia cultural (M = 3.408, SD = .726). En todas estas áreas, los estudiantes han percibido que el uso de *Subtitle Legends* les ha ayudado a desarrollar habilidades y competencias importantes para la labor del traductor, desde aspectos personales como la creatividad y la autoconfianza hasta el uso de tecnologías y herramientas específicas para la traducción.

3.3. Efecto de la actitud de los participantes hacia los videojuegos sobre la capacidad del videojuego *Subtitle Legends* para el desarrollo de la competencia traductora y sus subcompetencias

Con el objeto de dar respuesta a la tercera de las preguntas de investigación del estudio e identificar si la actitud de los participantes hacia los videojuegos puede predecir su opinión sobre la utilidad del videojuego *Subtitle Legends* (es decir, si las distintas variables que presentan correlaciones con la variable dependiente tienen algún efecto sobre esta), se ha llevado a cabo un análisis de correlación con el objeto de explorar relaciones entre la variable dependiente (valoración de la competencia traductora y sus subcompetencias) y el resto de variables computadas (actitud de los participantes hacia los videojuegos).

En primer lugar, cabe señalar que los estudiantes presentan en términos generales una actitud positiva hacia los videojuegos como forma de entretenimiento, tal y como se deduce del promedio de respuestas (M = 3.672, SD = .63025). Como muestra la Tabla 1, entre los aspectos más valorados por los estudiantes destaca la afirmación «Los videojuegos son divertidos», (M = 4.55, SD = .989), lo que sugiere que la mayoría de los participantes percibe los videojuegos como una actividad de ocio atractiva. Del mismo modo, la afirmación «Me gusta jugar a videojuegos» obtuvo una valoración positiva (M = 4.31, SD = 1.076), lo que da a entender que los encuestados perciben el empleo de videojuegos como una actividad placentera. Por el contrario, los ítems «Me considero un jugador habitual de videojuegos» (M = 3.25, SD = 1.636) y «Llevo jugando a videojuegos la mayor parte de mi vida» (M = 3.61, SD = 1.497) puntuaron de forma más baja, lo que muestra que, pese a su valoración de los videojuegos como herramientas divertidas, los participantes no se consideran jugadores habituales de videojuegos ni tienen un grado de experiencia alto en el manejo de los mismos, si bien este hecho no parece tener efectos sobre su valoración general de los videojuegos.

Sin embargo, tal como se observa en la Tabla 2, no existen correlaciones estadísticamente significativas entre ninguna de las variables que componen en su conjunto la actitud del alumnado frente a los videojuegos y competencia traductora o sus distintas subcompetencias. Con independencia de ello, se ha llevado a cabo un análisis de regresión lineal múltiple incluyendo la variable «Valoración del videojuego como herramienta para el desarrollo de la competencia traductora» (M = 3.743, SD = .494) como variable dependiente y la totalidad de ítems relativos a la actitud de los participantes hacia los videojuegos como variables independientes. Este análisis confirma que ha de mantenerse la hipótesis nula, puesto que su p-valor es superior al nivel de significación (.05) establecido para el contraste (r = .017, p = .899). Dicho con otras palabras, no existe efecto alguno de la actitud de los participantes frente a los videojuegos sobre su percepción respecto a la utilidad del videojuego *Subtitle Legends* como herramienta para el desarrollo de la competencia traductora.

Tabla 2. Correlaciones entre competencia traductora y afinidad con los videojuegos

		CT	COG	CULT	DOC	EST	LING	PERS	PROF	TEC	TEM
Los videojuegos son divertidos.	*r*	-.106	-.034	-.157	-.079	-.065	-.041	-.135	-.079	-.017	-.124
	p	.393	.782	.205	.525	.600	.742	.276	.527	.892	.316
Me gusta jugar a videojuegos.	*r*	-.060	.017	-.050	-.029	-.097	-.038	-.084	-.057	.001	-.098
	p	.628	.888	.690	.815	.433	.758	.502	.649	.991	.432
Me considero un jugador habitual de videojuegos.	*r*	-.020	.010	.012	.029	-.125	-.109	-.014	-.016	.048	-.003
	p	.872	.934	.924	.815	.312	.380	.911	.898	.699	.982
Llevo jugando a videojuegos la mayor parte de mi vida.	*r*	-.054	-.015	-.005	-.050	-.152	-.077	-.047	-.086	.002	.014
	p	.664	.902	.967	.686	.220	.537	.708	.488	.990	.913

Nota: $N = 67$, r = Coeficiente de correlación de Pearson, p = Coeficiente de significación (bilateral), CT = Media de la competencia traductora, COG = Media de la competencia cognitiva, CULT = Media de la competencia cultural, DOC = Media de la competencia documental, EST = Media de la competencia estratégica, LING = Media de la competencia lingüística, PERS = Media de la competencia personal, PROF = Media de la competencia profesional, TEC = Media de la competencia tecnológica, TEM = Media de la competencia temática.

3.4. Efecto del género sobre la capacidad del videojuego *Subtitle Legends* para el desarrollo de la competencia traductora y sus subcompetencias

Por último, para dar respuesta a la cuarta pregunta de investigación del presente estudio e identificar diferencias entre estudiantes de género masculino y de género femenino en la percepción respecto a la utilidad del videojuego *Subtitle Legends* como herramienta para desarrollar la competencia traductora y sus competencias, se ha llevado a cabo una prueba t de Student. La prueba de muestras independientes no identifica diferencias significativas ($p = 0{,}753$) entre hombres ($M = 3.734$, $SD = .494$) y mujeres ($M = 3.781$, $SD = 0{,}512$) respecto a la competencia traductora en general y, tal como se observa en la Tabla 3, tampoco lo hace para ninguna de las distintas subcompetencias que la componen.

Tabla 3. Prueba de muestras independientes

		Prueba Levene para la igualdad de varianzas		Prueba T para la igualdad de medias						
		F	Sig.	t	gl	Sig. (bil.)	Dif. medias	Dif. error estándar	95 % IC para la diferencia	
									Inf.	Sup.
CT	Se asumen varianzas iguales	.131	.719	-.315	65	.753	-.04713	.14942	-.34554	.25128
	No se asumen varianzas iguales			-.309	19.867	.761	-.04713	.15269	-.36577	.27152
COG	Se asumen varianzas iguales	.459	.501	.429	65	.669	.08735	.20339	-.31886	.49355
	No se asumen varianzas iguales			.440	21.103	.664	.08735	.19844	-.32520	.49989
CULT	Se asumen varianzas iguales	.023	.880	.157	65	.876	.03438	.21966	-.40431	.47307
	No se asumen varianzas iguales			.154	19.932	.879	.03438	.22387	-.43272	.50148
DOC	Se asumen varianzas iguales	2.464	.121	-.283	65	.778	-.05391	.19072	-.43480	.32699
	No se asumen varianzas iguales			-.228	16.409	.822	-.05391	.23616	-.55354	.44572
EST	Se asumen varianzas iguales	.708	.403	-.559	65	.578	-.09306	.16649	-.42557	.23945
	No se asumen varianzas iguales			-.646	25.551	.524	-.09306	.14403	-.38938	.20326
LING	Se asumen varianzas iguales	2.522	.117	-.018	65	.986	-.00317	.17786	-.35838	.35204
	No se asumen varianzas iguales			-.020	24.322	.984	-.00317	.15822	-.32948	.32315
PERS	Se asumen varianzas iguales	.018	.892	-.360	65	.720	-.07668	.21296	-.50199	.34862
	No se asumen varianzas iguales			-.361	20.468	.722	-.07668	.21257	-.51944	.36607
PROF	Se asumen varianzas iguales	.394	.532	-.516	65	.608	-.08566	.16602	-.41722	.24590
	No se asumen varianzas iguales			-.500	19.610	.623	-.08566	.17147	-.44381	.27249

Tabla 3. Continúa

		Prueba Levene para la igualdad de varianzas		Prueba T para la igualdad de medias						
		F	Sig.	t	gl	Sig. (bil.)	Dif. medias	Dif. error estándar	95 % IC para la diferencia	
									Inf.	Sup.
TEC	Se asumen varianzas iguales	.573	.452	-.471	65	.639	-.08280	.17586	-.43402	.26842
	No se asumen varianzas iguales			-.501	22.250	.621	-.08280	.16537	-.42555	.25994
TEM	Se asumen varianzas iguales	.012	.913	-.818	65	.416	-.15704	.19186	-.54022	.22614
	No se asumen varianzas iguales			-.818	20.410	.423	-.15704	.19193	-.55688	.24281

Discusión y conclusiones

Los resultados de este estudio confirman la primera hipótesis, estableciendo que los estudiantes de Traducción e Interpretación perciben el videojuego *Subtitle Legends* como una herramienta útil para el desarrollo de la competencia traductora. Los datos obtenidos indican que la utilidad del videojuego para la formación y el entrenamiento de habilidades cognitivas y profesionales es valorada de forma positiva. Estos resultados coinciden con investigaciones previas que resaltan la eficacia de los videojuegos en el aprendizaje y el desarrollo de habilidades cognitivas y profesionales (Larson, 2019; Morélot *et al.*, 2021; Zeng *et al.*, 2020).

En relación con la segunda hipótesis, se puede afirmar que los estudiantes de Traducción e Interpretación también ven en *Subtitle Legends* una herramienta útil para el desarrollo de las distintas subcompetencias que conforman, en su conjunto, la competencia traductora. Los participantes identificaron varias subcompetencias que el videojuego podría contribuir a mejorar, como la estratégica, lingüística o cognitiva. Estos resultados coinciden con la teoría de la transferencia de habilidades, que sugiere que las habilidades adquiridas en una tarea pueden transferirse a otras situaciones, incluso a contextos profesionales (Barr, 2018, 2019).

Por otro lado, el análisis de correlación y regresión lineal múltiple realizado para explorar la tercera hipótesis no halló relaciones estadísticamente significativas entre la actitud de los participantes hacia los videojuegos y su percepción sobre la utilidad de *Subtitle Legends* como herramienta para el desarrollo de la competencia traductora, lo cual quedó confirmado a través de los análisis de regresión lineal múltiple desarrollados. De este modo, se refuta la tercera hipótesis planteada en el estudio, que sugería que la actitud de los participantes hacia los videojuegos podría influir en su opinión sobre la utilidad del videojuego para el desarrollo de la competencia traductora y sus subcompetencias y sugiere que la utilidad percibida por parte del alumnado con respecto al videojuego es independiente de su motivación para hacer uso de este. Por último, los resultados indican que no existen diferencias significativas en la valoración del videojuego como herramienta para el desarrollo de la competencia traductora y sus subcompetencias atribuibles al género de los participantes en el estudio. Estos resultados, que corroboran la cuarta hipótesis de investigación del presente estudio, están en línea con trabajos previos que sugieren que no hay diferencias entre hombres y mujeres en cuanto al uso y percepción de los videojuegos (Sánchez-Mena *et al.*, 2019). A pesar de los resultados positivos obtenidos en este estudio sobre el uso del videojuego *Subtitle Legends* como herramienta para el desarrollo de la competencia traductora, existen limitaciones que deben ser tenidas en cuenta. La muestra utilizada fue exclusivamente de estudiantes de la asignatura *32614 Lengua B(II): Inglés*, lo que limita la generalización de los resultados a otros contextos y poblaciones. Por otra parte, la naturaleza del estudio, basado en cuestionarios que dependen en gran medida de la percepción de los participantes, también podría haber influido en los resultados, lo que podría dar lugar a problemas de sesgo o falta de precisión en las respuestas. Además, no se controlaron factores como el contexto social, económico y cultural en el que se desenvuelven los estudiantes, su motivación y expectativas respecto al aprendizaje de la competencia traductora, ni el tiempo que cada estudiante dedicó a jugar el videojuego, si bien se comprobó que hubiera jugado un mínimo suficiente para poder emitir una opinión fundamentada. Del mismo modo, cabe mencionar entre las limitaciones del estudio el propio cuestionario empleado para la recogida de datos: aunque el análisis de fiabilidad arrojó unos valores altos tanto para cada una de las dimensiones como para la totalidad de los ítems que lo componen, se trata de una herramienta que se encuentra pendiente de validación. Su validación, por tanto, se trata de una futura línea de trabajo necesaria para la creación de un instrumento con un nivel de precisión y evidencia adecuado para la medición de la percepción sobre la utilidad de materiales diseñados para el desarrollo de la competencia traductora en el ámbito universitario.

Con todo, los resultados sugieren que los videojuegos pueden ser una herramienta útil y efectiva para los docentes que buscan mejorar el desarrollo de la competencia traductora, proporcionando práctica adicional y diversificando las actividades de aprendizaje. También sugieren que, a ojos de los estudiantes, los videojuegos pueden ser especialmente efectivos para fomentar el desarrollo de habilidades específicas tales como la comprensión, la capacidad de trabajo autónomo y la transferencia de conocimiento. En conclusión, a pesar de las limitaciones del estudio, los resultados indican que el videojuego *Subtitle Legends* se percibe como adecuado para el desarrollo de la competencia traductora, lo que favorece su integración en actividades de enseñanza, mejora el proceso de aprendizaje de los estudiantes y diversifica las metodologías didácticas. Por último, se sugieren diversas líneas de investigación futuras, tales como la ampliación de la muestra para incluir a estudiantes de otros grados, así como a traductores profesionales, la evaluación de la eficacia del videojuego en el desarrollo de habilidades traductoras específicas mediante un estudio cuantitativo, la evaluación de la utilidad del videojuego para otros pares de idiomas y lenguas no europeas y la investigación sobre la transferibilidad de las habilidades adquiridas durante el uso del videojuego a otros contextos de traducción.

Referencias bibliográficas

Acquah, E. O. y Katz, H. T. (2020). Digital game-based L2 learning outcomes for primary through high-school students: A systematic literature review. *Computers & Education, 143*, 103667. https://doi.org/10.1016/J.COMPEDU.2019.103667.

Anderson, T., Reynolds, B. L., Yeh, X. P. y Huang, G. Z. (2008). Video games in the English as a foreign language classroom. *Second IEEE International Conference on Digital Games and Intelligent Toys Based Education, Banff, AB, Canada, 17–19 November 2008*, 188–192.

Asociación Española de Distribuidores y Editores de Software de Entretenimiento. (2012). *Videojuegos en las aulas*. http://www.adese.es/docs/documentacion/estudios-y-analisis.

Asociación Española de Videojuegos. (2021). *La industria del videojuego en España en 2021*. http://www.aevi.org.es/web/wp-content/uploads/2022/04/AEVI_Anuario_2021_FINAL.pdf.

Bahari, A. (2020). Game-based collaborative vocabulary learning in blended and distance L2 learning. *Open Learning*. https://doi.org/10.1080/02680513.2020.1814229.

Barr, M. (2018). Student attitudes to games-based skills development: Learning from video games in higher education. *Computers in Human Behavior, 80*, 283–294. https://doi.org/10.1016/j.chb.2017.11.030.

Barr, M. (2019). *Graduate Skills and Game-Based Learning: Using Video Games for Employability in Higher Education*. Basel: Springer International Publishing. https://doi.org/10.1007/978-3-030-27786-4.

Calvo-Ferrer, J. R., Belda Medina, J. R., Tolosa Igualada, M., Ferriz Blanquer, D., Pastor Segura, A., Durán Sánchez, A. J. y Suárez Sirera, L. (2019). *Subtitle Legends*. http://hdl.handle.net/10045/102407.

Calvo-Ferrer, J. R. y Belda-Medina, J. (2021). El videojuego Subtitle Legends para la enseñanza de la lengua inglesa en el ámbito de la traducción y la interpretación: planificación docente y percepción del alumnado. *Lenguas Modernas*, 58, 71–86. https://lenguasmodernas.uchile.cl/index.php/LM/article/view/66434.

Chen, M.-H., Tseng, W.-T. y Hsiao, T.-Y. (2018). The effectiveness of digital game-based vocabulary learning: A framework-based view of meta-analysis. *British Journal of Educational Technology*, 49(1), 69–77. https://doi.org/10.1111/bjet.12526.

Egenfeldt-Nielsen, S. (2006). Overview of research on the educational use of video games. *Digital Kompetanse, 1*(3), 184–213.

EMT Expert Group. (2009). *Competences for Professional Translators, Experts in Multilingual and Multimedia Communication*. https://ec.europa.eu/info/sites/info/files/emt_competences_translators_en.pdf

Fraser, J. (1996). The Translator Investigated: learning from translation process analysis. *The Translator*, 2(1), 65–79.

Hainey, T., Connolly, T. M., Boyle, E. A., Wilson, A. y Razak, A. (2016). A systematic literature review of games-based learning empirical evidence in primary education. *Computers & Education*, 102, 202–223. https://doi.org/10.1016/j.compedu.2016.09.001.

Hitosugi, C. I., Schmidt, M. y Hayashi, K. (2014). Digital game-based learning in the L2 classroom: The impact of the UN's off-the-shelf videogame, Food Force, on learner affect and vocabulary retention. *CALICO Journal*, 31(1), 19–39.

Hu, M. M. y Chang, B. (2008). Massively Multiplayer Online Game Supported Foreign Language Listening Ability Training. *First IEEE International Conference on Digital Games and Intelligent Toys Based Education*, 176–178.

Huh, J., Delorme, D. E. y Reid, L. N. (2006). Perceived third-person effects and consumer attitudes on prevetting and banning DTC advertising. *Journal of Consumer Affairs*, 40(1), 90–116. https://doi.org/10.1111/J.1745-6606.2006.00047.X.

Hurtado, A. (1996). La enseñanza de la traducción directa 'general'. Objetivos de aprendizaje y metodología. En A. Hurtado (Ed.), *La enseñanza de la traducción* (pp.31–56). Castellón: Universitat Jaume I.

Huyen, N. T. T. y Nga, K. T. T. (2003). Learning vocabulary through games. *Asian EFL Journal*, *5*(4), 1829–1841.

Kelly, D. (2002). Un modelo de competencia traductora: bases para el diseño curricular. *Puentes*, 1, 9–20.

Kiraly, D. C. (1995). *Pathways to Translation: Pedagogy and Process*. Kent: Kent State University Press.

Krings, H. P. (1986). *Was in den Köpfen von Übersetzern vorgeht. Eine empirische Untersuchung der Struktur des Übersetzungsprozesses an Fortgeschrittenen*. Tübingen: Gunter Narr.

Larson, K. (2019). Serious Games and Gamification in the Corporate Training Environment: a Literature Review. *TechTrends 2019 64:2*, *64*(2), 319–328. https://doi.org/10.1007/S11528-019-00446-7.

Lörscher, W. (1991). *Translation Performance, Translation Process, and Translation Strategies. A Psycholinguistic Investigation*. Gunter Narr.

Martín Arribas, M. C. (2004). Diseño y validación de cuestionarios. *Matronas Profesión*, *5*(17), 23–29.

Mitchell, F. (2001). Training liaison interpreters in the classroom. En S. Cunico (Ed.), *Training Translators and Interpreters in the New Milennium* (pp. 1–8). Portsmouth: School of Languages and Areas Studies.

Morélot, S., Garrigou, A., Dedieu, J. y N'Kaoua, B. (2021). Virtual reality for fire safety training: Influence of immersion and sense of presence on conceptual and procedural acquisition. *Computers & Education*, 166, 104–145. https://doi.org/10.1016/J.COMPEDU.2021.104145.

Nunnally, J. C. (1967). *Psychometric Theory*. New York: McGraw-Hill.

PACTE. (2003). Building a Translation Competence Model. En F. Alves (ed.), *Triangulating Translation: Perspectives in process oriented research* (pp. 43–66). Ámsterdam: John Benjamins.

Pérez-Luzardo Díaz, J. (2005). Competencias del intérprete simultáneo. En G. R. Navarro Montesdeoca, A. M. Monteverde Rey, V. M. González Ruiz y L. Cruz García (eds.), *Traducir e interpretar: visiones, obsesiones y propuestas* (pp. 241–255). Las Palmas de Gran Canaria: Servicio de publicaciones.

Rankin, Y., Gold, R. y Gooch, B. (2006). 3d role-playing games as language learning tools. *EUROGRAPHICS 2006*, 25(3).

Rasti-Behbahani, A. (2021). Why digital games can be advantageous in vocabulary learning. *Theory and Practice in Language Studies*, 11(2), 111–118. https://doi.org/10.17507/tpls.1102.01.

Reinders, H. y Wattana, S. (2011). Learn English or die: The effects of digital games on interaction and willingness to communicate in a foreign language. *Digital Culture & Education*, 3(1), 3–28.

Reinhardt, J. (2017). Digital Gaming in L2 Teaching and Learning. En C. A. Chapelle y S. Sauro (eds,), *The Handbook of Technology and Second Language Teaching and Learning* (pp. 202–216). John Wiley & Sons, Inc. https://doi.org/10.1002/9781118914069.ch14.

Sánchez-Mena, A., Martí-Parreño, J. y Aldás-Manzano, J. (2019). Teachers' intention to use educational video games: The moderating role of gender and age. *Innovations in Education and Teaching International*, 56(3), 318–329. https://doi.org/10.1080/14703297.2018.1433547.

Schwienhorst, K. (2002). Why virtual, why environments? Implementing virtual reality concepts in computer-assisted language learning. *Simulation & Gaming*, 33(2), 196–209.

Toury, G. (1991). Experimentation in Translation Studies: achievements, prospects and some pitfalls. En S. Tirkkonen-Condit (ed.), *Empirical Research in Translation and Intercultural Studies: Selected papers of the TRANSIF Seminar, Savonlinna, 1988*. Tübingen: Gunter Narr.

Tsai, Y. L. y Tsai, C. C. (2018). Digital game-based second-language vocabulary learning and conditions of research designs: A meta-analysis study. *Computers and Education*, *125*(June), 345–357. https://doi.org/10.1016/j.compedu.2018.06.020.

Tseng, W. T., Liou, H. J. y Chu, H. C. (2020). Vocabulary learning in virtual environments: Learner autonomy and collaboration. *System*, *88*, 102190. https://doi.org/10.1016/j.system.2019.102190.

Vilà Baños, R., Torrado Fonseca, M. y Reguant Álvarez, M. (2019). Análisis de regresión lineal múltiple con SPSS: un ejemplo práctico. *REIRE Revista d'Innovació i Recerca En Educació*, 12 (2), 1–10. https://doi.org/10.1344/reire2019.12.222704.

Wilss, W. (1989). Towards a Multi-facet Concept of Translation Behavior. *Target*, 34(1), 129–149.

Zeng, J., Parks, S. y Shang, J. (2020). To learn scientifically, effectively, and enjoyably: A review of educational games. *Human Behavior and Emerging Technologies*, 2(2), 186–195. https://doi.org/10.1002/HBE2.188.

Zou, D., Huang, Y. y Xie, H. (2021). Digital game-based vocabulary learning: where are we and where are we going? *Computer Assisted Language Learning*, 34(5–6), 751–777. https://doi.org/10.1080/09588221.2019.1640745.

Laura Cacheiro Quintas

Université de Rouen-Normandie, Laboratorio ERIAC

Rosa Agost Canós

Universitat Jaume I

Investigar en accesibilidad para entornos multilingües

Resumen: Este capítulo aborda un ejemplo de investigación en Traducción Audiovisual a través del caso concreto del Programa Miro, un proveedor de enseñanza superior a distancia que promueve el uso de entornos de enseñanza virtuales multiculturales y accesibles. Un elemento clave de estos entornos es el subtitulado multilingüe cuya elaboración presenta un desafío principal relacionado con la homogeneización de los subtítulos dentro de un mismo vídeo y de una formación. Para solventar esta dificultad, hemos identificado los parámetros necesarios para la producción de este tipo de subtítulos mediante el estudio del material audiovisual producido por este programa. Hemos utilizado un modelo basado en los principales estándares de calidad en esta modalidad de TAV y en trabajos académicos anteriores. Presentamos los resultados bajo la forma de una taxonomía de los subtítulos resultantes de aplicar dichos parámetros centrándonos en sus particularidades lingüísticas, semióticas y técnicas. Para facilitar su aplicación en otros contextos, hacemos una mención especial a Miro Translate, una plataforma de subtitulado especialmente diseñada teniendo en cuenta los resultados de este estudio.

Palabras clave: subtitulado multilingüe, proceso de subtitulado híbrido, accesibilidad, entorno de aprendizaje virtual, vídeo pedagógico.

Abstract: This chapter addresses an example of research in Audiovisual Translation through the specific case of the Miro Programme, an online higher education provider that promotes the use of multicultural and accessible virtual learning environments. A key element of these environments is multilingual subtitling, the development of which presents a major challenge related to the standardisation of subtitles within the same video and course. To overcome this difficulty, we have identified the parameters required to produce multilingual subtitles by studying the audiovisual material produced by the Miro Programme. We have used a model based on the main quality standards in this type of AVT and on previous academic work. We present the results in the form of a taxonomy of the subtitles resulting from the application of these parameters, focusing on their linguistic, semiotic, and technical particularities. To facilitate its application in other contexts, special mention is made of Miro Translate, a subtitling platform specially designed with the results of this study in mind.

Keywords: multilingual subtitling, hybrid subtitling process, accessibility, virtual learning environment, educational video.

1. Introducción

Las universidades, muy especialmente aquellas financiadas con recursos públicos, tienen la obligación de investigar y transferir a la sociedad el resultado de su trabajo, con independencia de la especialización o la rama de conocimiento de que se trate. De hecho, en España, por ejemplo, la LOSU (Ley orgánica 2/2023, de 22 de marzo de 2023, del Sistema Universitario), en su preámbulo ya observa que:

> En el contexto de la gobernanza multinivel, el sistema universitario debe, con base en la transformación digital a través de servicios y equipos multidisciplinares, promover una madurez organizativa y documental que favorezca dicha gobernanza y que le permita garantizar, ampliar y poner al día el conjunto de servicios públicos de educación superior de calidad, mediante una Universidad autónoma e internacionalizada, que garantice e incentive tanto la docencia como la investigación y el intercambio y transferencia del conocimiento, y que resulte efectivamente accesible, equitativa, democrática y participativa.

Y en el artículo 2 del Título I, insiste en que esa generación, desarrollo, difusión, transferencia e intercambio del conocimiento y aplicación del conocimiento debe darse en «todos los campos científicos, tecnológicos, sociales, humanísticos y culturales».

En el ámbito de la traducción, por ejemplo, consideramos que hay toda una serie de investigaciones que pueden ayudar al acceso y a la difusión del conocimiento: las modalidades de traducción audiovisual, especialmente aquellas relacionadas con el Diseño para todas las personas.

En este sentido, somos conscientes de que las Tecnologías de la Información y la Comunicación (TIC), entendidas como aquellas herramientas y programas utilizados para administrar y transmitir la información tales como Internet (Juárez-Varón *et al.*, 2013: 48), han mejorado el proceso de enseñanza-aprendizaje permitiendo a las instituciones ofrecer una formación personalizada y flexible a través de modalidades a distancia en su totalidad o sistemas híbridos de docencia (semipresencialidad).

Entre algunas de las TIC, destacamos las plataformas virtuales de formación, las páginas web o los foros de discusión y debate, que permiten intervenciones de forma síncrona o asíncrona. Así, los MOOC son una de las modalidades más populares en la actualidad. En 2020, las circunstancias a nivel mundial fruto de la pandemia hicieron que este tipo de cursos se revelaran como un camino para muchas instituciones para continuar la formación de un gran número de estudiantes mediante la educación en línea. Algunos de los proveedores de MOOC más habituales, como Coursera edX, Xuetang, Udacity y FutureLearn, que ya atraían al alumnado con sus cursos gratuitos en las mejores universidades, reforzaron la cantidad de formaciones y aumentaron considerablemente el número de estudiantes. Tal y como se aprecia en la Figura 2, se realizaron 180 millones de inscripciones en 2020 y 220 millones en 2021, pertenecientes a 950 universidades de todo el mundo (Shan, 2021). Hay que tener en cuenta que en estos datos no se incluye a China por no disponer de información contrastada.

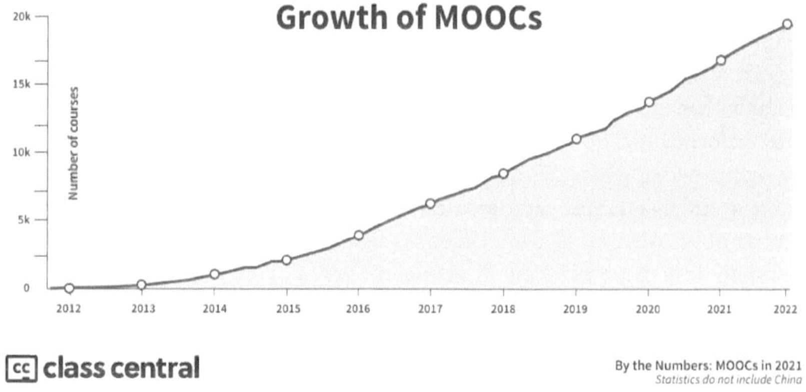

Figura 1. Incremento de MOOC según *Class Central* (Shan, 2021)

Estas nuevas modalidades han transformado los roles de los participantes en el proceso de enseñanza-aprendizaje. Por un lado, el profesor no es el único proveedor de conocimiento, ya que internet y las TIC han permitido un acceso masivo a la información. Sin embargo, como advierte Djebara (2015: 24), disponer de la información no implica saber utilizarla correctamente, de modo que la construcción del conocimiento pasa por la interacción entre estudiantes y docentes. El modelo constructivista se perfila como una tendencia dominante entre las instituciones proveedoras de enseñanza a distancia. El alumno se sitúa en el centro del proceso y el conocimiento se construye a través de actividades creativas, colaborativas e interactivas (Zhang, 2005: 149).

Constatamos que cada vez son más populares las plataformas de enseñanza que proporcionan un entorno virtual de aprendizaje para facilitar la interacción entre docentes y estudiantes o entre iguales (Salmerón *et al.*, 2010: 164). Estos entornos incluyen herramientas de gestión del aprendizaje interactivas que personalizan la experiencia del usuario. A la hora de diseñar estos entornos, es imprescindible seguir una metodología basada en la Interacción Persona-Ordenador (IPO) que tenga en cuenta las necesidades, los requerimientos y las limitaciones del usuario final en cada etapa del desarrollo para asegurarse de que la experiencia del estudiante es positiva (Mor *et al.*, 2007). En esta línea de trabajo, Sanz *et al.* (2018) presentan los diferentes modelos y paradigmas de IPO y su aplicación en el ámbito de la educación en España. Estos autores concluyen que existe una marcada tendencia hacia el desarrollo de entornos de enseñanza virtuales que priorizan una interacción multisensorial y multimodal (Sanz *et al.*, 2018: 1141). Entre los muchos ejemplos, destacan nuevos proyectos de investigación sobre el uso de entornos 3D para estudiantes con discapacidad auditiva y de realidad aumentada (Salazar, 2019).

Los vídeos pedagógicos se han convertido en un formato clave para transmitir información de forma lúdica a través de estos entornos virtuales. Los beneficios pedagógicos de este material se recogen en la propia definición de «texto audiovisual» que seguimos en este trabajo y que entendemos como un acto comunicativo en el que el mensaje es una unidad dinámica de sentido, resultado de la sincronización de elementos verbales y no verbales que se transmiten mediante el canal acústico y el canal visual (Cacheiro Quintas, 2019: 43). El hecho de transmitir información de manera simultánea a través de texto escrito, imágenes y discurso oral tiene un impacto positivo en la asimilación de contenido según varias teorías de aprendizaje (Talaván, 2013: 72–73). La primera es la Teoría Cognitiva del Aprendizaje Multimedia (Mayer, 2003) que afirma que, cuando la información se recibe por más de un canal, se reduce el esfuerzo cognitivo gracias a las conexiones entre las fuentes. La segunda es la Teoría de la Doble Codificación (Paivio, 1991), según la cual, la información se asimila a través de dos sistemas de memoria independientes pero interconectados: el no-verbal, que trata elementos no lingüísticos y el verbal, que trata elementos relacionados con la lengua. La tercera es la Teoría del Procesamiento de la Información (Wang y Shen, 2007), que defiende que la información se almacena primero en la memoria sensorial, gracias a la estimulación de los sentidos (especialmente la vista y el oído), antes de ser transferida a la memoria a largo plazo.

Desde la perspectiva de las instituciones, un desafío importante en la difusión de contenido audiovisual es la lengua. Siguiendo la tendencia global en otros ámbitos de la sociedad, el inglés se ha posicionado como el idioma hegemónico para la transmisión de conocimiento. Las instituciones europeas fomentan entornos multilingües y multiculturales, como muestra el informe «Education in a Multilingual World» de la UNESCO (2003: 31–33), para luchar contra este fenómeno. Este organismo apoya el uso de la lengua materna y la formación bilingüe y multilingüe para promover la igualdad social y de género y para conseguir una educación intercultural. Una medida adoptada por países europeos en esta dirección es la creación de plataformas para la distribución de MOOC en lenguas oficiales, como FUN, dirigida a la población francófona o MiriadaX para la hispanófona.

Los esfuerzos de las instituciones de enseñanza tanto públicas como privadas no solo están orientados a la diversidad lingüística y cultural, sino también a la accesibilidad. En este sentido, la legislación europea promueve e insta a un acceso igualitario a la enseñanza; ello se traduce, afortunadamente, en un aumento paulatino pero imparable del número de estudiantes con alguna discapacidad. El subtitulado intralingüístico (dentro de la misma lengua) e interlingüístico (entre lenguas distintas) se ha convertido en una opción relativamente económica y sencilla para conseguir entornos de enseñanza multilingües y accesibles. La Unión Europea ha financiado numerosos proyectos de investigación en este ámbito como *transLectures*, del grupo Machine Learning and Language Processing (Universitat Politècnica de València); *EMMA Project*, una plataforma para la creación de MOOC multilingües en línea (Kerr y Merciai, 2016); o el proyecto *TraMOOC*, una plataforma que utiliza modelos de traducción automática neuronal.

De acuerdo con lo expuesto en esta introducción, podemos afirmar que el uso de material pedagógico audiovisual subtitulado presenta múltiples ventajas tanto para estudiantes como para proveedores de enseñanza. Estos últimos se enfrentan a un desafío principal relacionado con la homogeneización de las características de las diferentes pistas dentro de un mismo vídeo o de una misma formación y el hecho de que no exista una norma única reconocida a nivel mundial o incluso estatal aumenta esta dificultad. Teniendo esto en cuenta, dedicaremos este capítulo a la identificación de parámetros específicos para la elaboración de subtítulos multilingües para vídeos pedagógicos. Nos centraremos en un contexto específico, el del Programa MIRO[1] y tomaremos como referencia la Norma UNE 153010:2012 titulada *Subtitulado para personas*

1 Programa MIRO.EU-PM (ANR-11-IDEFI-0027): https://www.programmemiro.fr/es/

sordas y personas con discapacidad auditiva y publicada por la Asociación Española de Normalización y Certificación, AENOR, en 2012 en España.

2. Materiales y método

Para conseguir una homogeneización de los parámetros de subtitulado multilingüe de vídeos pedagógicos, dedicaremos este apartado al Programa MIRO, un proveedor de enseñanza superior a distancia. Nos centraremos en las características del material audiovisual que produce y en las especificidades de su subtitulado multilingüe tomando como punto de partida la norma UNE a la que aportaremos modificaciones en función a las necesidades del proveedor y del estudio de la relación entre el subtítulo y la imagen y el código sonoro.

2.1. El contenido audiovisual en entornos virtuales de aprendizaje: el caso del Programa MIRO

El Programa MIRO.EU-PM (ANR-11-IDEFI-0027) es una IDEFI (Initiatives D'Excellence en Formations Innovantes) financiada por la Agencia nacional francesa de investigación (ANR) que estuvo vigente entre 2012 y 2021 para promover la investigación en innovación pedagógica. La Universidad de Perpiñán Via Domitia (UPVD) era la principal gestora de dicho programa, en el que colaboraban universidades como la de Andorra, la de las Islas Baleares y la de París VI (a través del Observatorio Oceanográfico de Banyuls-sur-Mer). Una de las principales misiones de esta iniciativa consistió en el diseño de diferentes tipos de formaciones a distancia destinadas a un público universitario y profesional. Todas ellas son multilingües (catalán, español y francés) y están disponibles en diferentes entornos virtuales de aprendizaje.

El contenido audiovisual está muy presente en las diferentes formaciones elaboradas por este programa, que cuenta con los medios humanos y materiales necesarios para realizar una producción propia de alta calidad. Para determinar las principales características de estos vídeos pedagógicos, hemos tenido en cuenta un total de 223 textos audiovisuales distribuidos de la siguiente manera:

- Los 150 vídeos del *Master Miro* de la UPVD en turismo cultural impartido a distancia a través de la plataforma de código abierto Moodle.
- Los 31 documentos audiovisuales del primer MOOC, *El turismo cultural en la actualidad, ¿qué desafíos presenta?*, disponible en la plataforma FUN. MOOC[2].

2

- Los 42 vídeos del segundo MOOC, *Turismo, cultura y tecnología digital: ¿cuáles son los métodos?*, también en FUN.MOOC.

Desde el punto de vista de la producción, los rodajes se realizaban en un estudio de grabación en el que un hablante visible en pantalla o una voz en *off* trata un tema concreto durante menos de 5 minutos. El orador suele ser un experto o un profesional que presenta un ejemplo de aplicación práctica del contenido teórico redactado por los docentes. Cuando se trata de una voz en *off*, los vídeos transmiten instrucciones y consejos para la realización de tareas específicas como, por ejemplo, la redacción del trabajo de final de máster o la elaboración de una bibliografía.

Desde el punto de vista lingüístico, estos documentos audiovisuales presentan unas características similares ya que los hablantes leen discursos que ellos mismos habían redactado en su lengua materna y que miembros del equipo pedagógico revisaban antes del rodaje para garantizar la corrección lingüística y la pertinencia del contenido. Estamos, pues, ante un lenguaje guionizado o *scripted* (Díaz-Cintas y Remael, 2007: 61) que, a nivel prosódico, se caracteriza por una pronunciación clara y la escasa presencia de marcas de oralidad como debilitamiento u omisión de consonantes o de vocales, entre otras. Puesto que el discurso está preparado, el ritmo de enunciación es fluido, con pausas breves, normalmente situadas al final de las oraciones. Las frases, que son, en general, largas y subordinadas o coordinadas, respetan el orden sintáctico canónico. Además, encontramos abundantes términos específicos, en este caso, del campo semántico del turismo cultural, del patrimonio y de las tecnologías móviles, temas principales de las formaciones estudiadas.

Uno de los requisitos para para poder matricularse en las formaciones ofertadas por el Programa MIRO es tener un nivel B2 en dos de los tres idiomas (catalán, español y francés), ya que el conjunto del material pedagógico es multilingüe. Con el objetivo de facilitar la comprensión de la información y la accesibilidad al contenido de los vídeos, se utiliza una de las modalidades de traducción audiovisual más habituales: los subtítulos intra e interlingüísticos (Agost, 1999; Romero, 2022) cuyas características presentamos a continuación.

2.2. Particularidades del subtitulado multilingüe de vídeos pedagógicos

Al igual que en el caso de la producción de material audiovisual, el Programa MIRO cuenta con los medios humanos necesarios para la elaboración de subtítulos multilingues: una traductora-subtituladora en plantilla que actúa como gestora de los proyectos y un equipo de traductores autónomos que contribuyen en las tareas de subtitulado o de revisión. La plataforma utilizada por todas las personas implicadas en el proceso es Miro Translate[3], cuya interfaz de trabajo muestra la siguiente imagen:

Figura 2. Interfaz de subtitulado (fuente: Miro Translate)

Esta herramienta fue especialmente diseñada para este contexto y pone a disposición de los usuarios las siguientes aplicaciones de inteligencia artificial:

- un sistema de reconocimiento automático del habla para agilizar la entrada de texto en la elaboración de subtítulos intralingüísticos,
- un sistema de traducción automática neuronal para ayudar a generar el subtitulado interlingüístico a partir de la versión en lengua origen y
- un sistema de síntesis vocal para elaborar audiosubtítulos a partir de los subtítulos intra e interlingüísticos.

Miro Translate incluye un perfil de proyecto activo por defecto para armonizar las prácticas de los diferentes subtituladores y revisores que intervienen en el proceso de subtitulado multilingüe de un mismo documento audiovisual y para una misma formación. En la selección de los criterios que conforman este perfil y como avanzamos en la Introducción, el punto de partida fue la norma AENOR a la que se aportaron modificaciones. Para su presentación utilizaremos el esquema que Cacheiro Quintas (2019: 103) diseñó teniendo en cuenta

3 Miro Translate: https://mtranslate.univ-perp.fr/login

los principales estándares de calidad de esta modalidad y el trabajo de autores como Díaz-Cintas (2001) o Chaume (2004). Este modelo agrupa los rasgos específicos del subtitulado en dos apartados principales que atañen, por un lado, a la relación del subtítulo con la imagen y, por otro, a la relación del subtítulo con la pista sonora. Esta organización nos parece de especial pertinencia para el ámbito de la enseñanza, ya que, según la teoría de la carga cognitiva (Mayer, 2003), la capacidad de la memoria de trabajo o memoria a corto plazo es limitada, lo que puede generar problemas en la asimilación del contenido cuando este se recibe de manera simultánea a través de las imágenes en pantalla, la pista sonora y del texto. En este sentido, la investigación sobre la relación entre el subtítulo y la imagen y el código sonoro se revela fundamental para garantizar el correcto acceso a la información. Por razones de espacio, a continuación, nos centraremos principalmente en aquellos parámetros que difieren de la norma AENOR.

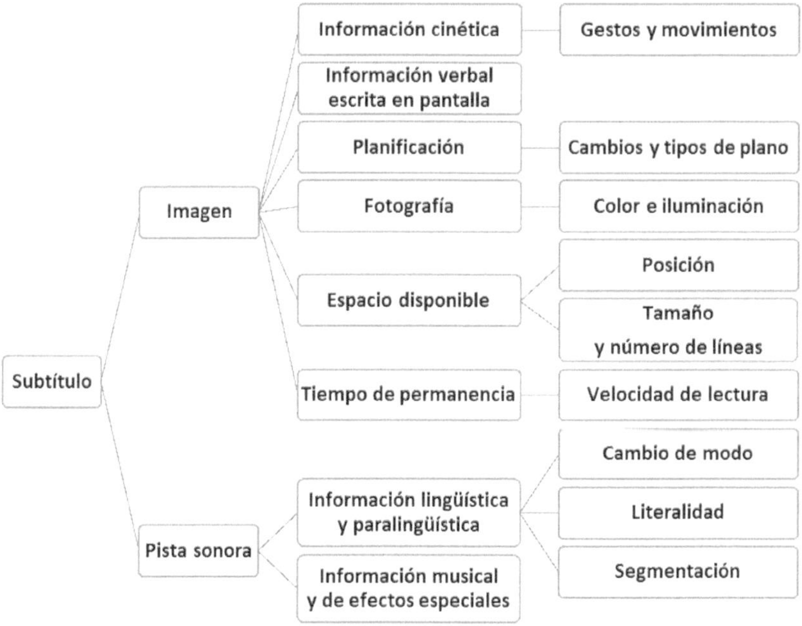

Figura 3. Parámetros relevantes en la práctica subtituladora (Fuente: Cacheiro Quintas, 2019: 103)

Con respecto a la relación del subtítulo con la información trasmitida a través de la imagen, mencionaremos las directrices relacionadas con la sincronización de los movimientos bucales y la duración de los bloques, sobre todo en los primeros y primerísimos planos. Se ha de prestar una atención particular a la sincronía labial ya que los receptores sordos o con alguna discapacidad auditiva tienden a leer los labios del personaje en pantalla en este tipo de planos que son abundantes en el material audiovisual estudiado. Además, debido al denso caudal informativo del discurso origen, se tolera una asincronía de hasta un segundo y medio entre el momento en el que el personaje empieza y termina de hablar y la entrada y salida del subtítulo. La aplicación de esta medida se ve especialmente favorecida por la escasa presencia de cambios de plano en los vídeos pedagógicos del Programa MIRO.

Destacamos también la frecuente presencia de insertos o de texto escrito en la imagen cuya finalidad principal suele ser la reiteración de nociones clave enunciadas en el discurso oral. En estos casos, los subtítulos han de priorizar la información trasmitida a través del discurso oral sobre el texto escrito, incluso cuando se produzcan pérdidas de información.

En cuanto a la longitud de las líneas, se ha adoptado una desviación con respecto a la norma AENOR que sitúa el número máximo de caracteres de cada una en 60, en lugar de 37. La justificación reside, una vez más, en la alta densidad del contenido del texto origen y en su elevada cadencia motivada por la lectura del texto por parte de los oradores en el momento del rodaje. Esta misma razón motivó que el tiempo de exposición de los subtítulos en pantalla se fijara en 20 caracteres por segundo en vez de los 15 que indica la norma.

Dentro del segundo apartado, las principales particularidades de la representación de la información lingüística sonora en los subtítulos están relacionadas con el cambio de modo (oral > escrito) que supone esta modalidad de TAV. En el caso que nos ocupa, se busca un grado de literalidad elevado y los subtituladores reciben la consigna de producir un texto meta lo más completo y exacto posible, sobre todo en el caso de la pista intralingüística. Esta elección se justifica, además, por el hecho de que los receptores poseen conocimientos en las tres lenguas de enseñanza, entre las que también existe una gran proximidad fonética.

Por estos motivos, cuando el texto origen presenta una alta densidad de contenido, se pide a los subtituladores que prioricen la condensación y la modulación como estrategias de traducción, antes que la omisión. De esta directriz se excluyen las repeticiones y marcas de oralidad como interjecciones u onomatopeyas presentes en el texto origen, que han de suprimirse. Del mismo modo, los posibles errores del texto origen no se mantendrán en el subtitulado para respetar la corrección gramatical y ortográfica de la lengua meta. Cabe destacar que estos elementos son menos abundantes en los vídeos pedagógicos tratados en este estudio, debido, en parte, al discurso guionizado.

Consideramos relevante hacer un breve inciso en este punto sobre la identificación de las fuentes sonoras en el subtitulado para personas sordas. Para facilitar esta tarea, se incorporó una opción en Miro Translate bajo la forma de un menú desplegable disponible en cada bloque de subtítulos. El usuario puede seleccionar entre tres perfiles predeterminados asociados a ciertos parámetros:

- *Speaker 1* u orador principal visible en pantalla cuyo parlamento aparece en letra redonda y en color blanco en la parte inferior de la pantalla y centrado.
- *Speaker 2* u voz en *off* con texto en cursiva y también en color blanco y en la misma posición que el anterior.
- *Sound* o sonido, cuya selección añadirá automáticamente una nota musical al inicio y al final de subtítulo cuyo texto también aparecerá en color blanco y en la parte inferior de la pantalla y centrado. En el caso de los vídeos pedagógicos estudiados en este artículo, las canciones detectadas son instrumentales y tienen una función estética para marcar la transición entre diferentes secciones del documento audiovisual.

Podemos incluir en este apartado las directrices referentes a la segmentación del texto de los subtítulos. Estas abogan por una división gramatical basada en unidades semánticas por dos razones: la primera es facilitar la comprensión del texto de los subtítulos por parte de los receptores y la segunda es agilizar el trabajo de posedición. Hemos visto que Miro Translate incluye una aplicación de traducción automática neuronal para traducir la pista intralingüística. Esta opción trata cada bloque de manera independiente sin tener en cuenta la relación entre los diferentes subtítulos. De modo que, si cada bloque constituye una unidad gramatical autónoma e independiente sintácticamente, la traducción automática será de mayor calidad.

3. Resultados: una propuesta de taxonomía de subtítulos multilingües de vídeos pedagógicos

La aplicación de las convenciones descritas en la norma AENOR con las modificaciones arriba mencionadas resulta en subtítulos con unas características particulares cuya clasificación presentamos a continuación utilizado la tabla propuesta por Cacheiro Quintas (2019: 89) basada en trabajos anteriores como los de Gottlieb (1997: 71–72), Díaz-Cintas y Remael (2007: 13–25) o Bartoll Teixidor (2008: 269). Esta taxonomía tiene un primer nivel de clasificación en función de tres parámetros: lingüístico, pragmático y técnico, tal y como muestra la siguiente tabla:

Tabla 1. Clasificación de los parámetros en subtitulado (fuente: Cacheiro Quintas, 2019: 89)

[PARÁMETRO LINGÜÍSTICO] LENGUA • Subtítulos interlingüísticos • Subtítulos intralingüísticos • Subtítulos multilingües	[PARÁMETRO LINGÜÍSTICO] DENSIDAD • Subtítulos literales • Subtítulos editados	[PARÁMETRO PRAGMÁTICO] DESTINATARIO • Subtítulos para normo-oyentes • Subtítulos para sordos
[PARÁMETRO PRAGMÁTICO] INTENCIÓN • Subtítulos instrumentales o Didácticos o Karaoke • Subtítulos documentales	[PARÁMETRO PRAGMÁTICO] MOMENTO DE ELABORACIÓN • Subtítulos anteriores • Subtítulos simultáneos	[PARÁMETRO PRAGMÁTICO] AUTORÍA • Subtítulos humanos o Profesionales o No profesionales • Subtítulos automáticos
[PARÁMETRO TÉCNICO] OPCIONALIDAD • Subtítulos cerrados • Subtítulos abiertos	[PARÁMETRO TÉCNICO] DIFUSIÓN • Subtítulos proyectados • Subtítulos emitidos	[PARÁMETRO TÉCNICO] COLOR • Subtítulos monocromos • Subtítulos policromos
[PARÁMETRO TÉCNICO] INCORPORACIÓN • Subtítulos dinámicos o Palabra a palabra o Línea a línea o Letra a letra • Subtítulos estáticos	[PARÁMETRO TÉCNICO] POSICIONAMIENTO • Espacio o Internos / Externos o Superiores / centrales / inferiores o Justificados derecha / izquierda / centrados • Variabilidad o Variables o Invariables	[PARÁMETRO TÉCNICO] ARCHIVADO • Subtítulos disociables • Subtítulos indisociables

Si atendemos a los dos criterios lingüísticos, es decir, la lengua y la densidad, los subtítulos disponibles en los vídeos del Programa MIRO son *multilingües* (francés, español y catalán) y están *editados*. En este sentido y como ya hemos mencionado, aunque la literalidad de los subtítulos sea una directriz, sobre todo en el caso de los intralingüísticos, no podemos ignorar la complejidad que implica convertir el discurso oral en texto escrito y hacerlo solventando las restricciones de tiempo y de espacio de esta modalidad de TAV. Por este motivo, el subtitulador deberá recurrir a estrategias de traducción que le permitan ajustarse a las convenciones mediante la modificación del contenido lingüístico de la pista sonora. El siguiente ejemplo muestra un caso de subtítulos intralingüístico (francés) e interlingüístico (español) editados:

Tabla 2. Ejemplo 1 (fuente: *Génération Y*, parte del MOOC *El turismo cultural en la actualidad, ¿qué desafíos presenta?*)

[4]CT	TO	VSF	VSE
00:01:01	Les activités sportives sont également prisées, ainsi que les activités participatives.	Les activités sportives et participatives sont prisées.	Privilegian actividades deportivas y participativas.

Al sujeto de la oración copulativa presente en el TO se le añade un segundo elemento (*les activités participatives*) mediante la partícula *ainsi que* después del atributo. En la versión subtitulada en francés, se ha simplificado la sintaxis con un sujeto formado por un núcleo y dos adjetivos suprimiendo así la repetición de *les activités*, así como el adverbio *également* y la conjunción *ainsi que*. Esto ha permitido elaborar un subtítulo monolineal, igual que en la versión española. Sin embargo, en la pista traducida, se opta por una modulación al cambiar el sujeto de la frase (los *baby boomers*), en este caso elíptico, y se recurre a una oración transitiva con el verbo *privilegiar* para transmitir el mismo sentido que el original desde un punto de vista distinto.

Continuemos con la aplicación de los cuatro parámetros pragmáticos para catalogar los subtítulos de acuerdo con las características de los destinarios potenciales y con la intención, el momento de elaboración y la autoría de los subtítulos. El perfil del receptor modelo es una persona adulta con un nivel de alfabetización alto y familiarizado con el género y la temática de los vídeos. Puesto que los cursos están abiertos a públicos con diferentes capacidades auditivas, se respetarán las convenciones del subtitulado *para personas sordas*. Estamos además ante *subtítulos documentales* puesto que su principal intención el facilitar el acceso al contenido del texto origen. Sin embargo, estos funcionan también, aunque de manera indirecta, como una herramienta pedagógica que refuerza las competencias en lengua extranjera de los receptores, por lo que podemos señalar una cierta vocación instrumental. Se trata además de

4 Abreviaturas: CT (Código Temporal), TO (Texto Origen), VSF (Version Subtitulada en Francés) y VSE (Versión Subtitulada en Español).

subtítulos elaborados con antelación al momento de la emisión, cuyos autores son traductores *profesionales* formados en esta modalidad y remunerados por su trabajo.

De acuerdo con los seis parámetros técnicos indicados en la tabla arriba disponible, podemos afirmar que los subtítulos son *cerrados*, ya que el receptor puede activar manualmente la pista deseada que será *emitida* en pantalla. En la mayoría de los casos se trata de *subtítulos monocromos* en los que se emplea el color blanco para identificar al único hablante, a la voz en *off* y a la información musical. La siguiente imagen ejemplifica el uso de la pista en versión española con subtítulos en color blanco y en cursiva para identificar a la voz en *off*.

Figura 4. Ejemplo 2 (fuente: *Notion de Territoire*, parte del Máster Miro)

Por último, la incorporación de los subtítulos a la imagen se realiza en forma de bloques de texto *estáticos* cuyo posicionamiento es *invariable* e *interno*, es decir, dentro de la imagen, en la parte *inferior* de la pantalla y *centrados* como podemos observar en la imagen anterior. En cuanto al archivado, los subtítulos son *disociables* del texto audiovisual puesto que se integran en el entorno de enseñanza virtual de manera separada.

Para facilitar la elaboración de este tipo de subtítulos, todos los participantes en el proceso utilizan la misma plataforma, Miro Translate, en la que está activo por defecto un perfil de proyecto que recoge los parámetros descritos en este trabajo. Además, cada bloque de subtítulos incluye indicadores y mensajes de error que ayudan a detectar las desviaciones con respecto a los valores predeterminados y a su corrección. Cabe destacar que los usuarios tienen la posibilidad de modificar dichos parámetros y crear diferentes perfiles para ajustarse a otras normas o a los requisitos de otros proyectos si así lo desean.

Conclusiones

En este trabajo hemos tratado un ejemplo concreto de investigación en el ámbito de la Traducción Audiovisual basado en el estudio de caso del Programa MIRO. A raíz de una necesidad específica de subtitulado basada en el respecto a los principios de multiculturalidad y de accesibilidad defendidos por dicho programa, nos fijamos como objetivo la identificación de parámetros para la elaboración de los subtítulos multilingües de los vídeos pedagógicos del Programa MIRO. El estudio del material audiovisual producido por este programa utilizando un modelo basado en los principales estándares de calidad en esta modalidad y en trabajos académicos anteriores nos permitió alcanzar este objetivo y realizar una taxonomía de los resultados en el apartado 3. Asimismo, cabe señalar que la aportación de este estudio fue clave en el diseño de Miro Translate, la plataforma híbrida de subtitulado utilizada por este programa.

Tanto las convenciones elegidas como la plataforma diseñada son exportables a otros contextos similares. Prueba de ello es que, en la actualidad, se realizan formaciones sobre el subtitulado de vídeos pedagógicos con Miro Translate destinadas a profesionales académicos de perfiles variados como personal docente, administrativo o a ingenieros pedagógicos. Esto nos permite continuar mejorando la plataforma e incorporar nuevas aplicaciones para responder a necesidades no previstas inicialmente como la transcripción de archivos de audio.

La elaboración de subtítulos multilingües con ayuda de aplicaciones de transcripción y de traducción automáticas a través de Miro Translate es un proceso también transferible al ámbito de la enseñanza de esta modalidad como demuestra su uso en varios centros universitarios de distintos países. El docente asume el papel de gestor del proyecto y puede seguir de manera sencilla el trabajo de los estudiantes, quienes tienen a su disposición un manual de usuario multilingüe y diferentes mensajes de ayuda a lo largo del proceso de subtitulado.

Podemos concluir este capítulo resaltando la importancia del apoyo a proyectos similares cuyos resultados son el fruto de la colaboración entre diferentes perfiles académicos, entre los cuales merece un lugar destacado el de lingüista y traductor. Se trata de proyectos que tienen un impacto directo en el conjunto de la comunidad académica, tanto en su vertiente investigadora como docente. Además, estamos convencidos de que la aplicación de las directrices aquí descritas en el ámbito privado, por ejemplo, a través de los múltiples proveedores de enseñanza a distancia, será el germen de un subtitulado multilingüe de calidad y de la promoción y el reconocimiento de la diversidad cultural y lingüística.

Referencias bibliográficas

Adell Segura, J., Castañeda, L. y Esteve-Mon, F. M. (2018). ¿Hacia la Ubersidad? Conflictos y contradicciones de la universidad digital. *Revista Iberoamericana de Educación a Distancia* 21(2), 51–68.

Agost, Rosa (1999). *Traducción y doblaje: palabras, voces e imágenes.* Madrid: Ariel.

Agost, Rosa (2018). Traductología y traducción audiovisual: el paso del estudio de las normas a la elaboración de un libro de estilo. En Ortega Arjonilla, Emilio *et al.* (eds.), *Cartografía de la traducción, la interpretación y las industrias de la lengua* (pp. 250–266). Granada: Comares.

Asociación Española de Normalización y Certificación (AENOR), (2012). *Norma UNE 153010. Subtitulado para personas sordas y personas con discapacidad auditiva*. Madrid: AENOR.

Bartoll Teixidor, E. (2008). Paràmetres per a una Taxonomia de la Subtitulació. Tesis doctoral inédita presentada en la Universitat Pompeu Fabra, Barcelona.

Cacheiro Quintas, L. (2019). Diseño de un programa de subtitulación para vídeos pedagógicos. Tesis doctoral presentada en la Université de Perpignan.

Chaume, F. (2004). *Cine y traducción*. Madrid: Cátedra.

Díaz Cintas, J. (2001). *La traducción audiovisual: El subtitulado.* Salamanca: Almar.

Díaz Cintas, J. (2015). The Technological Strides in Subtitling. En C. Sin Wai (ed.), *The Routledge Encyclopaedia of Translation Technology* (pp. 632–643). Londres: Routledge.

Díaz Cintas, J. y Remael, A. (2007). *Audiovisual Translation: Subtitling.* Manchester: St. Jerome.

Djebara, A. y Dubrac, D. (2015). *La pédagogie numérique: un défi pour l'enseignement supérieur.* Disponible en: Conseil Économique Social et Environnemental https://www.lecese.fr/travaux-publies/la-p-dagogie-num-rique-un-d-fi-pour-lenseignement-sup-rieur

Gambier, Y. (2007). Sous-titrage et apprentissage des langues. En A. Remael y J. Neves (eds.), *Linguistica Antverpiensia*, 6, 97–113.

Gottlieb, H. (1997). Subtitles, Translation & Idioms. Tesis doctoral. Copenhague: Universidad de Copenhague.

Gottlieb, H. (2001b). Texts, Translation and Subtitling. In Theory and in Denmark. En H. Gottlieb (ed.), *Screen Translation: Six Studies in Subtitling, Dubbing and Voice-over* (pp. 1–40). Copenhague: Centre for Translation Studies, Department of English, Universidad de Copenhague.

INSTITUTO CERVANTES, *Las competencias clave del profesorado de lenguas segundas y extranjeras*, 2012. [https://cvc.cervantes.es/ensenanza/biblioteca_ele/competencias/competencias_profesorado.pdf].

Juárez Varón, D., Mengual Recuerda, A., Vercher Ferrándiz, M. y Peydró Rasero, M. A. (2013). Las TIC en la formación online. *3C TIC, cuadernos de desarrollo aplicados a las TIC, 7*(2), 46–60.

Kay, R. H. (2012). Exploring the use of video podcasts in education: A Comprehensive review of the literature. *Computers in Human Behavior*, 28(3), 820–831.

Kerr, R. y Merciai, I. (2016). EMMA: Towards multicultural learning. *The EuroCALL Review*, 23(2), 53–58.

Ketterl, M., Schulte, O. A. y Hochman, A. (2010). Opencast matterhorn: A community-driven open source software project for producing, managing, and distributing academic videos. *Interactive Technology and Smart Education*, 7(3), 168–180.

Ley Orgánica del Sistema Universitario (22 de marzo de 2023). Boletín Oficial del Estado. https://www.boe.es/eli/es/lo/2023/03/22/2/con

Mayer, R. E. (2003). *Learning and Instruction.* Nueva Jersey: Merrill / Prentice Hall.

Mor, E., Garreta D. y Galofré, M. (2007). Diseño centrado en el usuario en entornos virtuales de aprendizaje, de la usabilidad a la experiencia del estudiante. *IV Simposio Pluridisciplinar sobre Diseño, Evaluación y Desarrollo de Contenidos Educativos Reutilizables*, Bilbao.

Nouri, J. (2016). The flipped classroom: from active, effective and increased learning – specially for low achievers. *International Journal of Educational Technology in Higher Education*, 13(33).

Paivio, A. (1991). Dual coding theory: Retrospect and current status. *Canadian Journal of Psychology*, 45, 255–287.

Romero, P. (2022). Subtitling. En *ENTI (Enciclopedia of translation & interpreting).* AIETI. https://doi.org/10.5281/zenodo.6370769.

Salazar, N., (2019). Análisis comparativo de librerías de Realidad Aumentada. Sus posibilidades para la creación de actividades educativas. Tesis doctoral inédita presentada en la Universidad Nacional de La Plata.

Salmerón, H., Rodríguez, S. y Gutiérrez, C. (2010). Metodologías que optimizan la comunicación en entornos de aprendizaje virtual. *Comunica*, 17(34), 163–171.

Sanz, C. V., Gorga, G., Artola, V., Moralejo, L., Salazar Mesía, N., *et al.* (2018). Tendencias en interacción persona-ordenador: aplicaciones en escenarios educativos. *XX Workshop de Investigadores en Ciencias de la Computación*, 1141–1145.

Shan, D. (2021). By the Lumber: MOOCS in 2018. Disponible en: Class Central MOOC Report https://www.classcentral.com/report/mooc-stats-2021.

Smith, C. y Allman, T. (2017). Reading Between the Lines: Accessing Information via YouTube's Automatic Captioning. *Online Education*, 21(1), 115–131.

Talaván, N. (2013). *La subtitulación en el aprendizaje de lenguas extranjeras.* Barcelona: Octaedro Recursos.

Tomas L., Evans, N., Doyle, T. y Skamp, K. (2019). Are first year students ready for a flipped classroom? A case for a flipped learning continuum. *International Journal of Educational Technology in Higher Education*, 16(5), 1–22. Disponible en: https://educationaltechnologyjournal.springeropen.com/track/pdf/10.1186/s41239-019-0135-4

UNESCO (2003). *Education in a multilingual world.* Paris: UNESCO.

Wang, Y. y Shen, C. (2007). Tentative model of integrating authentic captioned video to facilitate ESL learning. *Sino-US English Teaching*, 4(9), 1–3. https://www.researchgate.net/publication/255488073_Tentative_model_of_integrating_authentic_captioned_video_to_facilitate_ESL_learning.

Zhang, D. (2005). Interactive Multimedia-Based E-Learning: A Study of Effectiveness. *The American Journal of Distance Education*, 19(3), 149–162.

Xiaoqing Zhou-Lian[a], Gloria Corpas Pastor[b], Carlos Manuel Hidalgo-Ternero[b]

a. Universidad Rey Juan Carlos
b. IUITLM, Universidad de Málaga

En torno a la traducción automática neuronal de zoologismos

Resumen: La reciente aparición de los sistemas neuronales ha supuesto una auténtica revolución en el ámbito de la traducción automática, dando lugar a la traducción automática neuronal (TAN), que supone un enorme salto cualitativo en comparación con el predecesor sistema de traducción automática estadística basada en segmentos o frases (*phrase-based statistical machine translation* o *PBSMT*) (Bojar *et al.*, 2016; Castilho *et al.*, 2017; Sennrich *et al.*, 2016). A pesar de estos avances, los sistemas TAN aún tienen un importante talón de Aquiles —las unidades fraseológicas— debido principalmente a los múltiples desafíos que estas presentan: ambigüedad, no composicionalidad, manipulación, variación diasistemática, flexibilidad morfosintáctica, discontinuidad, o anisomorfismo interlingüístico, entre otros. En este contexto, en el presente trabajo analizaremos las principales dificultades que supone la traducción automática neuronal de distintos zoologismos (es decir, unidades fraseológicas que contienen lexemas referidos a nombres de animales [denominados *zoónimos*]) tales como *pagar el pato, llevarse el gato al agua, haber gato encerrado, dar gato por liebre* o *[ser] cuatro gatos*, en las direccionalidades de traducción ES>EN/ZH. Para ello, examinaremos el rendimiento de los dos sistemas de traducción automática neuronal más robustos del mercado: DeepL y Google Translate. Con este telón de fondo, los prometedores resultados obtenidos con zoologismos podrán abrir camino hacia nuevas formas de optimizar el tratamiento de las unidades fraseológicas por parte de los sistemas TAN.

Palabras clave: traducción automática neuronal, zoologismos, español, inglés, chino

Abstract: The recent emergence of neural networks has represented a real breakthrough in the field of machine translation, bringing forth the Neural Machine Translation (NMT), which has resulted in a considerable qualitative leap compared to previous Phrase-Based Statistical Machine Translation (PBSMT) models (Bojar *et al.*, 2016; Castilho *et al.*, 2017; Sennrich *et al.*, 2016). Despite this advance, NMT systems still have an important weak spot —phraseological units (PUs)— mainly due to their quintessential problematic features such as ambiguity, non-compositionality, manipulation, diasystematic variation, morphosyntactic flexibility, discontinuity o cross-linguistic anisomorphism, inter alia.

Against such a background, along this chapter we will analyse the main challenges that zoologisms (i.e., phraseological units containing lexemes that refer to animal names [defined as *zoonyms*]) such as *pagar el pato, llevarse el gato al agua, haber gato encerrado, dar gato por liebre* or *[ser] cuatro gatos* pose for NMT in the ES>EN/ZH translation directions. To this end, we will examine the two most robust NMT system to date: DeepL and Google Translate. The promising results yielded by the study for this typology of phraseological units will open up new ways to optimise PU-processing by NMT systems.

Keywords: neural machine translation, zoologisms, Spanish, English, Chinese

1. Introducción

La reciente aparición de los sistemas neuronales ha supuesto una auténtica revolución en el campo de la traducción automática, dando lugar a la traducción automática neuronal (TAN), que representa un enorme salto cualitativo en comparación con el predecesor sistema de traducción automática estadística basada en segmentos o frases (*Phrase-Based Statistical Machine Translation* o *PBSMT*) (Bojar *et al.*, 2016; Castilho *et a*l., 2017; Sennrich *et al.*, 2016). Así lo señalan asimismo diversos estudios que han cuantificado esta mejora tanto con evaluación automática (Bahdanau *et al.*, 2014; Sennrich *et al.*, 2016; Stasimioti *et al.*, 2020) como con humana (Shterionov *et al.*, 2018; Wu *et al.*, 2016), y que han observado una reducción en el esfuerzo de posedición (Bentivogli *et al.*, 2016) y una mejora en la calidad del resultado final de la posedición (Yamada, 2019) en comparación con la traducción automática estadística. Este cambio de paradigma que ha supuesto la TAN también puede observarse fácilmente en los últimos estudios sobre el sector lingüístico europeo (European Language Industry Survey): por primera vez, en 2018 más de la mitad de las empresas de servicios lingüísticos (LSC, por sus siglas en inglés) en Europa afirma emplear la traducción automática (ELIS, 2018) y un 78 % de las LSC participantes en el estudio tienen previsto incorporar o aumentar el empleo de la traducción automática o la posedición (ELIS, 2020). Dos años más tarde, el porcentaje de encuestados que tiene previsto utilizar traducción automática sube hasta el 90 % (ELIS, 2022). En esta misma línea, todos los sectores implicados (institutos de formación, desarrolladores lingüísticos y consumidores, así como profesionales independientes) también reconocen la traducción automática y la posedición como la tendencia más destacada con diferencia en la industria (ELIS, 2021). Esta misma situación se observa en el último estudio disponible, si bien las empresas de traducción ven los avances ofrecidos por la TAN como una oportunidad más que una amenaza, mientras que los traductores autónomos parecen tener "sentimientos encontrados" al respecto (ELIS, 2022).

A pesar de estos avances, los sistemas TAN tienen aún un importante talón de Aquiles: las unidades fraseológicas (UF). Numerosos son los errores en los resultados arrojados por la TAN en relación con las UF, principalmente causados por los múltiples desafíos que ellas conllevan: ambigüedad, no composicionalidad, manipulación, variación, flexibilidad morfosintáctica, discontinuidad, o anisomorfismo interlingüístico, etc. (*cfr.* Colson, 2019; Monti *et al.*, 2018 y 2020; Popović, 2017; Rohanian *et al.*, 2019, entre otros). Dichos errores se deben principalmente a la propia naturaleza de estos sistemas. La TAN consiste en una arquitectura de codificador-descodificador, en la que el codificador es una red neuronal recurrente que examina el texto origen tanto hacia adelante como hacia atrás y lo transforma en una representación vectorial. Tras esto, el descodificador consta de otra red neuronal recurrente que genera el texto meta (TM) palabra por palabra, teniendo en cuenta tanto la palabra anteriormente producida como la representación vectorial completa del texto origen, todo ello empleando un mecanismo de atención que permite al descodificador enfocarse en distintas partes de la entrada a fin de calcular la probabilidad de la nueva palabra del TM (Casacuberta y Peris Abril, 2017). Así, la TAN es, en esencia, un sistema basado en palabras o caracteres y, por tanto, no considera las UF en su totalidad como unidades de traducción, de ahí una de sus principales dificultades para abordarlas (Wang *et al.*, 2017; Zaninello y Birch, 2020). En este sentido, se han acometido diversos esfuerzos a fin de optimizar el rendimiento de la TAN ante estas unidades. Partiendo de los modelos PBSMT (*phrase-based statistical machine translation*), que poseen un repertorio de traducciones de UF, diversos autores han presentado sistemas TAN basados en segmentos o frases (Huang *et al.*, 2017; Tang et al., 2016) mediante la incorporación de memorias externas con UF. Otros métodos se han centrado en la extracción de candidatos a UF a partir de corpus paralelos tanto de forma automática (Fadaee et al., 2018; Rikters y Bojar, 2017) como manual (Zaninello y Birch, 2020), orientados a proporcionar datos de entrenamiento complementarios para la TAN, o bien en la explotación de datos monolingües a fin de mejorar el modelo de la lengua empleado en el codificador (Sennrich *et al.*, 2016).

Precisamente de la disponibilidad de estos datos de entrenamiento surge el segundo gran problema de la TAN ante estas unidades: pese a la relevancia de los zoologismos (es decir, unidades fraseológicas que contienen lexemas referidos a nombres de animales [denominados *zoónimos*]) dentro del acervo fraseológico del español (*cfr.* Luque Nadal, 2012), en el conjunto de la lengua su presencia es relativamente escasa, de ahí que se necesiten ingentes cantidades de datos de entrenamiento para un apropiado rendimiento de la TAN; más aún si cabe teniendo en cuenta que gran parte de estos zoologismos conviven en los corpus con sus homófonos literales (*vacas flacas*, *perro viejo*, *pez gordo*, etc.), lo que incrementa aún más las dificultades para su correcta desambiguación semántica y posterior traducción. Mayores son los retos para la TAN si consideramos que buena parte de estas unidades suelen presentarse en textos informales (como el Contenido Generado por el Usuario o CGU), en los que abundan las palabras raras y fuera de vocabulario que, por tanto, no suelen formar parte de los datos de entrenamiento canónicos de la TAN (Derczynski *et al.*, 2013; Gui *et al.*, 2017; Neunerdt *et al.*, 2013).

En este contexto, el presente trabajo tiene por objetivo analizar las principales dificultades que supone la traducción automática neuronal de distintos zoologismos verbonominales tales como *pagar el pato*, *llevarse el gato al agua*, *haber gato encerrado*, *dar gato por liebre* o *[ser] cuatro gatos*, en las direccionalidades de traducción ES>EN (en las variedades diatópicas de inglés británico [que, en adelante, denominaremos *BrE*] e inglés americano [*AmE*]) y ES>ZH (tanto chino simplificado como tradicional). Para ello, examinaremos el rendimiento de los dos sistemas de traducción automática neuronal más robustos del mercado: DeepL y Google Translate. Con este telón de fondo, el presente capítulo se divide en seis secciones. Tras un pormenorizado análisis de los principales retos que suponen las UF para los sistemas TAN en la Sección 1 (Introducción), en la Sección 2 examinaremos en profundidad los distintos zoologismos objeto de estudio. Tras la presentación de la metodología basada en corpus empleada en el presente trabajo (Sección 3), en la Sección 4 se expondrán los resultados obtenidos de un experimento llevado a cabo con estos zoologismos, tanto en sus formas continuas como discontinuas, con DeepL y Google Translate en las direccionalidades ES>EN/ZH. Tras esto, en la Sección 5, se ofrecerá un análisis de estos resultados para finalmente, en la Sección 6, desgranar las conclusiones del presente estudio.

2. Las UF objeto de estudio

A fin de comprobar el rendimiento de los sistemas TAN de DeepL y Google Translate, para el presente estudio hemos seleccionado las siguientes UF en español: *pagar el pato*, *llevarse el gato al agua*, *haber gato encerrado*, *dar gato por liebre* y *[ser] cuatro gatos*.

Pagar el pato: 'Padecer o llevar pena o castigo no merecido, o que ha merecido otro.' (DLE, 2023), 'Cargar con la culpa o con las consecuencias negativas [de algo] (DFDEA, 2017, p. 623)

- Correspondencia(s) primaria(s) en inglés: to carry the can (BrE), to take the rap (AmE) (WR, s. f.)
- Correspondencia(s) primaria(s) en chino: 代人受过 dài rén shòuguò，受冤屈 shòu yuānqū，无辜遭殃 wúgū zāoyāng (Sun, 2010: 1645)

(1) Ellos son los que crean problemas y tú eres el que paga siempre el pato. Es injusto.[1]

EN: lit. 'They are the ones who make trouble and you are the one who always pays the duck. It's unfair.'

'They are the ones making trouble and you are the one always taking the rap. It's unfair.'

ZH: lit. '麻烦是他们惹的，却由你来支付鸭子。这不公平。Máfan shì tāmen rě de, què yóu nǐ lái zhīfù yāzi. Zhè bù gōngpíng'

'麻烦是他们惹的，受过的却是你。这不公平。Máfan shì tāmen rě de, shòuguò de què shì nǐ. Zhè bù gōngpíng'

Llevarse el gato al agua: 'Triunfar en una competencia, salir ganancioso', 'superar una dificultad o arrostrar el riesgo de una empresa.' (DLE, 2023), 'Ser, entre varios, el que consigue lo que está en liza.' (DFDEA, 2017:. 365)

- Correspondencia(s) primaria(s) en inglés: to win the day, to pull sth off (COL, 2023)
- Correspondencia(s) primaria(s) en chino: 克服困难 kèfú kùnnán, 敢于争取胜利 gǎnyú zhēngqǔ shènglì; 胜利 shènglì (Sun, 2010: 1080)

(2) La negociación fue dura pero al final consiguió llevarse el gato al agua.

EN: lit.'The negotiation was tough but in the end she managed to carry the cat to the water.'

'The negotiation was tough but in the end she managed to win the day.'

ZH: lit.'谈判很艰难，但最后他/她成功地把猫抱到了水里。Tánpàn hěn jiānnán, dàn zuìhòu tā/tā chénggōng de bǎ māo bào dàole shuǐ lǐ'

---

1 Los diferentes ejemplos y sus traducciones, ofrecidos en esta sección con fines ilustrativos, han sido creados por los autores de este capítulo.

'谈判很艰难，但最后他/她获得了胜利。Tánpàn hěn jiānnán, dàn zuìhòu tā/tā huòdéle shènglì'

Haber gato encerrado: 'Haber causa o razón oculta o secreta, o manejos ocultos.' (DLE, 2023), 'Haber algo oculto.' (DFDEA, 2017: 365)

- Correspondencia(s) primaria(s) en inglés: there is a catch, there is something fishy (COL, 2023)
- Correspondencia(s) primaria(s) en chino: 有可疑的情况 yǒu kěyí de qíngkuàng, 蹊跷 qīqiao (Sun, 2010: 1080); 有鬼 yǒu guǐ, 有隐藏的东西 yǒu yǐncáng de dōngxī (Li *et al.*, 1999:531)

(3) Aquí hay gato encerrado.

EN: lit. 'There is a cat locked in here.'

'There's something fishy going on here.'

ZH: lit. '这里有猫被关住了。Zhè li yǒu māo bèi guān zhùle'

'这里一定有鬼。Zhèlǐ yīdìng yǒu guǐ'

Dar gato por liebre: 'Engañar en la calidad de algo por medio de otra cosa inferior que se le asemeja.' (DLE, 2023), 'Engañar, especialmente haciendo pasando una cosa por otra de mejor calidad' (DFDEA, 2017: 364)

- Correspondencia(s) primaria(s) en inglés: to pull the wool over someone's eyes, to buy a pig in a poke (WR, s. f.)
- Correspondencia(s) primaria(s) en chino: 以次充好 yǐ cì chōng hǎo, 鱼目混珠 yúmùhùnzhū, 欺诈 qīzhà (Sun, 2010, p. 1080); 以假冒真 yǐ jiǎ mào zhēn (Li *et al.*, 1999: 531)

(4) Peter es tan ingenuo que siempre le dan gato por liebre.

EN: lit. 'Peter is so naive that they always give him a cat for a hare.'

'Peter is so naive that they always pull the wool over his eyes.'

ZH: lit.'彼得太天真了，别人总是给他猫来替代兔子。 Bǐdé tài tiānzhēnle, biérén zǒng shì gěi tā māo lái tìdài tùzi'

'彼得太天真了，总是受人骗。 Bǐdé tài tiānzhēnle, zǒng shì shòu rén piàn'

[Ser] cuatro gatos: 'Poca gente y sin importancia.' (DLE, 2023), 'Muy poca gente.' (DFDEA, 2017: 364)

- Correspondencia(s) primaria(s) en inglés: There is hardly a soul (COL, 2023)
- Correspondencia(s) primaria(s) en chino: 几个人 jǐ gèrén, 寥寥无几 liáoliáo wújǐ (Sun, 2010, p. 1080); 一小撮人 yī xiǎo cuō rén, 少数几个人 shǎoshù jǐ gèrén (Li *et al.*, 1999: 531)

(5) No eran más que cuatro gatos en la manifestación.

EN: lit. 'There weren't more than four cats at the demonstration.'

'There was hardly a soul at the demonstration.'

ZH: lit. '游行队伍里只有四只猫。Yóuxíng duìwu lǐ zhǐyǒu sì zhǐ māo'

'去游行的人寥寥无几。Qù yóuxíng de rén liáoliáo wújǐ'

En lo que respecta a la fijación de las cinco UF objeto de estudio, pueden ser clasificadas como *flexibles* (siguiendo la taxonomía de Parra *et al.* [2018]) o *semifijas* (Sag *et al.*, 2002), dado que, por un lado, algunos de sus elementos integrantes pueden sufrir flexión gramatical (*pagaréis/pagamos/han pagado… el pato, dieron/des/darán… gato por liebre*, etc.) y, por otro, diversos sintagmas pueden aparecer entre esos elementos constituyentes de la UF (*se llevó por fin el gato al agua, hay aquí gato encerrado*, etc.). Teniendo en cuenta la naturaleza de sus constituyentes, las UF analizadas son *zoologismos*, esto es, expresiones que contienen lexemas que hacen referencia a nombres de animales (denominados *zoónimos*) (cfr. Luque Nadal, 2012). En cuanto a su estructura morfosintática, *pagar el pato, llevarse el gato al agua, haber gato encerrado* y *dar gato por liebre* pertenecen a la categoría de locuciones verbonominales, formadas por un verbo (el cual permite flexión gramatical) y un sintagma nominal (invariable). A este respecto, la estructura de las locuciones *llevarse el gato al agua* y *dar gato por liebre* incluye asimismo un sintagma preposicional (*al agua* y *por liebre*, respectivamente) tras la secuencia verbonominal. Finalmente, *ser cuatro gatos* es una colocación constituida a su vez por el verbo *ser* más la locución nominal *cuatro gatos*. En este contexto, hemos considerado necesario incluir el verbo con el que predominantemente coloca la locución *cuatro gatos* (53 % en el caso de *ser*, como puede apreciarse en la Figura 1 con datos extraídos del corpus esTenTen18[2]), dado que, con otros verbos y locuciones verbales (por ejemplo,

---

2 Los corpus empleados a lo largo de este estudio son descritos en la sección de Metodología.

tener, vivir con, cuidar de, hacerse cargo de, etc.), se activa exclusivamente la lectura literal de la secuencia *cuatro gatos*, de ahí la necesidad de examinar la colocación en su conjunto.

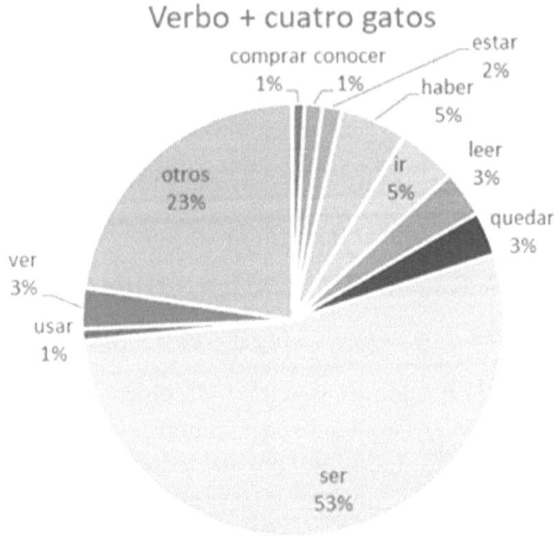

Figura 1. Secuencia "Verbo + cuatro gatos" en esTenTen18

A este respecto, hemos decidido analizar, de forma concreta, UF semifijas al ser potencialmente más difíciles de detectar y traducir por los sistemas TAN cuando sus elementos constituyentes aparecen en forma discontinua, como demostramos en anteriores investigaciones (*cfr.* Hidalgo-Ternero, 2020, 2021 y 2024; Hidalgo-Ternero y Corpas Pastor, 2020b, 2024a y 2024b Hidalgo-Ternero y Zhou-Lian, 2022 y 2024, entre otros). En todos estos trabajos anteriores hemos analizado somatismos, es decir, UF que «contienen un lexema referido a un órgano o parte del cuerpo humano, a veces animal» (Mellado Blanco, 2004: 22), de ahí que hayamos decidido pasar a examinar ahora otra de las tipologías más frecuentes en el acervo fraseológico del español, los zoologismos, por diversas razones: además de su carácter universal, y su elevada aparición y frecuencia de uso, los zoologismos representan un grupo de unidades fraseológicas con autonomía y cohesión figurativas, así como constituyen un corpus fraseológico configurado alrededor de unos criterios comunes y sistemáticos de compilación y análisis (*cfr.* Kekić, 2008; Luque Nadal, 2012; Škvárová y Šlechta, 2015, entre otros). En lo que respecta a la muestra concreta objeto de estudio, hemos seleccionado de forma específica zoologismos verbonominales dado que, en nuestro anterior estudio con somatismos verbonominales también en las direccionalidades ES>EN/ZH (Hidalgo-Ternero y Zhou-Lian, 2022), descubrimos que se obtuvo una mejora muy inferior tras la conversión de la forma discontinua a la continua de las UF si la comparamos con la media de todos los experimentos llevados a cabo hasta la fecha, en los que se incluyeron otras tipologías morfosintácticas de UF y otras direccionalidades de traducción (0,25 % vs. 15,1 %), de ahí que, con fines contrastivos, queramos ahora corroborar dicha tendencia en este caso con zoologismos verbonominales en las direccionalidades ES>EN/ZH.

Finalmente, en cuanto a la frecuencia de aparición de las distintas UF en esTenTen18, en la Tabla 1 resumimos su frecuencia absoluta (Columna 3), su frecuencia normalizada por millón de *tokens* (Columna 4) y los porcentajes (Columna 5) que representan la presencia de estas UF en sus formas continuas o discontinuas en relación con sus apariciones totales.

Tabla 1. Frecuencia de aparición de las UF objeto de estudio en esTenTen18

UF	Forma	Frecuencia absoluta	Frecuencia normalizada	Porcentajes
pagar el pato	Continua	3192	0,16	95,9 %
	Discontinua	136	0,01	4,1 %
	Total	3328	0,17	
llevarse el gato al agua	Continua	6167	0,31	96,2 %
	Discontinua	246	0,01	3,8 %
	Total	6413	0,33	
haber gato encerrado	Continua	2299	0,12	89,6 %
	Discontinua	267	0,01	10,4 %
	Total	2566	0,13	
dar gato por liebre	Continua	2733	0,14	90,7 %
	Discontinua	280	0,01	9,3 %
	Total	3013	0,15	
ser cuatro gatos	Continua	1290	0,07	74,8 %
	Discontinua	434	0,02	25,2 %
	Total	1724	0,09	

3. Metodología

Siguiendo una metodología basada en corpus, las concordancias que contienen tanto la forma continua como discontinua de las UF objeto de estudio han sido extraídas de dos corpus para el español, accesibles a través del sistema de gestión de corpus Sketch Engine: esTenTen18 y Timestamped JSI web corpus 2014–2021 Spanish. La elección de estos corpus de enormes dimensiones se debe a su eficacia probada para el estudio de la fraseología, frente a otros corpus equilibrados, pero de menor tamaño (*cfr.* Corpas Pastor, 2021 y 2022). La elección específica de Sketch Engine para nuestro estudio se debe a que este sistema de gestión de corpus ofrece un rendimiento considerablemente mejor que otros disponibles para el español (CORPES XXI [2018], CREA [2018], o el Corpus del Español de Mark Davies [Davies, 2018]) tanto en términos cuantitativos como cualitativos en la ardua labor heurística de obtener el mayor número de UF (en sus diferentes formas) con el menor número de búsquedas posible (*cfr.* Corpas Pastor, 2021, o Hidalgo-Ternero y Corpas Pastor, 2020a y 2021, entre otros).

En este contexto, por un lado, el corpus esTenTen18 incluye 17 000 millones de palabras en español tanto europeo como americano, con una muestra heterogénea en lo que se refiere tanto a la tipología como al origen y las variedades diasistemáticas de los textos. Por otro lado, Timestamped JSI web corpus 2014–2021 Spanish contiene 16 400 millones de palabras procedentes de artículos de noticias obtenidos de sus avisos de actualizaciones (*RSS feeds*) (Kilgarriff *et al.*, 2004).

A este respecto, a pesar de los desafíos que presenta el contenido generado por el usuario (CGU) para la TAN, dado su elevado porcentaje de errores, ruido y palabras raras (Sperber, Niehues y Waibel, 2017; Belinkov y Bisk, 2018), se incluyeron asimismo en el estudio concordancias con CGU a fin de evitar el sesgo muestral que podría originarse al seleccionar únicamente los datos de entrenamiento canónicos de la TAN para nuestro estudio. En este contexto, se analizó un total de 200 casos con las UF *pagar el pato*, *llevarse el gato al agua*, *haber gato encerrado*, *dar gato por liebre* y *[ser] cuatro gatos*, 100 de los cuales se correspondían a textos en los que las UF aparecían en sus formas continuas y otros 100 en sus formas discontinuas, divididas por distintos unigramas, bigramas o trigramas. En este contexto, de forma análoga a Hidalgo-Ternero y Corpas Pastor (2021), a fin de obtener al mismo tiempo tanto la forma continua como discontinua de las UF examinadas, se han empleado los siguientes esquemas CQL (*Corpus Query Language*) de Sketch Engine, ilustrados en la Tabla 2:

Tabla 2. Esquemas CQL de Sketch Engine para las UF objeto de estudio

Sequence	CQL schemas
Pagar [0–3 tokens] el pato	[lemma ="pagar"][]{0,3}[word ="el"][word ="pato"]
Llevarse [0–3 tokens] el gato al agua	[lemma ="llevar"][]{0,3}[word ="el"][word ="gato"] [word ="al"] [word ="agua"]
Haber [0–3 tokens] gato encerrado	[lemma ="haber"][]{0,3}[word ="gato"][word ="encerrado"]
Dar [0–3 tokens] gato por liebre	[lemma ="dar"][]{0,3}[word ="gato"][word ="por"] [word ="liebre"]
Ser [0–3 tokens] cuatro gatos	[lemma ="ser"][]{0,3}[word ="cuatro"][word ="gatos"]

En lo que respecta a la variedad diatópica de los textos meta, DeepL, por un lado, permite escoger entre inglés británico y americano, mientras que Google Translate ofrece la posibilidad de elegir entre chino tradicional y simplificado. La elección de estas direccionalidades de traducción (ES>EN/ZH) se debe principalmente a la necesidad de corroborar unos resultados ya observados en nuestros estudios anteriores (Hidalgo-Ternero y Zhou-Lian, 2022): la direccionalidad de traducción ES>ZH pivota a través del inglés en los sistemas TAN de DeepL y Google Translate. En este trabajo queremos ir un paso más allá comprobando sobre qué variedad diatópica del inglés (BrE o AmE) pivotan predominantemente las variedades de chino tradicional y simplificado.

A lo largo de este estudio contrastaremos por tanto los resultados de DeepL y Google Translate entre las variedades diatópicas que permiten seleccionar. En este contexto, las traducciones de los distintos sistemas TAN para cada uno de estos escenarios se examinaron de forma manual siguiendo una evaluación de TA basada en ejemplos (*instance-based MT evaluation* [Zaninello y Birch, 2020]) con distintos candidatos de TM (Texto Meta) para cada uno de los zoologismos en sus formas continuas y discontinuas. A este respecto, no se tuvieron en cuenta errores morfosintácticos, ortotipográficos o traductológicos que afectasen a otras partes de los textos meta no relacionadas con el fenómeno de la discontinuidad para las UF objeto de estudio. Asimismo, a fin de analizar los equivalentes ofrecidos a lo largo de las propuestas de traducción de los sistemas TAN, se emplearon los siguientes corpus también disponibles en Sketch Engine: enTenTen20 (36 500 millones de palabras) y Timestamped JSI web corpus 2014–2021 English (60 400 millones) para el inglés, así como zhTenTen17 Simplified (13 500 millones) y zhTenTen17 Traditional (2 400 millones) para el chino.

4. Resultados

En esta sección, presentaremos los resultados obtenidos después de analizar la traducción automática neuronal con Google Translate y DeepL para los 200 casos con las UF objeto de estudio. En primer lugar, es importante indicar que se han detectado unos resultados análogos para chino simplificado y chino tradicional (solo se han observado diferencias formales en la representación de los caracteres, pero no en la carga semántico-pragmática del TM), de ahí que en la Figura 2 presentaremos los resultados en la direccionalidad ES>ZH en una única categoría, aunando chino simplificado y tradicional.

Figura 2. Resultados de Google Translate

En la Figura 2 comprobamos que, de las cinco UF analizadas, Google Translate no obtiene ninguna traducción adecuada para *pagar el pato* y *[ser] cuatro gatos* ni en inglés ni en chino en ninguna forma (ni continua ni discontinua). En lo que respecta a *pagar el pato* en la forma continua, de los 20 casos analizados, 19 son traducidos erróneamente en inglés como “pay the price” y uno como “make the duck pay”. Las traducciones en chino son “付出代价” (ZH simp.) o “付出代價” (ZH trad.) *fùchū dàijià* (19 casos), con el significado de ‘pagar el precio’, y “付钱” (ZH simp.) o “付錢” (ZH trad.) *fù qián*[3] (‘pagar’, 1 caso). En la

3 En adelante solo expondremos la traducción en chino simplificado dado que la carga semántico-pragmática de la traducción al chino simplificado y al chino tradicional es idéntica (solo presentan diferencias formales en la representación de los caracteres).

forma discontinua, encontramos 18 traducciones en inglés con "pay the price" y 2 con "pay the duck". Las traducciones en chino presentan, por su parte, mayor heterogeneidad: 17 "付出代价" *fùchū dàijià* ('pagar el precio'), 1 "付出" *fùchū* ('pagar' o 'consagrar'), 1 "支付鸭子" *zhīfù yāzi* (lit.: 'pagar pato') y 1 "支付代价" *zhīfù dàijià* ('pagar precio'). Todas ellas constituyen, sin embargo, secuencias literales en chino y, por ende, inapropiadas para reproducir el significado metafórico de la UF *pagar el pato*.

Para la UF *[ser] cuatro gatos*, observamos mayoritariamente traducciones literales en los TM. En la forma continua, en inglés detectamos 17 traducciones con "[be] four cats", 1 con "[be] four regular cats", 1 con "four cats went" y 1 omisión. Las traducciones en chino son similares al inglés: 17 "[有/是]四只猫" *[yǒu/shì] sì zhǐ māo* ('hay/son cuatro gatos'), 1 "[是]四只普通猫" *[shì] sì zhī pǔtōng māo* ('son cuatro gatos normales'), 1 "四个人猫走了" *sì gèrén māo zǒule* (lit.: 'cuatro personas se fueron como gatos') y 1 omisión. En la forma discontinua, todas las traducciones en inglés presentan la secuencia "[be] four cats" al igual que en chino: "[是] 四只猫" *[shì] sì zhī māo* ('ser cuatro gatos').

Respecto a *llevar el gato al agua*, Google Translate muestra dos traducciones adecuadas en inglés en la forma continua de la UFO (UF del texto origen) (1 "take the cake" [en el contexto de "to win first prize"] and 1 "win the day") y una en la forma discontinua ("win the day"). Los restantes casos, tanto en la forma continua como en la discontinua, (11) constituyen traducciones literales de la UFO *llevarse el gato al agua* y, por ende, son inadecuados ("take the cat into/to the water"). El número de traducciones correctas en chino es igual que en inglés, 2 en la forma continua y 1 en la forma discontinua. Las traducciones literales también son 11 para ambas formas, pero con expresiones variadas, tales como "将/把猫下水" *jiāng/bǎ māo xiàshuǐ* ('bajar al gato al agua'), "把猫带进/到/入水里" *bǎ māo dài jìn/dào/rùshuǐ lǐ* ('llevar al gato al agua'), "猫把…下水" *māo bǎ…xiàshuǐ* ('gato bajar…al agua').

En lo que concierne a la UF *haber gato encerrado*, detectamos 9 traducciones en inglés con Google Translate en la forma continua y 5 en la discontinua con "There/here is a catch", equivalente a la UFO en español. Las restantes son todas traducciones literales con distintas formas (p. ej.: "there is a cat locked up", "there is a locked cat", etc.) menos 1 en la forma discontinua: "there's… rat", que, en realidad, consiste en el empleo de la forma no canónica de una UF parcialmente equivalente en inglés (*to smell a rat*). En cuanto a las traducciones en chino, ninguna secuencia ofrecida trasmite la misma carga semántico-pragmática que la UFO en español. En la forma continua, 3 casos son traducidos como "这里有/这是一个问题" *zhè li yǒu/zhè shì yīgè wèntí* ('Aquí hay un problema'), 6 como "这里有/这是一个陷阱" *zhè li yǒu/zhè shì yīgè xiànjǐng* ('Aquí hay una trampa') y el resto son traducciones literales expresadas de diferentes formas, tales como "有一只猫被关起来了" *yǒu yìzhī māo bèi guān qǐláile* ('hay un gato que ha sido encerrado'), "有一只锁着的猫" *yǒu yìzhī suǒzhe de māo* ('hay un gato encerrado'). En la forma discontinua, igual que en inglés, 14 casos son traducciones literales expresadas de forma heterogénea: 1 "有…老鼠" *yǒu… lǎoshǔ* ('hay…rata'), 2 "有一个问题" *yǒu yīgè wèntí* ("'hay un problema'), 1 "有陷阱" *yǒu xiànjǐng* ('hay trampa'), 1 "有catch" y 1 "有收获" *yǒu shōuhuò* ('dar frutos'). En el caso de la correspondencia "有…老鼠" *yǒu… lǎoshǔ* ('hay…rata'), podría tratarse de una traducción literal del equivalente parcial inglés mencionado anteriormente (*to smell a rat*), lo cual podría sugerir el uso del inglés como lengua pivote para la traducción automática en la direccionalidad ES>ZH.

Con referencia a *dar gato por liebre*, Google Translate presenta 10 traducciones apropiadas en inglés tanto en la forma continua (9 "give someone a pig in a poke" y 1 "be fooled") como en la discontinua (9 "give someone a pig in a poke" y 1 "trick someone"). Las no adecuadas son "give someone a cat for a poke" (3 casos), "give a pig for a poke" (4 casos) y "get caught in a poke" (3 casos) en la forma continua, y "give a pig for a poke" (6 casos), "give a cat for a poke" (1 caso), "give a cat in a poke" (2 casos) y "give someone a poke in a poke" (1 caso) en la forma discontinua. En lo que respecta a las traducciones en chino, solo 1 es apropiada en ambas formas. El resto de las traducciones presentan formas heterogéneas, principalmente relacionadas con 猫 *māo* ('gato'), 猪 *zhū* ('cerdo', por influencia de *pig* en la UF *a pig in a poke* del inglés como lengua pivote), 戳 *chuō* ('pinchazo' o 'punzada', por influencia del inglés *poke*).

Figura 3. Resultados de DeepL

En la Figura 3 se muestra el número de traducciones con DeepL en inglés británico (BrE), en inglés americano (AmE) y en chino apropiadas para la 5 UFO objeto de estudio. Al igual que Google Translate, DeepL obtiene peores resultados con las UF *pagar el pato* (solo una traducción adecuada en BrE en la forma discontinua) y *[ser] cuatro gatos* (un equivalente apropiado en BrE y uno en chino en la forma continua). Con respecto a *pagar el pato* en la forma continua, de los 20 casos analizados, todos se han traducido como "pay the price" en BrE, mientras que AmE ofrece 17 "pay the price", 2 "pay the duck" y 1 "pay the piper". El resultado de las traducciones en chino coincide con el de BrE: todas son "付出代价" *fùchū dàijià* ('pagar el precio'). En la forma discontinua, el escenario BrE ofrece propuestas de traducción como "pay the price" (15 casos), "pay" (1 caso), "pay the duck" (1 caso), "pay the piper" (1 caso) y "take the rap" (1 caso), siendo esta última secuencia la única que trasmite una carga semántico-pragmática análoga a la de la UFO. Por su parte, el escenario AmE presenta las mismas traducciones no equivalentes que BrE con un diferente número de casos, y no ofrece ninguna traducción adecuada. Finalmente, entre las traducciones en chino para la UFO *pagar el pato* se encuentran "付出代价" *fùchū dàijià* ('pagar el precio', 16 casos), "支付价格" *zhīfù jiàgé* (lit.: 'pagar el precio', combinación inadecuada, 1 caso), "支付鸭子" *zhīfù yāzi* (lit.: 'pagar pato', combinación inadecuada, 2 casos) y "做账单" *zuò zhàngdān* ('hacer la factura').

Las traducciones de *[ser] cuatro gatos* proporcionadas por DeepL también son mayoritariamente literales y, por ende, inapropiadas. En la forma continua, la variedad de BrE presenta 14 traducciones con "[be] four cats", 1 con "[there be] four of us regulars", 2 con "[there be] only four of them/us", 1 con "[be] a few cats" y 1 con "[there be] four of us cats". La única traducción equivalente a la UFO es "[there be] only a few of us". En AmE, 19 traducciones son "[be] four cats" y 1 "[there be] four of us regulars". Los resultados en chino son análogos a los de BrE: 14 "[有/是]四只猫" *[yǒu/shì] sì zhǐ māo* ('hay/son cuatro gatos'), 1 "[我们有]四个常客" *[wǒmen yǒu] sì gè chángkè* ('tenemos cuatro huéspedes regulares'), 2 "[只有]四个人" *[zhǐyǒu] sì gèrén* ('solo hay cuatro personas'), 1 "[只是]几只猫" *[zhǐshì] jǐ zhǐ māo* ('solo son unos cuantos gatos'), 1 "[没有]四个人的猫" *[méiyǒu] sì gèrén de māo* (lit.: 'no hay gato de cuatro personas') y 1 traducción equivalente a la UFO: "[只有]几个人" *[zhǐyǒu] jǐ gèrén* ('solo hay unas cuantas personas'). En la forma discontinua, encontramos 18 casos con "[be] four cats", 1 con "[be] four of us" y 1 con "[there be] only four of them" en BrE, mientras que en AmE, todos los casos son "[be] four cats". En cuanto a las traducciones en chino, todas ellas son fieles reflejos de las de BrE: 18 "[是] 四只猫" *[shì] sì zhǐ māo* ('son cuatro gatos'), 1 "[只有]我们四个人" *[zhǐyǒu] wǒmen sì gèrén* ('solo somos nosotros cuatro') y 1 "[他们只有]四个人" *[tāmen zhǐyǒu] sì gèrén* ('ellos solo son cuatro personas').

Con respecto a *llevar el gato al agua*, en la forma continua, 15 traducciones en BrE proporcionadas por DeepL son equivalentes a la UFO. Encontramos bastante heterogeneidad en las formas (en total, 9 distintas). A este respecto, exponemos aquí a modo de ejemplo las tres con mayor frecuencia de aparición: "win the day" (4 casos), "win" (3 casos) y "take the cake" (2 casos). Entre las traducciones en AmE, 11 son equivalentes. Las no equivalentes tanto en BrE como en AmE son "take the cat to the water", "take the cat out of the bag" y "take the upper hand". En cuanto a las traducciones en chino, 12 son equivalentes. En la forma discontinua, los resultados son muy parecidos a los de la forma continua, 13 traducciones equivalentes en BrE, 11 en AmE y 12 en chino.

En lo concerniente a *haber gato encerrado*, en la forma continua, DeepL obtiene 13 traducciones equivalentes en BrE (8 casos de "there was /is something fishy going on", 4 casos de "there is a catch" y 1 caso de "something is amiss") y 6 adecuadas en AmE (4 "there is something fishy going on" y 2 "there is a catch"). Entre las traducciones no equivalentes en BrE encontramos "there is a cat in the bag" (5 casos), "there is a hidden cat" (1 caso); y entre las de AmE detectamos "there was/is (a) cat in the bag" (13 casos). Finalmente, destaca un restante caso en el que la UF está omitida en los TM de todas las direccionalidades de traducción. Entre las traducciones en chino en forma continua, 9 son equivalentes. Por su parte, en la forma discontinua, detectamos 7 traducciones equivalentes en BrE, 6 en AmE y 3 en chino. Las traducciones no adecuadas son principalmente literales: 9 casos de "there is a cat in the bag" en BrE y 10 en AmE.

Con relación a *dar gato por liebre*, DeepL para BrE ofrece 14 traducciones equivalentes en la forma continua y 17 en la discontinua, mientras que para AmE proporciona 15 y 18 propuestas de traducción apropiadas respectivamente. Entre estas traducciones, principalmente encontramos las UFM (UF del texto meta) "give sb a pig in a poke", "take sb for a ride" y "pull the wool over sb's eyes". Entre las traducciones en chino solo se detectan 3 equivalentes a la UFO en la forma continua y ninguna en la discontinua.

5. Análisis de resultados

De forma análoga a nuestras anteriores investigaciones (cfr. Hidalgo-Ternero, 2020, 2021 y 2024; Hidalgo-Ternero y Corpas Pastor, 2020b, 2024a, 2024b Hidalgo-Ternero y Zhou-Lian, 2022), en el presente estudio hemos observado que las UFO ofrecen mejores resultados para la TAN cuando aparecen en su forma canónica, esto es, su forma continua. Como se muestra en la Figura 4, para las UFO en forma continua se obtienen en total 127 traducciones equivalentes frente a las 108 para la forma discontinua, es decir, el rendimiento TAN con la forma continua es un 3,2 % mejor que con la discontinua para esta muestra con zoologismos verbonominales en las direccionalidades ES>EN/ZH. Al contrastar con nuestro anterior experimento con somatismos verbonominales también en las direccionalidades ES>EN/ZH observamos resultados análogos (3,2 % vs. 0,25 %), ambos distantes de la media total de los experimentos anteriores (15,1 %). Resultará, por tanto, necesario corroborar, en ulteriores experimentos, en qué medida la discontinuidad de las locuciones verbonominales supone también un menor desafío relativo para los sistemas TAN en otras direccionalidades de traducción.

Asimismo, de forma análoga a nuestros experimentos anteriores, constatamos un mejor rendimiento en el sistema TAN de DeepL respecto al de Google Translate en la traducción de UF. En la Figura 4 se presenta el número total de traducciones equivalentes de las UFO objeto de estudio con estos dos sistemas TAN. Los 200 casos (100 en forma continua y 100 en forma discontinua) analizados en las direccionalidades de traducción ES>EN/ZH, en tres variedades por sistema TAN (ES>EN/ZH[simp.]/ZH[trad.] para Google Translate y ES>EN[BrE]/EN[AmE]/ZH para DeepL) suman un total de 600 TM. De esos 600 TM. Google Translate ofrece en total 42 equivalentes apropiados para las UFO objeto de estudio (7 %) y DeepL, 188 (31.3 %).

Figura 4. Resultados globales (Google Translate y DeepL)

A este respecto, los principales errores detectados en la traducción de las UFO objeto de estudio pueden ser clasificados en las siguientes macrocategorías:

1) Equivalentes aparentes: con el concepto de *equivalencia aparente*, Corpas Pastor (2003) hace referencia a aquellas UFO y UFM con análoga forma, pero diferente significado ("falsos amigos"). Por ejemplo, la UF en español *pagar el pato* ('padecer o llevar pena o castigo no merecido, o que ha merecido otro.' [DLE, 2023]) no es equivalente a la UF en inglés *pay the price* ('to experience the bad result of something you have done' [CD, 2023]). A pesar de ello, estos son los porcentajes de aparición de *pay the price* a lo largo de los textos meta como traducción de la UFO *pagar el pato* (Tabla 3).

Tabla 3. Porcentajes de aparición de *pay the price* en los TM como traducción de la UFO *pagar el pato*

	UFO en forma continua		**UFO en forma discontinua**	
	BrE	**AmE**	**BrE**	**AmE**
DeepL	100 %	85 %	75 %	65 %
Google Translate	95 %		90 %	

Otro caso de equivalencia aparente lo encontramos en la UF *haber gato encerrado* ('haber causa o razón oculta o secreta, o manejos ocultos.' [DLE, 2023]), la cual no es equivalente de *a cat in a sack/bag* ('a ruse, swindle, or suspicious transaction' [FDI, 2015], con 21 apariciones en enTenTen20, esto es, >0,01 por millón de *tokens*). La UF *a cat in the bag*[4] guarda, por tanto, relación semántica con *a pig in a poke* ('something that you buy or accept without first seeing it or finding out if it is good' [CD, 2023]), ambas, por tanto, equivalentes parciales de la UF en español *dar gato por liebre* ('engañar, especialmente haciendo pasar una cosa por otra de mejor calidad' [DFDEA, 2017: 364]). A pesar de ser equivalentes aparentes, *(a) cat in the bag* es una de las principales propuestas de traducción ofrecidas por DeepL para *haber gato encerrado*, como podemos observar en la Tabla 4.

4 La UF *a cat in the sack/back* está asimismo relacionada con otra UF en inglés con elevada frecuencia de uso: *(letting) the cat out of the bag* ('to allow a secret to be known, usually without intending to' [CD, 2023], con 3543 apariciones en enTenTen20, es decir, 0,08 por millón de *tokens*).

Tabla 4. Porcentajes de aparición de *(a) cat in the bag* en los TM con DeepL para la UFO *pagar el pato*

	UFO en forma continua		UFO en forma discontinua	
	BrE	AmE	BrE	AmE
DeepL	25 %	65 %	45 %	50 %
Google Translate	0 %		0 %	

2) Calcos léxicos: la UFM *a pig in a poke* coloca mayoritariamente con el verbo *to buy* (416 concordancias de las 880 disponibles en enTenTen20 para la secuencia "Verbo + *a pig in a poke*", es decir, un 47 % de las mismas), lo que implica que el sujeto gramatical de *a pig in a poke* tiende a ser el que recibe el engaño. Tras *to buy*, entre los otros dos verbos que presentan, de lejos, mayor porcentaje de aparición al consultar la secuencia "Verbo + *a pig in a poke*" en enTenTen20 detectamos *to be* (6,5 % de las concordancias) y *to sell* (5,8 %). No obstante, en todas las traducciones ofrecidas por DeepL y Google Translate con esa UFM, el verbo colocado es exclusivamente *to give* (lo que implica que el sujeto gramatical es quien comete el engaño, de forma análoga a *dar gato por liebre*). Dado que solo se presenta un hápax en enTenTen20 y en Timestamped JSI web corpus 2014–2021 English para la secuencia "give [0–3 tokens] a pig in a poke" (esto es, 0,1 % de las concordancias totales), podemos afirmar que dicha aparición exclusiva de la secuencia *give a pig in a poke* en los textos meta de DeepL y Google Translate se debe a un calco léxico parcial de la estructura de la UFO *dar gato por liebre*. Para esta UFO (tanto en su forma continua como discontinua), en Google Translate hemos detectado otros calcos léxicos parciales en el TM (destacamos el calco en negrita), tales como "give a pig **for** a poke" (25 % de los casos), "give a **cat for** a poke" (10 %), "give a **cat** in a poke" (5 %). Estos calcos léxicos parciales en inglés redundan asimismo hacia el chino (debido especialmente al pivotaje ES>EN>ZH, que detallaremos en el siguiente párrafo) como puede observarse en secuencias como "给我一只猫来戳一戳" *gěi wǒ yì zhī* ***māo lái*** *chuō yī chuō* ('darme un **gato para pinchar** un poco'), en el que la *a priori* sorpresiva aparición en el TM chino de "戳" *chuō* ('pinchar', 'punzar') solo puede explicarse por una incorrecta interpretación del lexema *poke* (en inglés como lengua pivote) no como 'saco' (de la UF *a pig in a poke*) sino como 'pinchazo' o 'punzada'. Todas estas secuencias presentan, por tanto, un significado exclusivamente literal, completamente inconexo con el significado figurativo de la UFO. Todo ello, unido al hecho de que ninguna de esas potenciales variantes de la UF canónica *a pig in a poke* está

documentada en los corpus analizados, hace que no puedan considerarse traducciones adecuadas para el TM. Estos calcos léxicos parciales pueden deberse a que, como hemos analizado en la sección de Introducción, la TAN es, en esencia, un sistema basado en palabras o caracteres que, por tanto, no considera a las UF en su totalidad como unidades de traducción, de ahí una de sus principales dificultades para abordarlas (Wang *et al.*, 2017; Zaninello y Birch, 2020).

3) Inglés como lengua pivote: esta constituye otra de las causas principales de errores de traducción, tal y como hemos observado tanto en este como en nuestros anteriores estudios de evaluación del rendimiento de los sistemas TAN (*cfr.* Hidalgo-Ternero y Corpas Pastor, 2024a y 2024b; Hidalgo-Ternero y Zhou-Lian, 2022, entre otros). Así, la traducción en chino no depende única y directamente del TO en español, sino que tiende a pivotar por el inglés, lengua que dispone de un mayor número de datos de entrenamiento para la TAN con el chino. Por ejemplo, para la UF *llevar el gato al agua*, Google Translate ofrece, erróneamente, propuestas de traducción como la UFM *take the plunge* en 6 casos, 3 en la forma continua y 3 en la discontinua. Esta UF inglesa significa 'to make a decision to do something, especially after thinking about it for a long time' (CD, 2023), siendo el significado literal del lexema *plunge* 'zambullirse, caer en picado'. En este contexto, entre algunas de las traducciones al chino para *llevarse el gato al agua* encontramos, por un lado, secuencias como "采取行动" *cǎiqǔ xíngdòng* ('actuar', 'entrar en acción') y "冒险" *màoxiǎn* ('arriesgarse', 'aventurarse') en la forma continua de la UFO, y, por otro, "大跌眼镜" *dà diēyǎnjìng* (lit.: 'caer en picado las gafas') y "暴跌" *bàodiē* ('caer en picado') en la forma discontinua. Estas expresiones no guardan relación alguna (ni léxica ni semántica) con la UFO española, pero sí están estrechamente relacionadas con los TM en inglés, como podemos observar en los siguientes pivotajes ES>EN>ZH:

1. "llevarse el gato al agua" > "take the plunge" (donde *plunge* guarda relacción semántica con *al agua* en español) > "采取行动" *cǎiqǔ xíngdòng* (con el significado de 'actuar, entrar en acción' y, por ende, guarda relacción semántica con la UF en inglés *take the plunge*)
2. "llevarse el gato al agua" > "take the plunge" (donde *plunge* guarda relación semántica con *al agua* en español) > "冒险" *màoxiǎn* ('arriesgarse, aventurarse' y, por ende, guarda relacción semántica con la UF en inglés *take the plunge*)
3. "llevarse el gato al agua" > "plunge" (guarda relacción semántica con *al agua* en español) > "大跌眼镜" *dà diēyǎnjìng* (lit.: 'caer en picado las gafas')

o "暴跌" *bàodiē* ('caer en picado') (ambas secuencias guardan, por tanto, relacción semántica con el lexema *plunge* en inglés)

En el caso de *haber gato encerrado*, Google Translate ofrece una propuesta de traducción con "there's …rat" en inglés y "有…老鼠" *yǒu…lǎoshǔ* ('hay…rata') en chino. La palabra "老鼠" *lǎoshǔ* ('rata') no guarda relación alguna con la UFO, sino que es correspondencia léxica de "rat" en inglés, posiblemente por influencia del equivalente parcial *to smell a rat*, como ya se ha señalado anteriormente, lo cual asimismo corrobora el papel del inglés como lengua pivote. Otra prueba reveladora del pivotaje la proporciona el TM en chino "有catch" *yǒu catch* (lit.: 'hay *catch*'), en la que se mantiene en chino el lexema *catch*, procedente del TM en inglés "there is a catch".

En este sentido, hemos descubierto resultados aún más reveladores acerca del ya conocido pivotaje ES>EN>ZH: de forma concreta, hemos observado que, en el caso de DeepL, que ofrece tanto inglés británico como americano, el pivotaje se realiza concretamente desde la variedad BrE. Entre las evidencias más claras a este respecto encontramos las siguientes. En primer lugar, en el caso de *llevar el gato al agua,* para un mismo TO DeepL ofrece una propuesta de traducción en BrE con "take the cake" y en AmE con "take the cat out of the bag". En chino, por su parte, DeepL traduce ese mismo TO en español como "拿下蛋糕" *ná xià dàngāo* ('coger la tarta'), la cual constituye una traducción literal de la UF en el TM en BrE "take the cake". En segundo lugar, para *haber gato encerrado*, cuando el TM en BrE ofrecía la secuencia "there is a hidden agenda" y en AmE "there is a cat in the bag", el TM en chino presentaba la secuencia "有一个隐藏的议程" *yǒu yīgè yǐncáng de yìchéng* ('hay una agenda escondida'), la cual constituye nuevamente una traducción literal del TM en BrE. Finalmente, en cuanto a *dar gato por liebre*, en los casos donde la traducción en BrE es "pull the wool over one's eyes" y la traducción en AmE es "give sb a pig in a poke", en chino es "蒙蔽…的眼睛" *méngbì…de yǎnjīng* ('vendar los ojos de alguien'), donde nuevamente se aprecia una clara influencia del TM en BrE. Todos estos casos de pivotaje ES>EN[BrE]>ZH ponen de relieve la necesidad de aumentar los datos de entrenamiento entre otras combinaciones lingüísticas distintas del inglés, a fin de evitar este anglocentrismo en los resultados de la TAN (*cfr.* Hidalgo-Ternero y Corpas Pastor, 2024a; Hidalgo-Ternero y Zhou-Lian, 2022; Kim *et al.*, 2019).

Conclusiones

Los reveladores resultados obtenidos en el presente estudio para los zoologismos verbonominales objeto de estudio reflejan con claridad que aún queda un largo camino por recorrer en el correcto procesamiento de las UF por parte de los sistemas TAN más robustos del mercado en las direccionalidades ES>EN/ZH, ya que, de 600 TM totales, Google Translate ofrece únicamente 42 equivalentes apropiados (7 %) y DeepL, 188 (31.3 %).

A este respecto, tres son los principales errores detectados en los TM ofrecidos por estos sistemas TAN para las UFO: las traducciones ofrecidas por DeepL y Google Translate presentan un importante número de 1) equivalentes aparentes (*pay the price ≠ pagar el pato, a cat in a sack/bag ≠ haber gato encerrado*), 2) calcos léxicos parciales ("dar gato por liebre" > "give a pig **for** a poke"* / "give a **cat for** a poke"* / "give a **cat** in a poke"*, en lugar de la UF *[give] a pig in a poke*), y 3) pivotajes ES>EN[BrE]>ZH ("llevarse el gato al agua" > "take the cake" > "拿下蛋糕" *ná xià dàngāo* ['coger la tarta']).

Todos estos errores observados en el presente estudio ponen de manifiesto que cualquier sistema de PLN basado, en esencia, en palabras o caracteres afrontará serias dificultades para abordar las UF, debido a su eminente carácter no composicional; de ahí la acuciante necesidad de mejorar los sistemas de traducción automática para la correcta detección de las UF como unidades de traducción en su totalidad (los denominados *MWE-aware MT systems* [Constant *et al.*, 2017 y 2019, y Ramisch, 2017]). En este contexto, una posible solución al respecto puede radicar en partir de modelos PBSMT, que poseen un repertorio de traducciones de UF, y así desarrollar sistemas TAN basados en segmentos o frases mediante la incorporación de memorias externas con UF (de forma análoga a Huang *et al.*, 2017 y Tang *et al.*, 2016), poniendo especial atención en que dicho repertorio multilingüe con candidatos a UF extraídos de corpus paralelos esté conformado por equivalentes totales (o, cuando menos, parciales, con un contexto que delimite claramente sus diferencias interlingües), todo ello con el fin de evitar que los sistemas TAN nos *den gato por liebre* en la traducción de UF.

Agradecimientos

Esta investigación ha sido llevada a cabo en el marco de diversos proyectos de investigación sobre tecnologías lingüísticas multilingües, con financiación estatal y autonómica (ref. PID2020-112818GB-I00, PDC2021-121220-I00, ProyExcel_00540 y TED2021-129789B-I00). Asimismo, ha sido financiada por una *Ayuda para la recualificación del Sistema Universitario Español 2021–2023 (Modalidad «Margarita Salas»)* en el seno de la Universidad de Málaga y de la Université catholique de Louvain (Bélgica).

Referencias bibliográficas

Bahdanau, D., Cho, K., y Bengio, Y. (2014). Neural machine translation by jointly learning to align and translate. *ArXiv.* https://arxiv.org/abs/1409.0473.

Belinkov, Y., y Bisk, Y. (2018). Synthetic and natural noise both break neural machine translation. *ArXiv.* https://arxiv.org/abs/1711.02173.

Bentivogli, L., Bisazza, A., Cettolo, M., y Federico, M. (2016). Neural versus phrase-based machine translation quality: a case study. *ArXiv.* https://arxiv.org/abs/1608.04631.

Bojar, O., Chatterjee, R., Federmann, C., Graham, Y., Haddow, B., Huck, M., Jimeno Yepes, A., Koehn, P., Logacheva, V., Monz, C., Negri, M., Neveol, A., Neves, M., Popel, M., Post, M., Rubino, R., Scarton, C., Specia, L., Turchi, M., ... Zampieri, M. (2016). Findings of the 2016 Conference on Machine Translation (WMT16). En O. Bojar, C. Buck, R. Chatterjee, C. Federmann, L. Guillou, B. Haddow, M. Huck, A. Jimeno Yepes, A. Névéol, Mariana Neves, P. Pecina, M. Popel, P. Koehn, C. Monz, M. Negri, M. Post, L. Specia, K. Verspoor, J. Tiedemann, M. Turchi (Eds.), *Proceedings of the First Conference on Machine Translation*, 2: Shared Task Papers (pp. 131–198). Association for Computational Linguistics. https://doi.org/10.18653/v1/W16-2301.

Casacuberta Nolla, F., y Peris-Abril, Á. (2017). Traducció automàtica neuronal. *Tradumàtica*, 15, 66–74. https://doi.org/10.5565/rev/tradumatica.203.

Castilho, S., Moorkens, J., Gaspari, F., Calixto, I., Tinsley, J., y Way, A. (2017). Is neural machine translation the new state of the art? *The Prague Bulletin of Mathematical Linguistics*, 108(1), 109–120.

CD – Cambridge University Press (2023). *Cambridge Dictionary.* https://dictionary.cambridge.org/

CO - HarperCollins Publishers (2023). *Collins dictionary.* https://www.collinsdictionary.com/

Colson, J.-P. (2019). Multi-word Units in Machine Translation: why the Tip of the Iceberg Remains Problematic–and a Tentative Corpus-driven Solution. En G. Corpas Pastor, R. Mitkov, M. Kuilovskaya y M. A. Losey León (Eds.), *Proceedings of the Third International Conference EUROPHRAS 2019* (pp. 145–156). Málaga: Tradulex.

Constant, M., Eryiğit, G., Monti, J., van der Plas, L., Ramisch, C., Rosner, M., y Todirascu, A. (2017). Multiword expression processing: A survey. *Computational Linguistics*, 43(4), 1–92.

Constant, M., Eryiğit, G., Ramisch, C., Rosner, M., y Schneider, G. (2019). Statistical MWE-aware parsing. En Y. Parmentier y J. Waszczuk (Eds.). *Representation and parsing of multiword expressions: Current trends*, 3 (pp. 147–182). Language Science Press.

Corpas Pastor, G. (2021). Constructional idioms of 'insanity' in English and Spanish: a corpus-based study. *Lingua 254*(3). https://doi.org/10.1016/j.lingua.2020.103013.

Corpas Pastor, G. (2022). *You are driving me up the wall!* A corpus-based study of a special class of resultative constructions. *Lexis*, 19. https://doi.org/10.4000/lexis.6343.

CORPES XXI – RAE (2018). *Corpus del Español del Siglo XXI (CORPES XXI).* http://www.rae.es/recursos/banco-de-datos/corpes-xxi

CREA – RAE (2018). *Corpus de Referencia del Español Actual (CREA).* https://www.rae.es/banco-de-datos/crea

Davies, M. (2018). *Corpus del Español.* http://www.corpusdelespanol.org/

Derczynski, L., Ritter, A., Clark, S., y Bontcheva, K. (2013). Twitter part-of-speech tagging for all: overcoming sparse and noisy data. En R. Mitkov, G. Angelova y K. Bontcheva (eds.), *Proceedings of the International Conference on Recent Advances in Natural Language Processing* (pp. 198–206). INCOMA Ltd. http://www.aclweb.org/anthology/R13-1026

DFDEA – Seco, M., Olimpia, A. y Ramos, G. (2017). Diccionario fraseológico documentado del español actual, locuciones y modismos españoles (2ª edición). Madrid: Aguilar.

DLE – Real Academia Española (2023). *Diccionario de la Lengua Española.* http://www.rae.

ELIS – European Language Industry Survey (2018). *2018 Language Industry Survey –Expectations and Concerns of the European Language Industry.*

ELIS – European Language Industry Survey (2020). *2020 Language Industry Survey – 2020 before & after COVID-19.*

ELIS – European Language Industry Survey (2021). *2021 Language Industry Survey.*

ELIS – European Language Industry Survey (2022). *2022 Language Industry Survey – Trends, expectations and concerns of the European language industry.*

Fadaee, M., Bisazza, A., y Monz, C. (2018). Examining the tip of the iceberg: A data set for idiom translation. *ArXiv* https://arxiv.org/abs/1802.04681

FDI – Farlex (2015) *Farlex Dictionary of Idioms.* https://idioms.thefreedictionary.com

Gui, T., Zhang, Q., Huang, H., Peng, M., y Huang, X. (2017). Part-of-speech tagging for twitter with adversarial neural networks. En M. Palmer, R. Hwa y S. Riedel (eds.), *Proceedings of the 2017 Conference on Empirical Methods in Natural Language Processing* (pp. 2411–2420). Association for Computational Linguistics. https://doi.org/10.18653/v1/D17-1256

Hidalgo-Ternero, C. M. (2020). Google Translate vs. DeepL: analysing neural machine translation performance under the challenge of phraseological variation. En P. Mogorrón Huerta (Ed.), *Multidisciplinary Analysis of the Phenomenon of Phraseological Variation in Translation and Interpreting.* MonTI S. I. 6, 154–177.

Hidalgo-Ternero, C. M. (2021). El algoritmo ReGap para la mejora de la traducción automática neuronal de expresiones pluriverbales discontinuas (FR>EN/ES). En G. Corpas Pastor, M. R. Bautista Zambrana y C. M. Hidalgo-Ternero (eds.), *Sistemas fraseológicos en contraste: enfoques computacionales y de corpus* (pp. 253–270). Granadas: Comares.

Hidalgo Ternero, C. M., y Corpas Pastor, G. (2020a). Estrategias heurísticas con corpus para la enseñanza de la fraseología orientada a la traducción. En M. Seghiri (ed.), *La lingüística de corpus aplicada al desarrollo de la competencia tecnológica en los estudios de traducción e interpretación y la enseñanza de segundas lenguas* (pp. 181–204). Berlín: Peter Lang. https://doi.org/10.3726/b14734

Hidalgo-Ternero, C. M., y Corpas Pastor, G. (2020b). Bridging the 'gApp': improving neural machine translation systems for multiword expression detection. *Yearbook of Phraseology*, 11, 61–80. https://doi.org/10.1515/phras-2020-0005

Hidalgo-Ternero, C. M., y Corpas Pastor, G. (2021). La variación fraseológica: análisis del rendimiento de los corpus monolingües como recursos de traducción. *Études romanes de Brno*, 42(1) 359–379. https://doi.org/10.5817/ERB2021-1-19

Hidalgo-Ternero, C. M., y Corpas Pastor, G. (2024a)/en prensa. Qué se traerá gApp entre manos… O cómo mejorar la traducción automática neuronal de variantes somáticas (ES>EN/DE/FR/IT/PT). En M. Seghiri y M. Pérez Carrasco (eds.). *Nuevas tendencias en traducción e interpretación especializadas.* Berlín: Peter Lang.

Hidalgo-Ternero, C. M., y Corpas Pastor, G. (2024b)/en prensa. ReGap: a text preprocessing algorithm to enhance MWE-aware neural machine translation systems. En J. Monti, G. Corpas Pastor, R. Mitkov y C. M. Hidalgo-Ternero (eds.), *Recent Advances in MWU in Machine Translation and Translation technology.* Ámsterdam: John Benjamins Publishing Company.

Hidalgo-Ternero, C. M. (2024)/en prensa. ¿DeepL, Google Translate o VIP? Qué sistema ofrece un mejor rendimiento en la traducción de locuciones continuas y discontinuas. En G. Corpas Pastor y F. J. Veredas Navarro (eds.), *Tecnologías lingüísticas multilingües: desarrollos actuales y transición digital.* Granada: Comares.

Hidalgo-Ternero, C. M., y Zhou-Lian, X. (2022). Reassessing gApp: does MWE discontinuity always pose a challenge to Neural Machine Translation? En G. Corpas Pastor y R. Mitkov (eds.), *Computational and Corpus-Based Phraseology* (pp. 116–132). Berlin: Springer.

Huang, P. S., Wang, C., Huang, S., Zhou, D., y Deng, L. (2017). Towards neural phrase-based machine translation. *ArXiv.* https://arxiv.org/abs/1706.05565

Kekić, K. (2008). El lenguaje figurado con zoónimos en serbio. *Language Design, 10*, 107–131.

Kilgarriff, A., Rychly, P., Smrz, P., y Tugwell, D. (2004). The Sketch Engine. *Proceedings of the 11th EURALEX International Congress*, 105–116.

Kim, Y. Petrov, P. M., Petrushkov, P., Khadivi, S., y Ney, H. (2019). Pivot-based Transfer Learning for Neural Machine Translation between Non-English Languages. *ArXiv.* abs/1909.09524.

Li, D., Li, S., Zhang, G., Lin, G., Zhao, S., Cui, H. y Liang, D. (1999). *Nuevo Diccionario Español-Chino.* Editorial Comercial.

Luque Nadal, L. (2012). *Principios de culturología y fraseología españolas. Creatividad y variación en las unidades fraseológicas.* Berlin: Peter Lang. ISBN 978-3-631-60864-7.

Mellado Blanco, C. (2004). *Fraseologismos somáticos del alemán.* Berlín: Peter Lang.

Monti, J., Arcan, M., y Sangati, F. (2020). Translation asymmetries of multiword expressions in machine translation. En G. Corpas Pastor y J.-P. Colson (eds.), *Computational Phraseology* (pp. 23–42). Ámsterdam: John Benjamins.

Monti, J., Seretan, V., Corpas Pastor, G. y Mitkov, R. (2018). Multiword units in machine translation and technology. En R. Mitkov, J. Monti, G. Corpas Pastor y V. Seretan (eds.), *Multiword Units in Translation and Translation Technology* (pp. 1–37). Ámsterdam: John Benjamins.

Neunerdt, M., Trevisan, B., Reyer, M. y Mathar, R. (2013). Part-Of-Speech Tagging for Social Media Texts. En I. Gurevych, C. Biemann y T. Zesch (eds.), *Language Processing and Knowledge in the Web. Lecture Notes in Computer Science 8105* (pp. 139–150). Berlín: Springer. https://doi.org/10.13140/2.1.2905.7284

Parra Escartín, C., Nevado Llopis, A. y Sánchez Martínez, E. (2018). Spanish multiword expressions: Looking for a taxonomy. En M. Sailer y S. Markantonatou (eds.), *Multiword expressions: Insights from a multi-lingual perspective*, (pp. 271–323). Language Science Press.

Popović, M. (2017). Comparing language related issues for NMT and PBMT between German and English. *The Prague Bulletin of Mathematical Linguistics*, 108(1), 209–220.

Ramisch, C. (2017). Putting the horses before the cart: identifying multiword expressions before translation. *International Conference on Computational and Corpus-Based Phraseology* (pp. 69–84). Berlín: Springer.

Rikters, M. y Bojar, O. (2017). Paying attention to multi-word expressions in neural machine translation. *ArXiv*. https://arxiv.org/abs/1710.06313.

Rohanian, O., Taslimipoor, S., Kouchaki, S., An Ha, L., y Mitkov, R. (2019). Bridging the Gap: Attending to Discontinuity in Identification of Multiword Expressions. En J. Burstein, C. Doran y T. Solorio (eds.), *Proceedings of the 2019 Conference of the North American Chapter of the Association for Computational Linguistics: Human Language Technologies 1.* (pp. 2692–2698). Association for Computational Linguistics.

Sag, I. A., Baldwin, T., Bond, F., Copestake, A., y Flickinger, D. (2002). Multiword Expressions: A Pain in the Neck for NLP. En A. Gelbukh (Ed.), *Computational Linguistics and Intelligent Text Processing. CICLing 2002. Lecture Notes in Computer Science* (pp. 1–15). Berlín: Springer.

Sennrich, R., Haddow, B., y Birch, A. (2016). Edinburgh neural machine translation systems for WMT 16. *ArXiv*. https://arxiv.org/abs/1606.02891.

Shterionov, D., Superbo, R., Nagle, P., Casanellas, L. O., O'Dowd, T., y Way, A. (2018). Human versus automatic quality evaluation of NMT and PBSMT. *Machine Translation*, 32, 217–235. https://doi.org/10.1007/s10590-018-9220-z.

Škvárová, P., y Šlechta, P. (2015). Estereotipos masculinos y femeninos en los zoologismos fraseológicos españoles y checos. *Eslavística complutense, 15*, 65–88.

Sperber, M., Niehues, J., y Waibel, A. (2017). Toward robust neural machine translation for noisy input sequences. *International Workshop on Spoken Language Translation*. https://pdfs.semanticscholar.org/88ed/f12127a628bed608cae0bdf3700d00824df4.pdf

Stasimioti, M., Sosoni, V., Kermanidis, K. L., y Mouratidis, D. (2020). Machine Translation Quality: A comparative evaluation of SMT, NMT and tailored-NMT outputs. En A. Martins, H. Moniz, S. Fumega, B. Martins, F. Batista, L. Coheur, C. Parra, I. Trancoso, M. Turchi, A. Bisazza, J. Moorkens, A. Guerberof, M. Nurminen, L. Marg y M. L. Forcada (eds.), *Proceedings of the 22nd Annual Conference of the European Association for Machine Translation* (pp. 441–450). EAMT.

Sun, Y. (Ed). (2010). *Nueva Era: Gran Diccionario Español-Chino*. Editorial Comercial.

Tang, Y., Meng, F., Lu, Z., Li, H., y Yu, P. L. (2016). Neural machine translation with external phrase memory. ArXiv. https://arxiv.org/abs/1606.01792.

Wang, X., Tu, Z., Xiong, D., y Zhang, M. (2017). Translating phrases in neural machine translation. *ArXiv.* https://arxiv.org/abs/1708.01980.

WR – Kellogg, M. (s. f.). *Wordreference.* http://www.wordreference.com/.

Wu, Y., Schuster, M., Chen, Z., Le, Q. V., Norouzi, M., Macherey, W., Krikun, M., Cao, Y., Gao, Q., Macherey, K., Klingner, J., Shah, A., Johnson, M., Liu, X., Kaiser, L., Gouws, S., Kato, Y., Kudo, T., Kazawa, H., Stevens, K., Kurian, G., Patil, N., Wang, W., Young, C., Smith, J., Riesa, J., Rudnick, A., Vinyals, O., Corrado, G., Hughes, M., y Dean, J. (2016). Google's Neural Machine Translation System: Bridging the Gap between Human and Machine Translation. *ArXiv.*

Yamada, M. (2019). The impact of Google Neural Machine Translation on Post-editing by student translators. *The Journal of Specialised Translation*, 31, 87–106.

Zaninello, A., y Birch, A. (2020). Multiword expression aware neural machine translation. En N. Calzolari, F. Béchet, P. Blache, K. Choukri, C. Cieri, T. Declerck, S. Goggi, H. Isahara. B. Maegaard, J. Mariani, H. Mazo, A. Moreno, J. Odijk, y S. Piperidis (eds.). *Proceedings of the 12th Conference on Language Resources and Evaluation (LREC 2020)*, 3816–3825.

Cristina Cano Fernández y María del Mar Sánchez Ramos

Grupo FITISPos-UAH
Universidad de Alcalá

Desafíos tecnológicos en el contexto de las ONG: el caso de Traductores sin Fronteras

Resumen: La investigación sobre los servicios de comunicación multilingüe en situaciones de crisis o emergencia (p.ej., catástrofes naturales o crisis sanitarias) se establece como un campo en expansión dentro de la disciplina de la traducción e interpretación (Federici y O'Brien, 2020). Junto con las estrategias políticas necesarias para hacer frente a dichas situaciones, no debe perderse el punto de vista intercultural e interlingüístico. En este sentido, las distintas Organizaciones no gubernamentales (ONG) sirven de ejemplo como lazo de unión entre culturas. A su vez, su volumen de trabajo se ha visto incrementado como consecuencia de la sociedad globalizada actual y la imperante necesidad de una comunicación multilingüe inmediata. Sin embargo, y aunque las necesidades de traducción son evidentes (y la importancia de una traducción de calidad), las ONG no cuentan con los suficientes recursos económicos (ni tecnológicos) para ofrecer un servicio de traducción apropiado, lo que dificulta una comunicación efectiva (Rico, 2020; Tesseur, 2018). Esta situación puede verse favorecida gracias a la incorporación y el desarrollo de diversas herramientas tecnológicas, como pueden ser las herramientas de traducción asistida (TAO) o la traducción automática (TA). El presente capítulo ofrecerá una aproximación a las necesidades de traducción en las ONG, así como una descripción de las carencias a las que se enfrentan y cómo las soluciones tecnológicas pueden suponer una gran ayuda. Para ello, nos ayudaremos del análisis de los flujos de trabajo de una de las ONG que ya han incorporado estas nuevas herramientas, como es Traductores sin Fronteras.

Palabras clave: Tecnologías de la traducción, traducción automática, traducción asistida, tercer sector

Abstract: Research on multilingual communication services in crisis or emergency situations (e.g., natural disasters or health crisis) is a growing field within Translation and Interpreting Studies (Federici and O'Brien, 2020). Together with the political strategies needed to face such situations, intercultural and interlinguistic approaches should be also under the scope. In this social and political context, Non-Governmental Organizations (NGOs) have been breaking down these linguistic barriers and building bridges between the different cultures. While responding to the collective call to action, their workload has increased as a consequence of our current globalized society and the obvious need for immediate multilingual communication. However, although the need for translation is unquestionable (and the importance of quality translation), NGOs do not have sufficient financial (or technological) resources to provide appropriate translation services, so that effective communication is somehow hampered (Rico, 2020; Tesseur, 2018). This situation could be improved by developing and implementing various technological resources, such as computer-assisted translation (CAT) or machine translation (MT) tools. This chapter will describe an approach to the translation needs of NGOs, as well as a description of the scarcities they face and how technological solutions could be in-the-loop for improving such workflows. To illustrate that, we will use the analysis of the particular workflow of one of the NGOs that have already incorporated these new tools, Translators without Borders.

Keywords: translation technology, machine translation, CAT tool, third sector

1. Tecnología y acceso a la información multilingüe en el tercer sector

Ligados a los cambios sustanciales acontecidos en la sociedad, como la globalización o los flujos migratorios, los últimos años han sido testigos de innumerables situaciones de emergencia o crisis (p.ej., catástrofes naturales, ataques terroristas o alertas sanitarias). Las Organizaciones No Gubernamentales (ONG) se han encontrado con la inminente necesidad de establecer una comunicación efectiva y rápida entre los hablantes de diferentes lenguas (Pérez Macías *et al.*, 2020) en los contextos en los que realizan su trabajo de campo. Sin embargo, cuentan con una ayuda escasa, ya que las necesidades multilingües en el tercer sector social[1] no gozan de un lugar destacado en la industria de la traducción (Sánchez Ramos y Rico Pérez, 2020).

La exposición de las diferentes carencias a las que se enfrentan las ONG en el ámbito de la traducción por parte de los diferentes expertos en la materia ha reiterado la dificultad existente en torno a la adopción de unas prácticas uniformes y coherentes que sean comunes para todas las organizaciones pertenecientes al tercer sector social. Entre algunos de los problemas a los que se

1 El tercer sector es aquella parte de la economía independiente del ámbito privado y de organizaciones dirigidas y orientadas a conseguir beneficios económicos para sus propietarios o accionistas, e independiente también del sector público, en el que están todos los organismos que dependen del Estado y que se encaminan a dar servicio a la ciudadanía en los distintos países. Remitimos a los trabajos de Eschweiler y Lars Hulgård (2018) y Salamon y Sokolowski (2016) sobre el tercer sector.

enfrentan las ONG, la falta de traductores profesionales y con estudios de traducción que se dediquen a esta especialización es uno de los más populares, lo que hace complicado el hecho de que se considere una actividad profesional como tal (Tesseur, 2017; Rico Pérez, 2020; Sánchez Ramos y Rico Pérez, 2020). Esto se debe a que, normalmente, cuando hay una situación de crisis y la comunicación se hace indispensable, se recurre a la colaboración ciudadana. Por ejemplo, situaciones como la crisis sanitaria ocasionada por la COVID-19 en los últimos años, la erupción del volcán de La Palma en 2021, o el conflicto bélico entre Rusia y Ucrania en el 2022 evidencian que las labores de traducción son de vital importancia para prevenir más riesgos derivados de la emergencia principal por falta de entendimiento entre las partes afectadas. En la mayoría de estos casos, los traductores que actúan como trasvase comunicativo son ciudadanos de a pie, voluntarios, miembros de ONG, o incluso miembros de la propia familia o comunidad que ofrecen su ayuda a los más cercanos (Federici y O'Brien, 2020). Diversas propuestas en este campo han demostrado que una formación específica en el campo del tercer sector social en materia de traducción ayudaría a mejorar la calidad de los servicios prestados en situaciones de emergencia (Pérez Macías *et al.*, 2020). Este problema extenso y común dificulta varios aspectos entre los que destacan que la elaboración y definición de guías de estilo para la traducción resulte una labor complicada debido a la variedad de experiencias de cada persona, incluyendo a las que no tienen formación previa, lo que ocasiona que las tipologías textuales frecuentes tengan que traducirse manualmente una y otra vez, o que la calidad de las traducciones no pueda garantizarse por problemas de incoherencias e inconsistencias (Tesseur, 2017).

Otro problema que se ha mencionado en líneas anteriores es que la traducción en situaciones de emergencia y contextos migratorios plantea el reto de la existencia de una inmensa cantidad de documentos e información que deben traducirse, así como sus diferentes especialidades, haciendo imposible en muchos casos que las organizaciones e instituciones que actúan de puentes puedan satisfacer la demanda (Cadwell *et al.*, 2019). Este desafío en cuanto al volumen de documentación que hay que traducir, sumado a la falta de formación de los traductores hace que, a veces, sea imposible manejar toda la información que hay disponible en el idioma original, por no hablar de lenguas minoritarias —como como el suajili, el hindi o el pastún— incluidas en estos contextos de las que no se dispone suficiente información paralela.

Los problemas anteriormente indicados hacen que se plantee el uso de la tecnología de la traducción como una posible solución. Sin embargo, la implementación de esta en los contextos institucionales es de por sí un desafío y, aunque muchas organizaciones sean conscientes de su importancia y de las posibilidades que la tecnología podría aportar, su presencia es muy escasa (Sánchez Ramos y Rico Pérez, 2020). Esta problemática resulta en que muchas veces sean los propios traductores los que tratan de solventar los problemas por sus propios medios; sin embargo, esto también podría desencadenar problemas de inconsistencia e incluso de privacidad (ibid).

Como indica la autora Rico Pérez (2020), se dan varias razones a las que podría deberse la dificultad de implementación tecnológica dentro de las ONG. Por ejemplo, la comercialización del propio sector, que aumenta la presión entre las organizaciones ya que se ven forzadas a competir entre ellas; o, por mencionar otro ejemplo, la falta de recursos económicos debida a numerosas causas, como al hecho de que los Objetivos de Desarrollo Sostenible (ODS), establecidos por la Organización de las Naciones Unidas (ONU) no incluyan aspectos lingüísticos y, consecuentemente, tampoco relacionados con la traducción. En este sentido, diversas publicaciones coinciden en que si el lenguaje y la traducción gozaran de popularidad entre grandes proyectos internacionales, como son los ODS o a la hora de rendición de cuentas a los donantes, el presupuesto que se destinaría a este ámbito por parte de todos los sectores sería probablemente mayor, lo que supondría pequeños avances para solucionar uno de los problemas a los que se enfrentan hoy en día las organizaciones del tercer sector (Tesseur, 2018; Rico Pérez, 2020). También en esta línea, autores como Rico Pérez (2020); Rogl (2017) y Tesseur (2017) mencionan que esta falta de recursos hace que el proceso de traducción llevado a cabo en las ONG no quede del todo definido, teniendo especialmente muchas lagunas en tecnología, como por ejemplo la falta de memorias de traducción, de procesos de revisión establecidos, del uso unificado de herramientas de Traducción Asistida por Ordenador (TAO) dentro de la misma organización (Tesseur, 2017) e incluso la falta de descripción de las distintas tareas. Lo cierto es que cada organización podría tener sus propias herramientas (tecnológicas o no) y no compartirlas con el resto de organizaciones, pero de igual modo supondría una solución escondida que no sirve de modelo para las demás ni podría extrapolarse. Así pues, no es arriesgado afirmar que hoy en día las ONG no cuentan con los suficientes recursos económicos y, por consecuencia, tampoco con los tecnológicos, para poder seguir creciendo y desarrollándose en todos los ámbitos, lo que dificulta en muchos casos una comunicación rápida, eficaz y de calidad (Sánchez Ramos y Rico Pérez, 2020; Rico Pérez, 2020; Tesseur, 2018; Pym, 2008).

Así pues, con estas carencias sobre la mesa, se hace necesario reflexionar sobre algunas posibles soluciones, como puede ser la incursión de los procesos automatizados gracias a la tecnología de la traducción y su posible introducción en los flujos de trabajo de las ONG.

2. Traducción automática y posedición en los flujos de trabajo de traducción de las ONG

Ya desde los últimos años del siglo XX, la introducción de los flujos de trabajo que incluían traducción automática y posedición han ido afianzándose dentro del mundo profesional de la traducción con el objetivo de reducir costes a través de un aumento de la productividad y velocidad de trabajo, sumándose además el hecho de no tener que dividir los textos entre más de un traductor, lo que ahorraba también tiempo de revisión (Silva, 2014). No obstante, esta práctica no ha quedado exenta de cierto escepticismo (Pérez Macías *et al.*, 2020). Tal y como describe Silva (2014) en su capítulo sobre la integración de la traducción automática y la posedición en los flujos de trabajo de un contexto profesional, se puede observar que, tras muchos intentos sobre su implantación, fueron observándose problemas (p. ej., tipos de sistemas empleados o formatos de textos).

Como hemos ido observando a lo largo de esta revisión bibliográfica, podemos afirmar que existe una necesidad en materia tecnológica dentro de las ONG y, por ende, muchos autores expertos en la materia se empezaron a plantear de qué manera podría integrarse esta tecnología de la traducción en este sector. Fue a partir de un informe publicado por la oficina de la ONU de Coordinación para Asuntos Humanitarios que muchos investigadores profesionales se interesaron por los posibles beneficios de la tecnología de la traducción en situaciones de emergencia (Cadwell, 2016), ya que este abogaba por una mayor interacción y comunicación entre las organizaciones humanitarias y el voluntariado de todo el mundo. El informe hacía un llamamiento para que la comunicación fuera más fluida en futuras situaciones de emergencia, puesto que gran parte de las dificultades en estos contextos se debía a problemas de intercambio de comunicación en situaciones multilingües (Sánchez Ramos y Rico Pérez, 2020). De ahí que los autores comenzaran a pensar en la tecnología de la traducción para agilizar y favorecer esta comunicación. Algunos estudios, como los de Cadwell (2016), de Federici (2016) o Federici y Cadwell (2018), sobre la comunicación multilingüe demuestran que la traducción y la tecnología ayudan enormemente en estas situaciones de emergencia, facilitando la información a todos los afectados y ayudando a tomar las decisiones adecuadas gracias al entendimiento completo de la situación; sin embargo, y a consecuencia de los problemas que se han expuesto anteriormente, se sigue sin contar sin un modelo de flujo de trabajo común que integre la tecnología y que pueda servir de base para su implementación en cualquier ONG (Tesseur, 2018).

Tal y como afirman algunos trabajos de O'Brien (2020) o Rico Pérez (2020), aunque la tecnología de la traducción lleva años en el sector, su auge ha empezado a surtir efecto en los últimos años en este sector. Sin embargo, cuando nos referimos a la traducción automática y la posedición, especialmente a esta última, ha habido más intentos e investigaciones que aplicaciones en sí. Las razones son diversas: 1) desde aspectos mencionados en la sección anterior, como por ejemplo el hecho de que la gran mayoría de traductores son voluntarios y, por tanto, no utilizan herramientas profesionales; o la falta de presupuesto dedicado al crecimiento tecnológico de las ONG; 2) hasta hechos como que, desde sus inicios, y hasta hoy en día, la traducción automática (TA) se ha percibido como una amenaza para el sector en lugar de una ayuda, siendo esta última su realidad (Rico, 2011). Es por ello que la presente revisión pone su foco en esta parte de la tecnología de la traducción, en cómo esta implementación de la TA sí ha funcionado en muchos flujos de trabajo fuera del sector y, por tanto, podría servir de ejemplo de aplicación en este tercer sector social. Por lo tanto, lo que se pretende en las páginas que siguen es ofrecer un modelo para la integración de la TA y PE en el flujo de trabajo de las ONG basándonos en un modelo previo adaptado.

Más concretamente, tomando como punto de partida el trabajo de Silva (2014), podría establecerse un flujo de trabajo en los contextos profesionales que integre la traducción automática y la posedición (Figura 1) para su posterior aplicación a los contextos de las ONG. Así, como puede verse en la Figura 1, este flujo consta de algunas fases bien diferenciadas, como son la 1) la recepción del texto original, 2) el procesamiento del texto original con una herramienta TAO, 3) pretraducción y tratamiento automático del texto original, 4) posedición, 5) revisión de la traducción, 6) postprocesamiento o edición del texto traducido y 7) entrega del texto traducido.

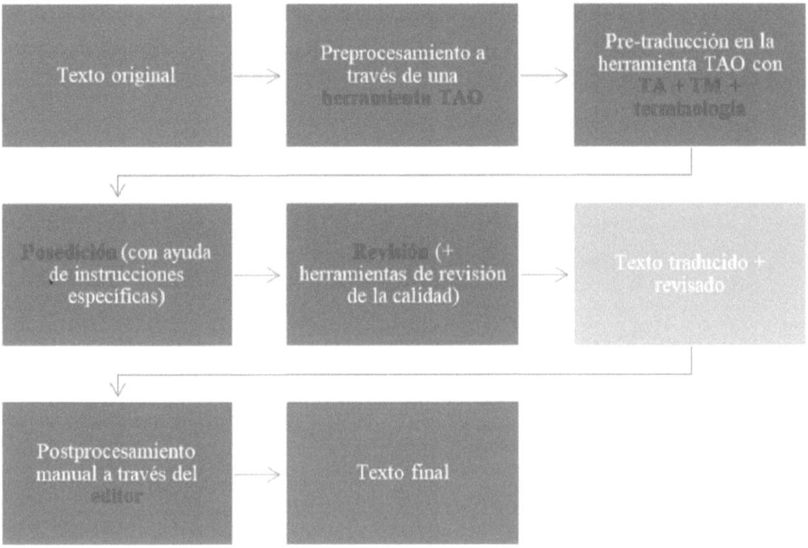

Figura 1. Flujo de trabajo en los contextos profesionales con traducción automática y posedición (fuente: Elaboración propia adaptado de Silva, 2014)

Esta propuesta de flujos de trabajos en contextos que requieren los procesos automatizados puede adaptarse a los propios flujos de trabajo de las ONG que tienen intención de implementar traducción automática y posedición en sus labores de traducción. En primer lugar, la recepción del texto original vendría marcada por las necesidades de traducción de la ONG en concreto: en ocasiones de crisis humanitarias, podrían darse el ejemplo de la necesidad de traducir *tweets*, tal y como demostraron en su trabajo Cadwell *et al.* (2019); o también la necesidad de traducir sus memorias anuales cada año (Castrejana, 2022). En la segunda y tercera fase, con las que se inician las más puramente tecnológicas, se haría frente a la necesidad de herramientas que permitieran procesar los textos de manera automática – no solo para su traducción, sino también para la segmentación del propio texto, la aplicación de memorias y terminología, etc. En la cuarta fase, entraría la figura del poseditor, e idealmente, las guías de posedición que sirvieran como ayuda externa al poseditor, cuya tarea se extiende hasta el final del flujo de trabajo, ya que su intervención no deja de ser necesaria hasta la entrega del texto final. El resto de las fases, revisión, posprocesamiento y entrega del texto final entrarían en juego también herramientas de revisión de la calidad.

Además de los flujos de trabajo especificados (Figura 1), es importante señalar la colaboración e interacción que se establece entre los distintos actores implicados (Figura 2).

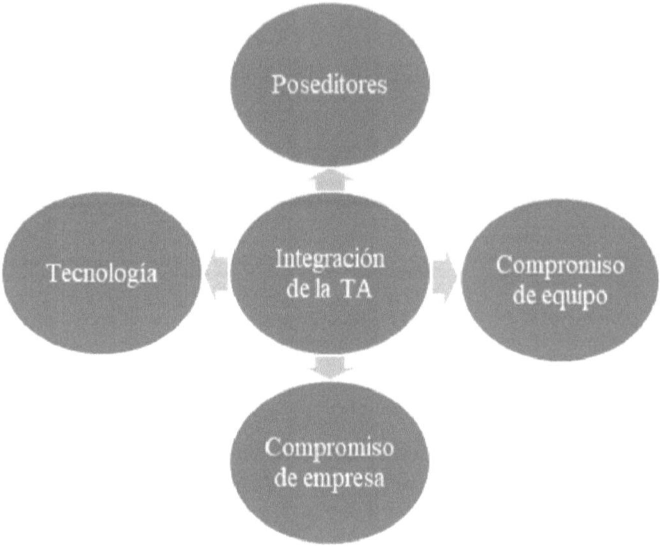

Figura 2. Colaboración entre las partes para el flujo de trabajo con traducción automática (fuente: Elaboración propia)

Por ello, será de máxima importancia que, para que los procesos automatizados se implementen de forma efectiva, se establezca un compromiso de colaboración que incluya, por ejemplo, el compromiso de la ONG que quiera aplicar dicho flujo de trabajo, para aunar esfuerzos y facilitar toda la colaboración necesaria; la tecnología en sí misma, ya que deben existir dichos recursos; y, por supuesto, los poseditores con formación en materia tecnológica.

3. El flujo de trabajo en Traductores Sin Fronteras: análisis y resultados

Traductores Sin Fronteras es una organización internacional sin ánimo de lucro que ofrece servicios lingüísticos a organizaciones humanitarias. Esta organización se consolidó como una ONG estadounidense en el 2011 con el nombre de *Translators Without Borders* (TWB); aunque se fundó originalmente en el año 1993 (TWB, 2023). Desde sus inicios, Traductores Sin Fronteras ha destacado por su papel continuo en la lucha contra las barreras lingüísticas, tratando de conectar a las organizaciones humanitarias con una comunidad de traductores profesionales –voluntarios y en plantilla– que ofrecen sus servicios en estas situaciones de ayuda. La concienciación que han creado a nivel mundial sobre las barreras idiomáticas en situaciones y crisis de emergencia representa un símbolo de una ONG bien consolidada y conocida en todo el mundo (Tesseur, 2019).

En sus primeros años, esta organización se centraba exclusivamente en traducir lenguas europeas, aunque poco a poco fueron añadiendo a su cartera lingüística lenguas que se hablaban en los países desarrollados. Al seguir este enfoque, se encontraron con la primera barrera: no existían muchos traductores disponibles de lenguas minoritarias en comunidades marginadas, como el amárico o las lenguas bereberes. Para tratar de enfrentarse a este problema, la organización optó por formar a ciudadanos locales de dichas comunidades en traducción e interpretación y derribar así algunas de las barreras lingüísticas a las que se enfrentaban en lugares donde no tenían alcance (Tran, 2012; Tesseur, 2019). A partir del terremoto de Haití en el año 2010, la organización TWB se enfrentó con una necesidad acuciante de traducir mucho contenido que no estaba disponible en muchos de los idiomas en los que se necesitaba, así como con muchos voluntarios que querían ayudar en dicha crisis humanitaria a traducir todo lo que pudieran de manera altruista (Tran, 2012). Fue entonces cuando ProZ.com creó un espacio de trabajo en línea para Traductores Sin Fronteras en mayo de 2011 que conectaba a los traductores voluntarios con las organizaciones sin ánimo de lucro que precisaran de servicios de traducción. Esta plataforma de traducción fue adoptada como el espacio de trabajo de Traductores Sin Fronteras (TWB, 2016), espacio en el que ya se empezaron a adoptar las tecnologías de la traducción a través de esta automatización para generar y recibir los proyectos.

Unos años más tarde, en el 2017, la organización TWB se fusionó con la fundación Rosetta. Dicha fusión puso sobre la mesa la creación de una plataforma de traducción propia, la plataforma Kató, que funcionaba como un software de traducción asistida por ordenador y que permitía el uso de memorias de traducción y la incorporación de traducción automática (TWB, 2017). La decisión de implementar este software se tomó por diversas razones, entre ellas, que es una plataforma tecnológica que depende de la organización y no de los traductores externos; que es fácil y cómoda de usar sin necesidad de una formación exhaustiva; y que puede usarse de forma virtual por cualquier traductor, tanto profesional como voluntario (Zetzsche, 2017).

Ya en el año 2021, con el objetivo de incluir muchos más proyectos en su enfoque a primera vista, la ONG crea una nueva organización denominada CLEAR Global. Esta nueva marca perteneciente a la organización se presenta como una solución paralela en la que no solo la traducción tenga cabida, sino también todos los otros tipos de ayuda que Traductores Sin Fronteras ofrecen a los que la necesitan, como los servicios de consultoría, desarrollo e innovación que desarrollan (TWB, 2021). Así, desde entonces, CLEAR Global no solo incluye todo el trabajo de Traductores Sin Fronteras, sino que también incluye un departamento dedicado a la tecnología, en su afán por seguir innovando en este campo: CLEAR Tech (TWB, 2023). En este mismo año, la organización dio un giro en la estrategia que hasta entonces seguía con la plataforma Kató en términos de software de traducción, para establecer una colaboración activa con Phrase (previamente Memsource). Así, desde mayo del año 2021, la herramienta TAO empleada pasó a ser Phrase. La organización se encargó de organizar formaciones online y documentación que sigue estando disponible en su página web para que todos los traductores y colaboradores supieran exactamente cómo utilizar la herramienta, y que el cambio fuese lo más llevadero posible. Además, este cambio se presentó de una manera muy positiva, poniendo de manifiesto todas las ventajas que suponía esta nueva herramienta de traducción, entre ellas, el uso de traducción automática (TWB, 2021).

Con todo lo expuesto, podemos afirmar que Traductores Sin Fronteras es un ejemplo de organización que ha decidido implementar las tecnologías de la traducción en sus flujos de trabajo para facilitar su labor y cumplir de manera más rápida su objetivo. Además, la colaboración continua con empresas del sector tecnológico pone de manifiesto el afán de la organización por desarrollar herramientas mejores en materia de traducción automática, como la iniciativa Gamayun, que busca seguir innovando y desarrollando este tipo de tecnología; en especial, a través de la traducción automática – con traducción de textos escritos y orales o con asistentes virtuales de chat para los trabajadores sanitarios en crisis humanitarias (Tesseur, 2019; TWB, 2020). Tal y como expone Aimee, la directora ejecutiva de TWB, en cuanto a las tecnologías de la traducción, no solo las emplean de forma interna, sino que se preocupan por llevar a cabo una labor de capacitación y entrenamiento en herramientas de traducción asistida para la gente que no las ha utilizado nunca (Valero-Garcés, 2021). Uno de los hechos que ejemplifica esto, es la aplicación de glosarios que desarrollaron, que sirve especialmente para las situaciones de emergencias en las que no hay disponibilidad de traductores e intérpretes profesionales, y tienen que ser las propias personas afectadas por la crisis las que desempeñen esta labor (Tesseur, 2019).

En cuanto a la colaboración con Traductores Sin Fronteras, la organización solicita como requisito para el registro de los voluntarios el dominio de, al menos, una lengua distinta de la lengua materna (Valero-Garcés, 2021). Además, la organización cuenta con un manual disponible online para todos los traductores colaboradores. Dicho manual explica cómo darse de alta en su plataforma de gestión de proyectos, cómo llevar a cabo una tarea de traducción o revisión en Phrase (su plataforma de traducción asistida), así como otros enlaces útiles que pueden consultarse si algo no está del todo claro (TWB, 2023).

Si analizamos los flujos de trabajo según lo especificado en la Figura 1, hemos de detenernos en la sección que Traductores Sin Fronteras ofrece sobre la tarea específica de traducción y revisión. En ella, se explica cómo aparece el segmento en cuestión en la plataforma, así como nociones de memorias de traducción y bases de datos terminológicas (Krimat, 2021). Además, se le indica al traductor que realice una revisión lingüística (QA) simple disponible en la misma plataforma antes de pasar la tarea al siguiente eslabón: el revisor (TWB, 2023). En este paso, gracias a la entrevista realizada por Valero-Garcés (2021) a la directora ejecutiva de TWB, sabemos que el proceso de revisión que siguen es el descrito por TAUS: el *Dynamic Quality Framework* – sistema que se basa en clasificar los errores según una tipología y su importancia (Sánchez Ramos y Rico Pérez, 2020). Así, los revisores pueden dejar comentarios a los traductores y aplicarlos para futuros encargos (TWB, 2023). Por último, el archivo ya traducido y revisado se sincroniza con la plataforma de gestión de proyectos, desde donde los gestores terminan de gestionar todo lo relativo a dicho proyecto (Krimat, 2021; TWB, 2023).

En el ejemplo concreto de Traductores Sin Fronteras, vemos que se sigue de manera fiel cada paso que se describe en la Figura 1 y existe una colaboración continua entre los actores implicados (Figura 2) y que, por tanto, es una organización que ha sabido derribar sus barreras e implementar esta tecnología: en cuanto a la primera y a la última fase cuentan con gestores de proyectos que coordinen el proceso; en las fases tecnológicas, como ya hemos analizado, cuentan con herramientas que les permiten implementar traducción automática y otros recursos como terminología y memorias de traducción (la herramienta TAO Phrase), además de disponer de un sistema de evaluación de la calidad bien definido y establecido (DFQ de Taus); y, por último, cuentan con poseditores y colaboradores a los que se les ofrece una formación específica, tanto en materia tecnológica como en el tercer sector. La Figura 3 muestra de forma más clara los flujos de trabajo descritos.

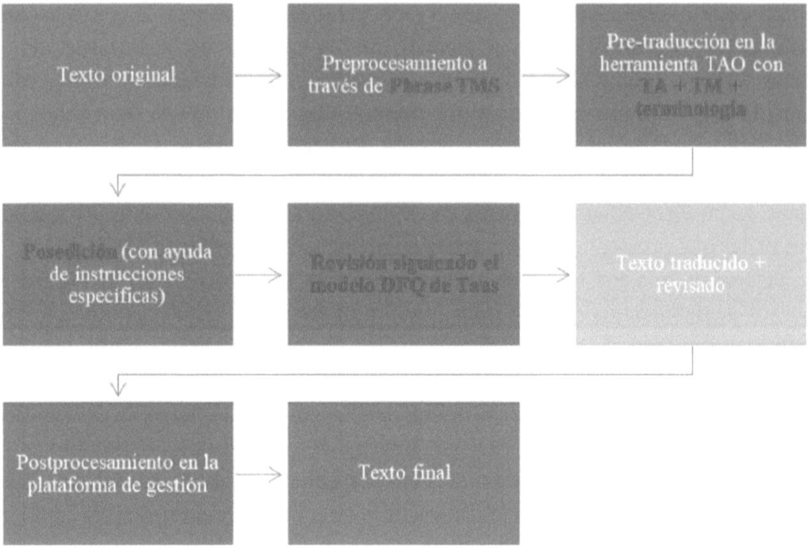

Figura 3. Flujo de trabajo de TWB con traducción automática (fuente: Elaboración propia)

Con el entorno tecnológico puesto en marcha ha de sumarse la colaboración activa entre las diferentes partes que forman el proceso. El caso de Traductores Sin Fronteras no es una excepción, ya que uno de los principales objetivos de la organización es que la información correcta y necesaria llegue a las personas vulnerables en situaciones de emergencia, en muchos casos, siendo más importante la información que el texto original en sí mismo (Krimat, 2021). Retomando la Figura 2 en la que se ilustraba la colaboración entre las partes para el flujo de trabajo con traducción automática, se pueden desarrollar los mismos puntos dentro de la organización:

Poseditores: por un lado, para que funcione la integración de la traducción automática, uno de los puntos más importantes es la figura del poseditor. Estos son los que realizan la tarea de traducción, los que se adaptan a los cambios y son capaces de entregar textos de calidad que ayuden a las personas que necesitan la información.

TWB, al ser una organización que intenta ayudar en todas las situaciones de emergencia, a veces necesita traductores externos, que son los que cuentan con la formación dada por la propia organización (Valero-Garcés, 2021). La motivación de estos traductores, muchas veces voluntarios, juega un papel crucial, pues sin ella, la organización no llegaría a tantas personas necesitadas. Es la organización la que reconoce la importancia de estos traductores y les mantiene motivados a través de diferentes recursos: con cartas de recomendación, con reconocimiento sobre las traducciones en este sector, con formación en las nuevas tecnologías, etc. (Krimat, 2021).

Compromiso de equipo: como hemos mencionado anteriormente, la organización cuenta con un equipo de gestión de proyectos que coordina todo el proyecto desde la plataforma de gestión. La colaboración entre traductores, revisores y editores se coordina gracias al gestor de proyectos, encargado de detectar cualquier error en el proceso y ser capaz de subsanarlo, o encontrar la manera de hacerlo (Krimat, 2021).

En línea con este compromiso, cabe destacar que la organización cuenta con un Código de Conducta para traductores al cual deben atenerse para trabajar con la organización. En él se expone que los colaboradores deben trabajar en línea con los ideales de la organización, respetando así los derechos humanos; así como cumpliendo los estándares de calidad de una traducción profesional (TWB, 2018).

Tecnología: aparte de todo lo que hemos mencionado en secciones anteriores en cuanto a la tecnología de la traducción en la organización, y como el mismo proyecto ya se pretraduce con memorias de traducción, bases de datos terminológicas y con traducción automática; cabe destacar que la organización mantiene de forma eficiente su forma de trabajo gracias a la facilitación de tareas que ofrecen los sistemas de gestión y traducción online – por ejemplo, el hecho de dividir un mismo proyecto entre más de un traductor (Krimat, 2021). De esta forma, todos los traductores pueden trabajar de forma autónoma y aprender a su vez de las tecnologías que están a la orden del día en la industria.

Compromiso de empresa: con todo lo mencionado hasta este punto, está claro que existe un compromiso de empresa con las personas que necesitan información, especialmente aquellas en situación de vulnerabilidad o afrontando crisis humanitarias.

Conclusiones

La incorporación de la traducción automática y la posedición en los flujos de trabajo ha sido centro de atención en diversos estudios. Sin embargo, han sido pocos los trabajos que se han adentrado en describir y analizar los procesos de traducción en el entorno del tercer sector social. Nuestro trabajo ha pretendido contribuir a visibilizar la importancia de la traducción en el tercer sector social y cómo las tecnologías de la traducción pueden ayudar a agilizar las distintas tareas de traducción en las ONG. Para ello, y tomando como partida el trabajo de Silva (2014), se ha propuesta un modelo de integración de los procesos automatizados en los flujos de trabajo de traducción. Tomando la ONG Traductores sin Fronteras, se ha ejemplificado el papel de la tecnología en sus flujos de trabajo. Tras el análisis llevado a cabo, podemos afirmar que Traductores Sin Fronteras es una organización que ha sabido hacer uso de las tecnologías disponibles hoy en día para agilizar sus procesos y poner en práctica flujos de trabajo acorde a la actualidad de la industria de la traducción. En este aspecto, cumple con todos los requisitos necesarios para que la integración de la tecnología en sus procesos sea satisfactoria: dispone de una red de traductores/poseditores a los que mantiene motivados mediante diferentes incentivos – como son las formaciones; cuenta con un equipo de trabajo dedicado a que cada trabajo de traducción se complete de forma correcta y siga unos estándares de calidad; se ayuda de una tecnología de la traducción que agiliza la tarea de los traductores y no pierde de vista su desarrollo, especialmente para lenguas minoritarias; y, por último, cuenta con un compromiso de empresa en la que se comparten unos valores y un objetivo común por encima de todo: derribar barreras lingüísticas convirtiendo el mundo en un lugar donde el conocimiento no conozca las barreras del lenguaje (Valero-Garcés, 2021).

Referencias bibliográficas

Cadwell, P. (2016). A place for translation technologies in disaster settings: The case of the 2011 great east Japan Earthquake. En M. O'Hagan y Q. Zhang. (ed.), *Conflict and Communication: A Changing Asia in a Globalizing World - Language and Cultural Perspectives* (pp. 169–194). Nueva York: Nova.

Cadwell, P.; O'Brien, S.; DeLuca, E. (2019). More than tweets: A critical reflection on developing and testing crisis machine translation technology. *Translation Spaces 8*(2), 300–333. https://doi.org/10.1075/ts.19018.cad.

Castrejana, V. (2022). *Hola Ong. es hora de la memoria anual. SocialCo, comunicación online para ONG.* https://www.socialco.es/hola-ong-es-hora-de-la-memoria-anual-tic-tac/

Eschweiler, J. y Hulgård, L. (2018). *Channelling solidarity: inputs from third sector and the co-creation of public goods.* Bruselas: Comisión Europea. https://solidush2020.eu/wp-content/uploads/2018/04/Deliverable-Report-5.2.pdf.

Federici, F. M. (2016). Introduction: A state of emergency for crisis communication. En F. M. Federici (ed.), *Mediating Emergencies and Conflicts. Frontline Translating and Interpreting* (pp. 1–29). Nueva York: Palgrave Macmillan.

Federici, F. M. y Cadwell, P. (2018). Training Citizen Translators. *Translation Spaces* 7(1), 20–43. https://doi.org/10.1075/ts.00002.fed.

Federici, F. M. y O'Brien, S. (2020). Crisis Translation: Considering Language Needs in Multilingual Disaster Settings. *Disaster Prevention and Management 29*(1). doi:10.1108/DPM-11- 2018-0373.

Krimat, N. (2021). The Challenge of Quality Management in Crowdsourced Translation: The Case of the NGO Translators without Borders. *QScience Connect (3) -Tenth International Translation Conference (4).*

Pérez Macías, L. *et al.* (2020). Study on the Usefulness of Machine Translation in the Migratory Context: Analysis of Translators' Perceptions. *Open Linguistics* 6(1), 68–76. https://doi.org/10.1515/opli-2020-0004.

Pym, A. (2008). Translation vs. Language Learning in International Institutions: Explaining the Diversity Paradox. *Cultus: The Journal of Intercultural Mediation and Communication,* 1(1), 70–83. https://www.researchgate.net/publication/266587145.

Rico Pérez, C., (2011). Tecnologías de la traducción para la mediación intercultural. *Lengua y migración / Language and Migration* 3(1), 115–129. http://www.redalyc.org/articulo.oa?id=519551811007.

Rico Pérez, C. (2020). Mapping translation technology and the multilingual needs of NGOs along the aid chain. En F. M. Federici y S. O'Brien (eds.), *Translation in cascading crisis* (pp. 112–131). Londres: Routledge.

Rogl, R. (2017). Language-related disaster relief in Haiti: Volunteer translator networks and language technologies in disaster aid. En R. Antonini *et al.* (ed.), *Non-Professional Interpreting and Translation: State of the Art and Future of an Emerging Field of Research* (pp. 231–255). Ámsterdam y Filadelfia: John Benjamins.

Salamon, L. M. y Sokolowski S. W. (2016). Beyond nonprofits: Re conceptualizing the third sector. *Voluntas 27*(4), 1515–1545. https://doi.org/10.1007/s11266-016-9726-z.

Sánchez Ramos, MM. y Rico Pérez, C. (2020). *CRISIS-MT: traducción y tecnología en la comunicación multilingüe para las ONG en situaciones de emergencia.* http://hdl.handle.net/11268/9381.

Silva, R. (2014). Integrating Post-Editing MT in a Professional Translation Workflow. En S. O'Brien *et al.* (ed.), *Post-editing of Machine Translation: Processes and Applications* (pp. 24–50). Cambridge Scholars Publishing.

Tesseur, W. (2017). The translation challenges of INGOs: Professional and non-professional translation at Amnesty International. *Translation Spaces* 6(2), 209–229. https://doi.org/10.1075/ts.6.2.02tes.

Tesseur, W. (2018). Researching translation and interpreting in Non-Governmental Organisations. *Translation Spaces* 7(1), 1–19. https://doi.org/10.1075/ts.00001.te.

Tesseur, W. (2019). Communication Is Aid—But Only If Delivered in the Right Language: An Interview with Translators without Borders on Its Work in Danger Zones. *Journal of War & Culture Studies* 12(3), 285–294. https://doi.org/10.1080/17526272.2019.1644416.

Tran, M. (2012). Translators fight the fatal effects of the language gap. *The Guardian*. https://www.theguardian.com/global-development/povertymatters/2012/apr/11/volunteers-translation-language-health-messages/

Translators without Borders. (2016). *30 million words and counting, Translators without Borders Blog.* https://translatorswithoutborders.org/blog/30-million-words-and-counting/

Translators without Borders. (2017). *Translators without Borders and The Rosetta Foundation are merging* [nota de prensa]. https://translatorswithoutborders.org/translatorswithout-borders-and-the-rosetta-foundation-are-merging/

Translators without Borders. (2018). *The translator's toolkit, TWB Community Forum.* https://community.translatorswb.org/t/the-translators-toolkit/3138.

Translators without Borders. (2020). *Crisis response archives, Translators without Borders Blog.* https://translatorswithoutborders.org/blog/tag/crisis-response/.

Translators without Borders. (2021). *Investing in translators: TWB using a new translation tool memsource to better serve its Community, Translators without Borders.* https://translatorswithoutborders.org/twb-translation-tool-switch/.

Translators without Borders (2023). *The translator's Manual.* https://docs.google.com/document/d/1ZSflGPROCZa0g-VZwlIujrQAG2nleIY-gdzjXR3O0MA/edit.

Valero-Garcés, C. (2021). Entrevista con Aimee, Directora Jefe de Traductores sin Fronteras (TWB). *FITISPos-International Journal* 8(1), 160–165. https://doi.org/10.37536/FITISPos-IJ.2021.8.1.296.

Zetzche, J. (2017). Translators without Borders and Technology. *The ATA Chronicle XLVI (4)*, 27–28. https://translatorswithoutborders.org/wp-content/uploads/2017/08/Translators-without-Borders-and-Technology.pdf

Isabel Peñuelas Gil y María Teresa Ortego Antón

CITTAC, Universidad de Valladolid

La estructura retórica EN-ES de las fichas de torrezno

Resumen: El sector agroalimentario español ha experimentado un crecimiento significativo en los últimos años, más en concreto a raíz de su internacionalización, que lleva aparejada dar solución a los obstáculos comunicativos. En este marco surgió el proyecto TorreznoTRAD, que tiene entre sus objetivos detectar los patrones de comportamiento retórico típicos de las fichas de producto de torrezno y adobados a partir de la explotación de un corpus comparable español-inglés (C-MARMEAT), compilado siguiendo el protocolo propuesto por Seghiri (2017) y Ortego Antón (2019). Tras la anotación de movimientos con la herramienta OpenTagger (Sanjurjo-González y Andaluz-Pinedo, 2021) vislumbramos las similitudes y diferencias en cada lengua, lo que nos permitirá diseñar la estructura de la aplicación TorreznoTRAD, basada en el procesamiento de lenguaje natural, para satisfacer las necesidades de comunicación especializada del español al inglés de traductores y redactores de este campo del saber.

Palabras clave: estructura retórica, traducción, corpus, español, inglés

Abstract: The Spanish agri-food sector has undergone a substantial growth in recent years. More specifically, this growth is the result of its internationalisation, which entails the need to find solutions for the communication obstacles that have arisen. It is within this framework that the TorreznoTRAD project was created. The aim was to detect the typical rhetorical patterns found in *torrezno* and marinated goods product cards through the exploitation of a comparable Spanish-English corpus (C-MARMEAT), compiled following the protocol proposed by Seghiri (2017) and Ortego Antón (2019). From the annotation of movements and steps —made using the OpenTagger tool (Sanjurjo-González and Andaluz-Pinedo, 2021)—, the similarities and differences between the languages could be identified. This made it possible to design the structure of TorreznoTRAD, a tool based on natural language processing that aims to meet the specialised communication needs (ES-EN) of translators and editors in this field of knowledge.

Keywords: rhetorical structure, translation, corpus, Spanish, English

1. La traducción en el sector agroalimentario

Uno de los pilares de la economía española se corresponde con la industria agroalimentaria (MAPA, 2022) y, dentro de esta, la industria cárnica es la primera en lo que respecta a facturación y a empleos directos. A esto hay que añadir que estas empresas se han convertido en el principal sustento en amplias regiones de tradición agrícola y ganadera que se encuentran en riesgo de una alarmante despoblación, como ocurre con las áreas despobladas del sur de Europa. Entre los factores que pueden cambiar esta tendencia, destaca la urgente necesidad de visibilizar su actividad socioeconómica en la web del conocimiento para que los productos de las pymes de este sector puedan comercializarse en mercados anglosajones (Ortego Antón y Fernández Nistal, 2020: 24–25). Constatamos que el mencionado sector requiere de servicios de redacción y de traducción en español e inglés para adaptar los datos de sus productos (páginas web, fichas descriptivas de producto, fichas técnicas, etiquetado, información nutricional, etc.) al mercado internacional y, así, atraer nuevos consumidores y fidelizar a los ya existentes.

En este contexto, el éxito de la expansión comercial no solo depende del uso de la lengua inglesa como *lingua franca*, sino también de los siguientes factores:

> Successful communication will depend not only on the accurate transmission of relevant subject-specific information within the professional domain, but also on compliance with cultural conventions, both at the big and small cultural levels. To this end, acceptable usage language, plus an awareness of genre conventions, are paramount (Pérez Blanco e Izquierdo, 2021: 148).

Conscientes de que la traducción agroalimentaria constituye un campo del saber todavía poco explorado en los estudios de traducción, el grupo de investigación interuniversitario ACTRES[1] está desarrollando numerosos trabajos contrastivos español/inglés basados en corpus sobre agroalimentación en general (Rabadán *et al.*, 2021) o centrados en sectores como el queso (Labrador y Ramón, 2020), el vino (Moreno Pérez y López Arroyo, 2021), las infusiones (Pérez Blanco e Izquierdo, 2020, 2022), el aceite de oliva (López Arroyo y Sanz Valdivieso, 2022) o los embutidos y adobados (Ortego Antón, 2019, 2020, 2021, 2024a; Fernández Nistal, 2020; Ortego Antón y Fernández Nistal, 2020; Peñuelas Gil y Ortego Antón, 2024). Los resultados derivados de estos estudios están

1 El grupo interuniversitario ACTRES (Análisis Contrastivo y Traducción Inglés-Español) está dirigido por la Dra. Rabadán (Universidad de León): https://actres.unileon.es/wp/es/home-espanol/ (Consulta: 28/02/2023)

permitiendo desarrollar e implementar aplicaciones lingüísticas basadas en el procesamiento del lenguaje natural que asistirán a las empresas del sector agroalimentario durante la exportación y les darán una mayor visibilidad en la web del conocimiento.

Puesto que los productos procedentes del sector cárnico son muy demandados fuera de nuestras fronteras, en este trabajo pretendemos presentar la metodología que hemos empleado para detectar los patrones de comportamiento retórico típicos de las fichas descriptivas de torrezno y adobados a partir de la explotación de un corpus comparable español-inglés (C-MARMEAT). La mencionada explotación nos permitirá detectar las similitudes y diferencias existentes en las lenguas española e inglesa para poderlo aplicar, en fases posteriores, al diseño de la estructura de TorreznoTRAD, una herramienta de redacción y traducción semiautomática sobre fichas descriptivas de estos productos.

2. Las fichas descriptivas de torrezno y adobados

Las fichas descriptivas de torrezno y adobados se corresponden con un determinado género textual. El concepto de género textual es muy amplio y han sido múltiples los autores que han ofrecido una definición, ya sea desde la perspectiva de la lingüística sistémico-funcional (Martin, 1997; Eggins y Martin, 2000, 2003), de la lingüística textual (Heinemann, 2000), de la lingüística de corpus (el grupo ACTRES), de los lenguajes de especialidad o lenguas para fines específicos (Swales, 1990/2001; Bhatia, 2004) y de los Estudios de Traducción (García Izquierdo, 2002). Dado que el objeto de estudio de este trabajo no es adentrarnos en la definición de género, vamos a emplear la definición propuesta por Biber *et al.* (2007: 9), que conciben el género como «the internal structure and organization of texts from a specific variety». Desde la perspectiva de los géneros textuales, las fichas descriptivas de torrezno y adobados no han recibido la suficiente atención, a pesar de que, actualmente, son clave para las empresas cárnicas, puesto que la información en ellas recogida puede resultar decisiva para los consumidores a la hora de decantarse por un determinado producto. En la Figura 1 se ofrece un ejemplo de este género textual en español y en la Figura 2 se muestra una ficha descriptiva de producto en lengua inglesa.

Figura 1. Ejemplo de ficha descriptiva de torrezno en español[2]

Figura 2. Fragmento de ficha descriptiva de torrezno en inglés[3]

2 https://tienda.lahoguera.es/es/torrezno-de-soria/23-torrezno-de-soria-precocinado-6-uds-8422598030825.html (Consulta: 27/02/2023)

3 https://www.sainsburys.co.uk/gol-ui/product/meatandfish-essentials/sainsburys-pork-belly-slices-500g (Consulta: 27/02/2023)

Para abordar en profundidad un género, Rabadán (2016: 213) señala que es necesario conocer las partes retóricas que lo integran, la función comunicativa y las convenciones asociadas a cada parte. Por lo que respecta a la función comunicativa de las fichas descriptivas de torrezno y adobados, la función prioritaria de este género textual se corresponde con informar, si bien en algunos fragmentos de la ficha, por ejemplo, en la descripción del producto, puede aparecer, de forma secundaria, la función persuasiva.

En relación con las convenciones asociadas a cada parte retórica que integra este género, la retórica contrastiva ofrece la posibilidad de estudiar las diferencias y similitudes entre distintos patrones lingüísticos y la forma de estructurar un texto en dos lenguas diferentes. Chesterman (1998: 153) apunta que su finalidad es «to establish the nature and range of possible variants of message-expression, and determine the appropriateness conditions for their use in differen.t cultures». En consecuencia, el contraste en dos lenguas de la estructura retórica nos permitirá observar las similitudes y diferencias para poder realizar un trasvase lingüístico que se adecue a las convenciones utilizadas, en este caso, en lengua inglesa, lo que será de ayuda para traductores y redactores no nativos.

A pesar de que existen numerosos trabajos sobre el análisis de los distintos géneros, como recoge Ortego Antón (2019: 29–36), en el sector agroalimentario únicamente hemos encontrado trabajos centrados en los principales géneros textuales (Policastro, 2017; Balbuena Torezano, 2019; Ruiz Romero, 2020), estudios contrastivos en español e inglés sobre embutidos (Ortego Antón, 2019, 2020, 2021, 2024b) y, más específicamente, sobre la estructura retórica de las fichas descriptivas de embutidos (Ortego Antón, 2020), por lo que seguiremos una metodología similar a la empleada en el mencionado trabajo.

En este sentido, López Arroyo y Roberts (2014: 155) definen la estructura retórica como «the hierarchic organization of a text. It involves the various sections and subsections of a text, moves and steps». Las fichas descriptivas de torrezno y adobados, como cualquier género textual, se caracteriza por estar formado por una serie de componentes retóricos denominados *moves* o movimientos (Biber *et al.*, 2007: 23), que estos autores definen como «a section of a text that performs specific communicative function. Each move not only has its own purpose but also contributes to the overall communicative purposes of a genre». De hecho, algunos movimientos tienen lugar con mayor frecuencia que otros, de manera que podemos distinguir entre movimientos convencionales y movimientos opcionales (Biber *et al.*, 2007: 24). A su vez, los movimientos pueden dividirse en varios *steps* o pasos, cuya función es «to achieve the purpose of the move to which it belongs» (Biber *et al.*, 2007: 24).

Para identificar los principales movimientos y pasos que configuran la estructura retórica de las fichas descriptivas de torrezno y adobados es necesario diseñar, compilar y anotar un corpus virtual comparable en las lenguas española e inglesa compuesto por fichas descriptivas de estos productos (C-MARMEAT) del que extraer los movimientos (*moves*). Hemos optado por no incluir pasos porque dificultaría la labor de etiquetado. Así, podremos establecer un prototipo de estructura en cada una de las lenguas de trabajo que asistirá a hablantes hispanos que redactan en lengua inglesa textos pertenecientes a este género textual.

3. La compilación de C-MARMEAT

C-MARMEAT es un corpus virtual comparable compuesto por 100 fichas descriptivas de torrezno y adobados redactadas en español y otras 100 en inglés. Para diseñar y compilar C-MARMEAT hemos seguido un protocolo similar al previamente empleado por Seghiri (2017), Ortego Antón (2019, 2020) y Ortego Antón y Fernández Nistal (2020). Hemos seleccionado fichas descriptivas de torrezno y adobados disponibles en Internet en 2021, lo que nos asegura la autenticidad y, a la vez, hacen posible que procedan de una amplia variedad de autores para cumplir con el criterio de la representatividad. El subcorpus de C-MARMEAT en español incluye fichas descriptivas de torrezno y adobados publicadas por empresas cárnicas españolas, en tanto que el subcorpus en inglés está compuesto por textos de Reino Unido, EE. UU., Canadá, Irlanda, Australia y Nueva Zelanda. Asimismo, C-MARMEAT se caracteriza por el equilibrio, dado que tiene el mismo número de textos en ambas lenguas, y por la representatividad léxica, como veremos más adelante.

Una vez establecidos los parámetros, la compilación de C-MARMEAT se compone de cuatro fases:

1. Búsqueda de textos en Internet para encontrar las fichas descriptivas de torrezno y adobados en páginas web de empresas chacineras de reconocido prestigio.
2. Descarga de los textos manualmente en formato HTML.
3. Conversión de los textos a TXT con codificación UTF-8 para que puedan ser procesados por el software de gestión de corpus.
4. Almacenamiento de los textos en la carpeta C-MARMEAT, que se divide en tres subcarpetas, los originales en formato HTML están guardados en función de las lenguas (EN y ES) y los archivos en TXT en las carpetas EN y ES, respectivamente.

Figura 3. Estructura de almacenamiento de C-MARMEAT

El resultado es un corpus virtual comparable bilingüe de fichas descriptivas de torrezno y adobados integrado por 100 textos en inglés (26 391 *tokens* o casos) y 100 textos en español (14 042 *tokens* o casos), que es representativo a nivel cualitativo gracias a los parámetros de diseño y al protocolo de compilación seguido. La diferencia en el número de palabras o *tokens* en cada lengua se debe a que, en lengua inglesa, se especifican las características del producto, el embalaje y la preparación y uso, en tanto que en español la información es más sintética, probablemente por las diferencias culturales existentes. Para concluir el proceso, hemos comprobado la representatividad cuantitativa con el programa ReCor[4] (Seghiri, 2006; Corpas Pastor y Seghiri, 2010), que calcula el número mínimo de palabras que debe incluir el corpus para ser representativo en lo relativo a la terminología básica en este género.

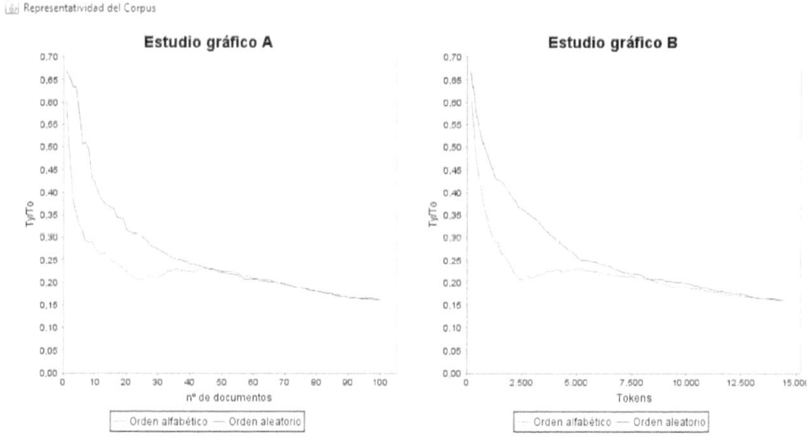

Figura 4. Representatividad cuantitativa del subcorpus en español de C-MARMEAT calculada con ReCor

4 https://rsoftuma.uma.es/es/software/recor/ (Consulta: 28/02/2023).

Los datos de la Figura 4 muestran que el subcorpus en español de C-MARMEAT es representativo a partir de los 70 documentos (Estudio gráfico A) y de las 13 000 palabras (Estudio gráfico B).

Por lo que respecta al subcorpus en inglés de C-MARMEAT (Figura 5), este es representativo a partir de los 80 documentos (Estudio gráfico A) y las 25 000 palabras (Estudio gráfico B).

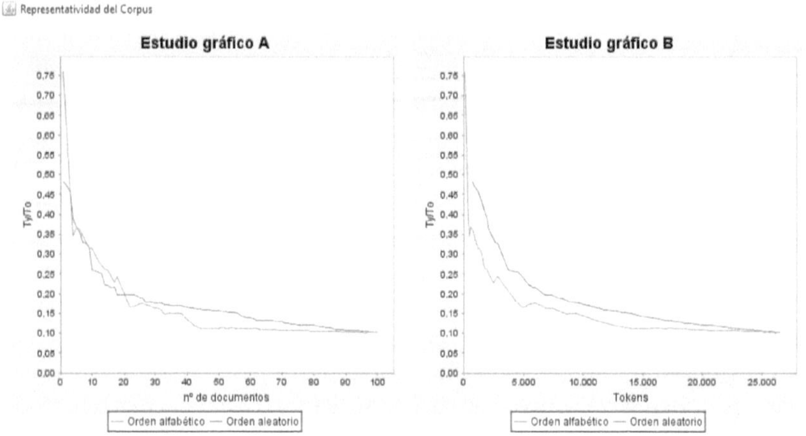

Figura 5. Representatividad cuantitativa del subcorpus en inglés de C-MARMEAT calculada con ReCor

Una vez compilado C-MARMEAT, procedemos a explicar cómo hemos explotado los datos del corpus para obtener la estructura retórica típica en español y en inglés.

4. Metodología de análisis

La metodología que hemos empleado se fundamenta en Ortego Antón (2020). Partimos de la base de que «you determine the code for a chunk of data by careful reading and reflection on its core content and meaning» (Miles *et al.*, 2014: 73). En consecuencia, hemos revisado una muestra de diez fichas de producto en cada una de las lenguas (español e inglés) y hemos diseñado una propuesta de etiquetas basándonos en nuestro conocimiento previo y en la observación de los posibles movimientos y pasos que podrían constituir la estructura retórica de dichos textos en cada lengua. Las etiquetas propuestas, que se corresponden con los posibles movimientos, se emplearán para anotar C-MARMEAT con la ayuda de OpenTagger (Sanjurjo-González y Andaluz-Pinedo, 2021), un etiquetador lingüístico de código abierto en lenguaje de programación JavaScript que permite a los usuarios incluir cualquier tipo de información a los párrafos, oraciones o palabras que componen un texto, como se puede apreciar en la Figura 6.

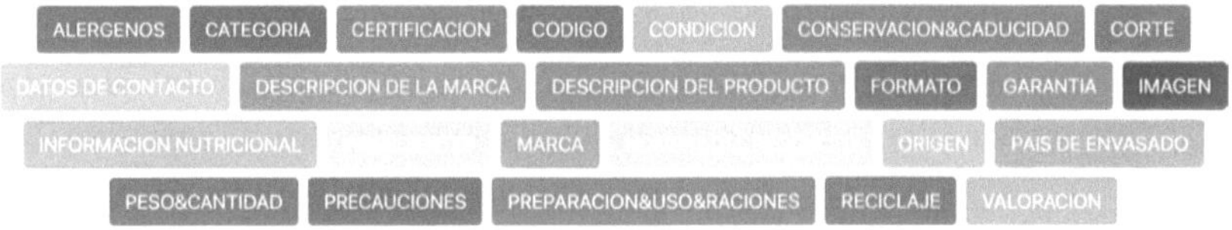

Figura 6. Interfaz de Opentagger[5]

Introducimos las etiquetas y etiquetamos cada uno de los textos de nuestro corpus en español y en inglés. A continuación, los descargamos en HTML, los transformamos a TXT UTF8 empleando la página web OnlineConvertFree.com y con AntConc, el analizador de concordancias gratuito desarrollado por Anthony (2022), realizamos búsquedas por etiquetas de apertura e inicio para comprobar las ocurrencias de cada movimiento en el subcorpus. Dicha búsqueda nos permitirá calcular el porcentaje de movimientos, así como la posición de dicho movimiento en los textos en los que aparece para establecer la estructura retórica y poder contrastar los resultados entre el español y el inglés. El fin último es desarrollar un prototipo de estructura retórica formada por movimientos y pasos en cada una de las lenguas de trabajo.

5. Análisis y resultados

Tras anotar retóricamente los textos que componen C-MARMEAT en español y repetir el proceso con el subcorpus de C-MARMEAT en inglés, registramos los datos en una hoja de cálculo de Microsoft Excel para obtener información estadística concreta para cada etiqueta retórica sobre la relevancia que esta tiene dentro de los subcorpus, el porcentaje de textos en los que aparece y el orden habitual de las etiquetas dentro de cada idioma.

5 https://actres.unileon.es/opentagger/app.html (Consulta: 27/02/2023)

A continuación, se procede a explicar los resultados obtenidos en cada subcorpus.

5.1. El orden de aparición

Antes de mostrar un resumen de los resultados, consideramos que es necesario explicar cómo se ha calculado uno de los elementos de mayor importancia en este proceso: el orden habitual de aparición de las etiquetas retóricas en cada lengua.

Para hallar este orden, se analizaron los textos etiquetados uno a uno y se asignó un número del 1 al 24 a cada etiqueta según su orden de aparición, que se contabilizó en una hoja de Microsoft Excel en la que se distinguían los resultados de los cien textos para cada etiqueta. Una vez que todos los textos habían sido comprobados, se procedió a calcular la media de los resultados obtenidos, entendiendo que cuanto más cerca estuviese el resultado del 1, más común sería encontrar esa etiqueta al principio de los textos del corpus y lo opuesto sucedería según el resultado se aproximase a 24.

No obstante, hay dos particularidades que tener en cuenta. Por un lado, algunas de las etiquetas no tienen representación en todos los textos, en esos casos se les asignaba automáticamente el 24, pues haberles asignado un cero o un carácter no numérico hubiese interferido con los resultados de la media. Por otro lado, algunas de las etiquetas aparecían más de una vez en algunos textos; en estos casos se reflejaron en la tabla todas las posiciones que esta ocupaba en ese texto concreto y se calculó la media.

5.2. Estructura retórica del subcorpus en español

En primer lugar, los resultados del análisis del subcorpus español de C-MARMEAT (ver Tabla 1) muestran que, de las 24 etiquetas originales utilizadas durante la anotación, tan solo hubo tres etiquetas que no se correspondían con las estructuras halladas en los textos (*País de envasado, Precauciones, Reciclaje*).

No obstante, cabe mencionar que en este subcorpus se encontraron dos instancias en las que una etiqueta aparecía registrada una única vez (*Corte, Datos de contacto*), con lo cual no se pueden considerar que representen una estructura común dentro de las fichas descriptivas de producto en español.

Tabla 1. Resultados del análisis de las etiquetas retóricas en el subcorpus en español

Movimientos	**Orden habitual**	**Frecuencia de aparición**	**N.º de ocurrencias**
Nombre del producto	1	100 %	119
Imagen	2	98 %	98
Descripción del producto	3	70 %	95
Categoría	4	47 %	61
Conservación y caducidad	5	43 %	48
Peso y cantidad	6	72 %	78
Formato	7	41 %	47
Ingredientes	8	58 %	58
Alérgenos	9	47 %	54
Preparación, uso y raciones	10	41 %	46
Código	11	27 %	27
Certificación	12	8 %	9
Valoración	13	12 %	14
Información nutricional	14	37 %	38
Marca	15	5 %	6
Condición	16	9 %	9
Origen	17	8 %	9
Descripción de la marca	18	5 %	5
Garantía	19	2 %	2
Datos de contacto	20	1 %	1
Corte	21	1 %	1
País de envasado	-	0 %	0
Precauciones	-	0 %	0
Reciclaje	-	0 %	0

Estos datos ponen de manifiesto que en el sector agroalimentario español se considera esencial incluir el nombre del producto (presente en el 100 % de los textos), así como una imagen del mismo (98 %). Además, la mayoría de las fichas incluyen también indicaciones sobre el peso o la cantidad del producto a vender (72 %) y una descripción del mismo (70 %). Sin embargo, tan solo en el 58 % de los casos se incluían especificaciones sobre los ingredientes utilizados para la elaboración de los productos.

El resto de las etiquetas se vieron representadas en menos de la mitad de los textos, incluyendo casos notables como los alérgenos (47 %), la conservación y caducidad de los productos (43 %) o la preparación, el modo de uso y las raciones incluidas (41 %).

Como se puede observar, el orden típico no refleja necesariamente la frecuencia de aparición de cada etiqueta y, por lo tanto, la relevancia que esta tiene dentro de este género textual. A raíz de esto, se decidió seguir el método propuesto por Ortego Antón (2020: 185) y clasificar todos los movimientos según su frecuencia de acuerdo a una escala (ver Tabla 2), la cual indica qué movimientos se consideran indispensables (5 estrellas) y cuáles son de carácter más optativo (1 estrella). Esta escala se ha integrado en el diseño de la herramienta TorreznoTRAD para indicar al usuario la relevancia de cada movimiento de manera más visual.

Tabla 2. Escala de relevancia de los movimientos según su frecuencia

	Frecuencia de aparición
★★★★★	**81 % - 100 %**
★★★★	**61 % - 80 %**
★★★	**41 % - 60 %**
★★	**21 % - 40 %**
★	**1 % - 20 %**

5.3. Estructura retórica del subcorpus en inglés

En el caso de C-MARMEAT en inglés, todas las etiquetas se corresponden con al menos una de las estructuras halladas en los textos. Sin embargo, tres de ellas solo se vieron representadas una vez (*Condición, Corte, País de envasado*), lo que, al igual que sucedía en español, significa que no se pueden considerar que representen una estructura común dentro de las fichas descriptivas de producto en inglés.

Tabla 3. Resultados del análisis de las etiquetas retóricas en el subcorpus en inglés

Movimientos	**Orden habitual**	**Frecuencia de aparición**	**N.º de ocurrencias**
Nombre del producto	1	96 %	99
Imagen	2	98 %	102
Descripción del producto	3	83 %	102
Peso y cantidad	4	69 %	90
Preparación, uso y raciones	5	79 %	112

Tabla 3. Continúa

Movimientos	Orden habitual	Frecuencia de aparición	N.º de ocurrencias
Conservación y caducidad	6	42 %	82
Ingredientes	7	75 %	76
Información nutricional	8	67 %	81
Alérgenos	9	33 %	37
Categoría	10	33 %	33
Origen	11	36 %	40
Código	12	21 %	21
Valoración	13	17 %	17
Formato	14	15 %	15
Datos de contacto	15	35 %	38
Reciclaje	16	26 %	26
Descripción de la marca	17	10 %	11
Precauciones	18	16 %	21
Certificación	19	3 %	5
Garantía	20	4 %	4
Marca	21	3 %	4
Corte	22	1 %	1
Condición	23	1 %	1
País de envasado	24	1 %	1

Curiosamente, los datos extraídos del etiquetado de este subcorpus mostraron que ninguna de las etiquetas aparecía en el 100 % de los textos. Aun con todo, se sigue considerando que una imagen del producto (que aparece en el 98 % de los textos) y el nombre de este (96 %) son elementos esenciales dentro del género textual. En las fichas en lengua inglesa también es común encontrar una descripción del producto (83 %), información sobre la preparación, el uso y el número de raciones (79 %), el peso o cantidad (69 %), los ingredientes empleados en su elaboración (75 %) y la información nutricional del producto (61 %).

Sin embargo, el resto de las etiquetas aparecen todas en menos de la mitad de los textos, incluyendo cuestiones como la conservación y la caducidad (47 %), los alérgenos (33 %), el reciclaje (26 %) o las precauciones (16 %).

Al igual que sucedía en el subcorpus en español, se observa que el orden más común de aparición de cada etiqueta no se corresponde con la frecuencia de aparición de esta y, por lo tanto, con su relevancia en la cultura meta de los productos. Por ello, se aplicó la misma escala basada en estrellas en función de la frecuencia.

5.4. Comparativa de las estructuras retóricas de ambas lenguas

Las fichas descriptivas de producto en ambas lenguas muestran un orden habitual idéntico si nos centramos en los tres primeros movimientos listados (*Nombre del producto, Imagen y Descripción del producto*). Sin embargo, al tomar en consideración la frecuencia de aparición de estos elementos, se percibe una diferencia considerable. Por un lado, en el subcorpus español solo encontramos dos movimientos que se consideren esenciales y que, por lo tanto, aparezcan en al menos el 81 % de los textos (*Nombre del producto* e *Imagen*), siendo el siguiente más prevalente el movimiento *Peso y cantidad*, el cual solo aparece en el 72 % de los textos, y *Descripción del producto*, que según el orden de aparición habitual es el tercero, pero que en cuestiones de frecuencia quedaría relegado a un cuarto puesto, al aparecer solo en el 70 % de los textos. Por el otro, en el subcorpus en inglés, vemos que *Imagen* y *Nombre del producto* siguen ocupando la cima desde la perspectiva de la frecuencia, pero han invertido sus posiciones y, a diferencia de lo que ocurre en español, el movimiento *Descripción del producto* sí que es considerado esencial, al estar presente en el 83 % de las ocasiones.

Una cuestión interesante hace referencia a que en las fichas descriptivas de producto tanto en inglés como en español el movimiento *Alérgenos* ocupa la novena posición, si bien vemos que se trata de una categoría con una frecuencia de aparición media (47 % en español) o baja (33 % en inglés). También se trata de un movimiento que se da en un contexto distinto dependiendo del subcorpus que se tome como referencia. En el subcorpus en español aparece precedido generalmente por *Ingredientes* y seguido por *Preparación, uso y raciones*; en cambio, en el subcorpus en inglés aparece precedido por *Información nutricional* y seguido de *Categoría*, apareciendo los ingredientes, por norma general, justo antes de la información nutricional.

En relación con este último aspecto llama la atención la diferencia entre el número de textos que incluían los ingredientes y los alérgenos en cada lengua. En español, se observa que los ingredientes aparecen en el 58 % de los textos, pero los alérgenos estaban presentes únicamente en el 47 % del subcorpus, lo que implica que al menos el 18,96 % de los textos que incluían los ingredientes no señalaban explícitamente los posibles alérgenos. Este número aumenta considerablemente al comprobar lo que sucede en el caso del inglés, pues los alérgenos aparecen detallados en solo el 33 % de los textos del subcorpus, mientras que los ingredientes aparecen en el 75 % de ellos, lo que significa que los alérgenos no se explicitan en al menos el 56 % de los textos en los que sí aparecen listados los ingredientes.

Retomando las similitudes, *Valoraciones* también ocupa el mismo lugar en ambas listas y tiene una frecuencia de aparición similar, si bien es ligeramente más común en el subcorpus en inglés (aparece en el 17 % de las ocasiones frente al 12 % de los textos en español).

Además, observamos otros casos en los que los movimientos tienen una frecuencia de aparición similar y ocupan la misma posición en los dos subcorpus, como es el caso de *Conservación y caducidad* que se encuentra en el puesto 5 (español) y 6 (inglés) con una frecuencia del 43 % y del 42 %, respectivamente; *Código* en los puestos 11 y 12 con una frecuencia del 27 % y del 21 %; *Descripción de la marca* en los puestos 18 y 19 con una frecuencia del 5 % y del 10 %; y *Garantía* en los puestos 19 y 20 con una frecuencia del 2 % y del 4 %.

No obstante, también encontramos grandes diferencias, empezando por el hecho de que, como comentábamos anteriormente, mientras que el inglés ha utilizado todas las etiquetas al menos una vez, esto no sucede en español, quedando *País de envasado*, *Precauciones* y *Reciclaje* sin utilizar. También se dan casos en los que un movimiento aparecía, al menos, con seis puestos de diferencia, como sucede con *Categoría* (4 ES, 10 EN), *Formato* (7 ES, 14 EN), *Certificación* (12 ES, 19 EN), *Información nutricional* (14 ES, 7 EN) u *Origen* (17 ES, 11 EN).

Conclusiones

En primer lugar, constatamos que si las empresas cárnicas españolas se limitan a traducir el contenido del español al inglés, por ejemplo, haciendo uso de los sistemas de traducción automática, las fichas descriptivas de torrezno y adobados no funcionarán en el contexto comunicativo anglosajón porque la estructura retórica de este género no es idéntica en ambas lenguas, tal y como ocurre en otros géneros en el par de lenguas inglés-español (Valero-Garcés, 1996: 279; Labrador *et al.*, 2014: 43; Ortego Antón, 2020: 189).

Por otro lado, los patrones retóricos expuestos nos proporcionan, por un lado, la estructura de la herramienta de traducción y asistencia a la redacción de fichas descriptivas de torrezno y adobados basada en el procesamiento del lenguaje natural y, además, ofrecen a los usuarios no nativos patrones retóricos que pueden ayudarles a la hora de redactar y traducir este género del español al inglés. En futuros trabajos deberíamos obtener una aproximación a los patrones lexicogramaticales empleados en cada movimiento en cada una de las lenguas de trabajo y contrastar los resultados.

Para finalizar, con los resultados obtenidos, consideramos necesario sensibilizar y formar a los traductores y redactores en las particularidades que tienen los distintos géneros del sector agroalimentario en las lenguas española e inglesa para lograr que la comunicación especializada en este ámbito sea lo más completa y precisa posible. De hecho, tanto la metodología empleada como los resultados obtenidos tienen capacidad de ser transferidos a la enseñanza de la traducción agroalimentaria, puesto que los estudiantes frecuentemente desconocen la existencia de diferencias retóricas entre lenguas. Asimismo, también son relevantes para los traductores y redactores profesionales, que no siempre son conscientes de las diferencias existentes, de manera que serán sensibles a las variaciones y, por tanto, adaptarán la estructura retórica prototípica a la lengua inglesa durante el trasvase interlingüístico de la información.

Agradecimientos

Este trabajo se ha desarrollado en el marco de los proyectos nacionales de I+D titulados «Lenguajes naturales controlados, comunicación colaborativa y producción textual bilingüe en entornos 3.0.» (PID2020-114064RB-I00), coordinado por la Dra. Noelia Ramón García (Universidad de León), «VIP II» (PID2020-112818GB-I00), coordinado por la Dra. Gloria Corpas Pastor (Universidad de Málaga) y «App para entrenar en posedición de traducción automática neuronal mediante la gamificación en entornos profesionales (GAMETRAPP)» (TED2021-129789B-I00), coordinado por la Dra. Cristina Toledo Báez (Universidad de Málaga). Asimismo, se integra parcialmente en el seno de los proyectos «INMOCOR (Ref. P20_00109)», coordinado por la Dra. Míriam Seghiri (Universidad de Málaga) y «TorreznoTRAD (PROYEMER-2021-28)», coordinado por la Dra. María Teresa Ortego Antón (Universidad de Valladolid).

Referencias bibliográficas

Anthony, L. (2022). *AntConc (Version 4.2.0)* [Computer Software]. Tokyo, Japan: Waseda University. Disponible en https://www.laurenceanthony.net/software (28 de febrero de 2023).

Balbuena Torezano, M.C. (2019). La traducción de textos agroalimentarios (alemán-español): una propuesta didáctica. *Estudios franco-Alemanes*, 11, 23–48.

Bhatia, V. K. (2004). *Words in Written Discourse*. Londres: Continuum.

Biber, D., Connor, U. y T. A. Upton (eds.) (2007). *Discourse on the Move. Using Corpus Analysis to Describe Discourse Structure.* Ámsterdam: John Benjamins. DOI:10.1075/scl.28.

Chesterman, A. (1998). *Contrastive Functional Analysis.* Ámsterdam / Filadelfia: John Benjamins.

Corpas Pastor, G. y Seghiri, M. (2010). Size Matters: A Quantitative Approach to Corpus Representativeness. En R. Rabadán, T. Guzmán y M. Fernández (Eds.), *Lengua, traducción, recepción: en honor de Julio César Santoyo* (p. 111–145). León: Universidad de León, Área de Publicaciones.

Eggins, S. y Martin, J. R. (2000). Géneros y registros del discurso. En T. A. van Dijk (Coord.), *El discurso como estructura y proceso* (pp. 335–372). Barcelona: Gedisa.

Eggins, S. y Martin, J. R. (2003). El contexto como género: una perspectiva lingüística funcional. *Revista Signos*, 36(54), 185–205. DOI: 10.4067/S0718-09342003005400005

Fernández Nistal, P. (2020). Los corpus como herramienta de traducción para los traductores del siglo XXI: el caso del chorizo ibérico de bellota. En S. Álvarez Álvarez y M. T. Ortego Antón (Eds.), *Perfiles estratégicos de traductores e intérpretes. La transmisión de la información experta multilingüe en la sociedad del conocimiento del siglo XXI* (pp. 143–160). Granada: Comares.

García Izquierdo, I. (2002). El género: plataforma de confluencia de nociones fundamentales en didáctica de la traducción. *Discurso, Série Estudos de Tradução*, 2, 13–21.

Heinemann, W. (2000). Textsorten. Zur Diskussion um Basisklassen des Kommunizierens. Rückschau und Ausblick. En K. Adamzik (Ed.), *Textsorten: Reflexionen und Analysen* (pp. 9–29). Tubinga: Stauffenburg.

Labrador, B., Ramón, N., Alaiz-Moretón, H. y Sanjurjo-González, H. (2014). Rhetorical structure and persuasive language in the subgenre of online advertisement. *English for Specific Purposes*, 34, 38–47.

Labrador, B. y Ramón, N. (2020). Building a second-language writing aid for specific purposes: Promotional cheese descriptions. *English for Specific Purposes*, 60, 40–52. DOI: 10.1016/j.esp.2020.03.003.

López Arroyo, B. y Roberts, R. P. (2014). English and Spanish Descriptors in Wine Tasting Terminology. *Terminology* 20(1), 25–49. DOI: 10.1075/term.20.1.02lop.

Lopez Arroyo, B. y Sanz Valdivieso, L. (2022). The phraseology of wine and olive oil tasting notes: A corpus based semantic analysis. *Terminology,* 28(1), 37–64.

MAPA. 2022. *Informe anual de la industria alimentaria española periodo 2021–2022.* https://www.mapa.gob.es/es/alimentacion/temas/industria-agroalimentaria/20220728informeanualindustria2021-20222t22ok_tcm30-87450.pdf (28 de noviembre de 2022).

Martin, J. R. (1997). Analysing genre: Functional parameters. En C. Frances y J. R. Martin (Eds.), *Genre and institutions: Social processes in the workplace and school* (pp. 3–39). Londres / Nueva York: Continuum.

Miles, M. B., Huberman, A. M. y Saldana, J. (2014). *Qualitative data analysis. A Methods Sourcebook.* Thousand Oaks: SAGE.

Moreno-Pérez, L. y López-Arroyo, B. (2021). Atypical corpus-based tools to the rescue: How a writing generator can help translators adapt to the demands of the market. *MonTI,* 13, 251–279.

Ortego-Antón, M. T. (2019). *La terminología del sector agroalimentario (español-inglés) en los estudios contrastivos y de traducción especializada basados en corpus: los embutidos.* Berna: Peter Lang.

Ortego Antón, M. T. (2020). Las fichas descriptivas de embutidos en español y en inglés: un análisis contrastivo de la estructura retórica basado en corpus. *Revista Signos.* 53(102), 170–194.

Ortego Antón, M. T. (2021). E- DriMe: A Spanish- English frame-based e-dictionary about dried meats. *Terminology.* 27(2), 330–357. DOI: 10.1075/term.20013.ort.

Ortego Antón, M. T. (2024a). The design of TorreznoTRAD: the Semiautomatic Spanish-English Writing and Translation Aid Tool. En I. Peñuelas Gil and M. T. Ortego Antón (Eds.), *Interpreting and Translation for Agri-food Professionals in the Global Marketplace.* Berlín: De Gruyter.

Ortego Antón, M. T. (2024b). Metodología para el diseño de un asistente semiautomático de redacción y de traducción de fichas descriptivas de embutidos del español al inglés. *Cadernos de Traduçao,* 44(1), 1–20. DOI: 10.5007/21-75-7968.2024.e94647

Ortego-Antón, M. T. y Fernández Nistal, P. (2020). Estudio contrastivo de la terminología de embutidos en inglés y en español con ParaConc y tlCorpus a partir del corpus paralelo P-GEFEM y del comparable C-GEFEM. En M. Seghiri (Ed.), *El uso de los corpus lingüísticos como herramienta pedagógica para la enseñanza-aprendizaje de lenguas, traducción e interpretación* (pp. 23–48). Berna: Peter Lang.

Peñuelas Gil, I. y Ortego Antón, M. T. (2024). *Interpreting and Translation for Agri-food Professionals in the Global Marketplace.* Berlín: De Gruyter.

Pérez Blanco, M. e Izquierdo, M. (2020). A multi-level contrastive analysis of promotional strategies in specialized discourse. *English for Specific Purposes,* 58, 43–57.

Pérez Blanco, M. e Izquierdo, M. (2021). Developing a corpus-informed tool for Spanish professionals writing specialized texts in English. En J. Lavid-López, C. Maíz-Arévalo & J. R. Zamorano-Mansilla (Eds.), *Corpora in Translation and Contrastive Research in the Digital Age* (pp. 147–173). Ámsterdam/Filadelfia: John Benjamins.

Pérez Blanco, M e Izquierdo, M. (2022). Engaging with customer's emotions: a case study in English-Spanish online food advertising. *Languages in Contrast,* 22(1), 43–76.

Policastro, G. (2017). La taxonomía textual de la industria alimentaria desde una perspectiva traductológica. *Futhark,* 12, 79–89. DOI: https://dx.doi.org.10.12795/futhark.2017.i12.07

Rabadán, R. (2016). Proposals in meeting minutes. An English-Spanish corpus-based study. *Languages in Contrast,* 16(2), 213–238. DOI: 10.1075/lic.16.2.03rab.

Rabadán, R., Pizarro, I. e Sanjurjo-González, H. (2021). Authoring support for Spanish language writers: A genre-restricted case study. *RESLA,* 34(2), 677–717.

Ruiz Romero, M. A. (2020). *Tipología textual y traducción en el ámbito agroalimentario: definición del perfil y ejercicio profesional.* Tesis doctoral. Córdoba: Universidad de Córdoba.

Sanjurjo-González, H. y Andaluz-Pinedo, O. (2021). OpenTagger: A flexible and user-friendly linguistic tagger. En *Proceedings of the 56th Linguistics Colloquium.* Berlín: Peter Lang.

Seghiri, M. (2006). *Compilación de un corpus trilingüe de seguros turísticos (español-inglés-italiano): aspectos de evaluación, catalogación, diseño y representatividad.* Tesis doctoral. Málaga: Universidad de Málaga.

Seghiri, M. (2017). Metodología de elaboración de un glosario bilingüe y bidireccional (inglés-español/español-inglés) basado en corpus para la traducción de manuales de instrucciones de televisores. *Babel. 63*(1), 43–64. DOI: 10.1075/babel.63.1.04seg.

Swales, J. M. (1990/2001). *English in academic and research settings.* Cambridge: Cambridge University Press.

Valero-Garcés, C. (1996). Contrastive ESP rethoric: Metatex in Spanish-English economics texts. *English for Specific Purposes*, 15(4), 279–294.

Melania Cabezas-García

Universidad de Granada

Descripción enriquecida de compuestos nominales en una base de conocimiento terminológica

Resumen: Los compuestos nominales son unidades léxicas que cuentan con un núcleo nominal modificado por uno o varios elementos. Son muy frecuentes en inglés y español, especialmente en el discurso científico-técnico. Su análisis reviste una especial complejidad debido a diferentes factores. Sin embargo, los recursos terminológicos por lo general no facilitan esta tarea, ya que su descripción de los compuestos suele ser superficial y poco sistemática. En este capítulo se presenta una propuesta de representación de los términos compuestos en EcoLexicon, una base de conocimiento terminológica multilingüe sobre el medio ambiente, destinada principalmente a traductores y terminólogos. Nuestro objetivo es diseñar la interfaz de usuario del módulo de compuestos, que incluye diferentes vistas y con la que pretendemos proporcionar una mayor visualización y gestión de los compuestos nominales en EcoLexicon. Esta propuesta, que está en proceso de implementación, se integrará en una nueva sección de EcoLexicon destinada a la fraseología medioambiental que incluirá colocaciones verbales y términos compuestos. Para ilustrar este estudio, empleamos compuestos en inglés y español relacionados con la energía eólica. Este diseño facilita la adquisición de conocimiento, que resulta fundamental en la traducción especializada.

Palabras clave: compuesto, recurso terminológico, terminología, traducción

Abstract: Noun compounds are lexical units in which a nominal head is complemented by one or several modifiers. They are very frequent in English and Spanish, and they are especially found in scientific and technical discourse. However, noun compound analysis is an extremely complex linguistic task. Unfortunately, terminological resources, which are supposed to assist in this task, usually describe compounds in an unsystematic and superficial way. This paper describes a proposal for noun compound representation in EcoLexicon, a multilingual terminological knowledge base on environmental science, which is consulted by translators and terminologists, among other users. Our goal was the design of the user interface of the noun compound module, which encompasses different views and provides a better visualization and management of the noun compounds in EcoLexicon. This proposal, which is in the process of implementation, will be part of a new section of EcoLexicon dedicated to environmental phraseology, which will include verb collocations and noun compounds. To this end, we used English and Spanish compounds related to wind power. This design enhances knowledge acquisition, which is essential in specialized translation.

Keywords: compound, terminological resource, terminology, translation

1. Introducción

Los compuestos nominales (CN) son unidades léxicas que cuentan con un núcleo nominal modificado por uno o varios elementos, p. ej. *panel solar fotovoltaico*. Son muy frecuentes en inglés y español, especialmente en el discurso científico-técnico (Lorente Casafont *et al.* 2017). Su análisis reviste una especial complejidad debido a diferentes factores. En primer lugar, es necesario identificar la secuencia que compone el CN, algo que puede complicarse por el diferente número de formantes que pueden tener los CN, que además pueden incluir palabras de la lengua general. Seguidamente, se debe desambiguar la estructura interna del término y acceder a su contenido semántico, una labor que a menudo resulta compleja debido a la especialización de los formantes, su frecuente omisión y la existencia de relaciones semánticas internas que no siempre resultan fácilmente perceptibles. Por último, se deberán identificar los equivalentes en la lengua meta, que rara vez reproducen la misma estructura y elementos del término original, y discriminar entre las posibles variantes. Sin embargo, los recursos terminológicos por lo general no facilitan estas tareas, ya que su descripción de los CN suele ser superficial y poco sistemática.

En este capítulo se presenta una propuesta de representación de los CN en EcoLexicon (http://ecolexicon.ugr.es/), una base de conocimiento terminológica multilingüe sobre el medioambiente, destinada principalmente a traductores y terminólogos. Con esta novedad pretendemos proporcionar una mayor visualización y gestión de los CN en esta base de conocimiento. Esta propuesta, que está en proceso de implementación, se integrará en una nueva sección de EcoLexicon destinada a la fraseología medioambiental, que incluirá colocaciones verbales y términos compuestos. Para ilustrar este estudio, que se centra en el diseño de la interfaz de usuario, empleamos CN en inglés y español relacionados con la energía eólica, aunque el planteamiento puede aplicarse a otras lenguas presentes en EcoLexicon (alemán, árabe, francés, griego y ruso). Realizamos la extracción y el análisis de los términos en un corpus comparable sobre energía eólica en inglés y español, que analizamos en Sketch Engine.

Asimismo, el diseño de la visualización del módulo implicó decidir el lugar donde se presentará cada tipo de dato (p. ej. los relacionados con la formación de los CN, sus equivalentes, o su descripción morfosintáctica, semántica y pragmática), así como las diferentes vistas a las que tendrán acceso los usuarios, en línea con las corrientes más actuales en terminografía. En definitiva, esta propuesta facilita la adquisición de conocimiento, que resulta fundamental en la traducción especializada.

A continuación, en la Sección 2 nos centramos en la descripción de los compuestos en recursos lingüísticos. En la Sección 3 comentamos los materiales y métodos del estudio. Seguidamente, en la Sección 4 describimos la visualización del módulo de CN y, por último, presentamos las conclusiones del trabajo.

2. Descripción de compuestos en recursos lingüísticos

Los términos compuestos son un tipo de unidad fraseológica especializada (Meyer y Mackintosh 1996) que se caracteriza, entre otros aspectos, por sus dificultades de comprensión y traducción. Los recursos terminológicos deberían facilitar la gestión de estos términos. Sin embargo, la representación de las unidades fraseológicas suele ser el centro de debates debido a los criterios de selección, su ubicación en los recursos lingüísticos y el tratamiento microestructural que deben recibir, y que desembocan en el tratamiento heterogéneo que reciben las unidades fraseológicas en general y los términos compuestos en particular (Montero Martínez y Buendía Castro, 2012).

Por un lado, el lugar más conveniente para las unidades fraseológicas en los recursos lingüísticos siempre ha sido objeto de debate. Tradicionalmente, todo tipo de unidades fraseológicas se han venido agrupando como sublemas de otra entrada principal, ya que de este modo se consigue ahorrar espacio en los recursos en papel. No obstante, muchas herramientas, sobre todo digitales, conceden entradas propias a estas unidades (p. ej. EcoLexicon, Diccionario de Términos Médicos o DiCoEnviro). En este sentido, autores como Louw (2006) abogan por un tratamiento diferente en función del tipo de unidad fraseológica del que se trate. En cualquier caso, el soporte del recurso (impreso o electrónico) facilitará un tratamiento u otro.

Cuando se decide incluir las unidades fraseológicas como sublemas, surge otra cuestión: en la entrada de cuál de sus formantes deben incluirse. Por una parte, Béjoint (1981) defiende su inclusión en la entrada del núcleo cuando se trata de CN (p. ej. *wind farm* se incluiría como sublema de *farm*). Otros autores (Louw, 2006; Lew, 2012) prefieren ubicar las unidades fraseológicas bajo la primera palabra con contenido semántico (p. ej. *wind farm* se incluiría en este caso como sublema de *wind*). Según Levi (1978), estas opciones quedarían incompletas al 50 %, ya que solo se encontraría la unidad fraseológica en la entrada de uno de sus componentes. Por ello, Lew (2012) aboga por el uso de referencias cruzadas en las entradas de ambas partes. No obstante, debido a la limitación de espacio en los recursos en papel, recomienda que la información se desarrolle solo en la entrada de la primera palabra con contenido semántico.

Dado que el papel presenta otras desventajas, como el tiempo que requieren las búsquedas o la dificultad de actualización de la información, los recursos electrónicos son cada vez más habituales. Estos presentan diferentes ventajas, como el acceso más rápido y sencillo a la información, la mayor capacidad de almacenamiento (y, por tanto, menores restricciones de espacio), la facilidad de actualización de los datos y, principalmente, las diferentes puertas de acceso a la información (Kübler y Pecman, 2012; Lorente Casafont *et al.*, 2017).

Estas diferentes búsquedas incluyen el acceso a la información por medio del significado. Por ejemplo, el DELAC Dictionary of Serbian Compounds (Krstev *et al.*, 2006) permite buscar compuestos según sus categorías semánticas (p. ej. si buscamos la categoría +Zool, obtendremos los compuestos en serbio que designan un animal). Otro buen ejemplo lo constituye el Pattern Dictionary of English Verbs (Hanks y Pustejovsky, 1995), donde podemos buscar una lista de categorías semánticas y obtener los verbos con los que coocurren y viceversa (p. ej. la categoría COLOUR muestra verbos como *shade*, *paint* o *dye*).

Otro aspecto controvertido de las unidades fraseológicas está relacionado con su tratamiento microestructural. Ya Levi (1978) indicaba que la información que ofrecen muchos diccionarios es inconsistente, redundante, incompleta y/o incorrecta. Un ejemplo de ello se puede encontrar en una de las prácticas más habituales en la representación de unidades fraseológicas: su enumeración en listas, muchas veces omitiendo parte de sus formantes y prescindiendo de información adicional de tipo semántico o lingüístico (Levi, 1978). Es por ello que coincidimos con Louw (2006) en que debería incluirse siempre un mínimo de información adicional, principalmente de tipo semántico. En los recursos especializados, esta información (por ejemplo, a modo de definiciones o relaciones semánticas) resulta de gran importancia, ya que muchos de sus usuarios son terminólogos, traductores, etc. que necesitan documentarse. Teniendo en cuenta a estos usuarios mayoritarios, estas herramientas también deberían incluir información lingüística, como la sintaxis, las combinaciones de palabras o la variación, que debería complementarse con información relativa a su uso. Sin embargo, ni la combinatoria ni la variación suelen formar parte de las entradas (León-Araúz *et al.*, 2020).

Cuando el recurso esté dirigido a usuarios que manejen una segunda lengua, será fundamental incluir la equivalencia de las unidades fraseológicas en la lengua meta. Además, el contexto y las notas de uso pueden resultar de gran utilidad tanto en la comprensión como en la producción lingüística. Finalmente, los recursos también pueden enriquecerse mediante la inclusión de imágenes, que facilitan la representación y adquisición del conocimiento (Reimerink *et al.*, 2016).

Estas tendencias generales se desprenden de la representación de distintos tipos de unidades fraseológicas de la lengua general, ya que es en esta línea donde se han realizado la mayoría de los estudios. Por lo que respecta a las unidades fraseológicas especializadas, su representación se ha abordado más desde la Lexicografía Computacional que desde la Terminología (Tercedor Sánchez, 1999), lo que ha dado lugar a simples recopilaciones de datos, términos y cifras sin estructuración conceptual subyacente (Montero Martínez, 2002). Solo recientemente se están concibiendo las unidades fraseológicas como merecedoras de espacios propios en los recursos terminológicos y no como meros elementos contextuales (San Martín *et al.*, 2017).

En este sentido, Cabezas-García (2020) analiza la representación de términos compuestos en herramientas especializadas y confirma que esta sigue las tendencias habituales de las unidades fraseológicas. Así, los términos compuestos se plasman de manera muy heterogénea en los recursos terminológicos. En líneas generales, cuentan con entradas propias cuando se trata de herramientas digitales, mientras que, en el caso de los recursos impresos, reciben un tratamiento desigual: en ocasiones se presentan como sublemas (siguiendo la tradición de los diccionarios impresos), mientras que en otros casos disponen de entrada propia. El orden alfabético es habitual, si bien los recursos digitales empiezan a ofrecer diferentes puertas de acceso al contenido. La información que se facilita suele ser la definición o el equivalente (en el caso de recursos bilingües), además de sinónimos y breves notas de uso, en algunos casos. En muy pocas ocasiones se explicita la relación existente con otros términos y conceptos, lo que sería de gran utilidad para la adquisición de conocimiento.

3. Materiales y métodos

En la base de conocimiento terminológica EcoLexicon (http://ecolexicon.ugr.es/) se describen conceptos y términos sobre el medio ambiente en inglés, español, alemán, francés, ruso, árabe y griego. Durante las labores terminológicas de desarrollo de EcoLexicon, hemos sido conscientes de la relevancia de la fraseología especializada y hemos iniciado un proceso de mejora de la base de conocimiento que ha implicado el desarrollo de una nueva sección destinada a la fraseología medioambiental (aún en proceso de implementación) que incluirá colocaciones verbales y CN. En este capítulo nos centramos en el módulo de CN, un área de trabajo dedicada a estas unidades con el fin de facilitar su gestión y visualización.

Para ilustrar el diseño del módulo nos centramos en el dominio de la energía eólica y empleamos un corpus de textos en inglés sobre este campo, formado por 3 619 300 *tokens*. El corpus estaba compuesto de textos especializados (informes, libros y artículos de investigación), extraídos de revistas, libros y sitios web específicos de este dominio temático. Utilizamos la herramienta Sketch Engine (https://www.sketchengine.eu/; Kilgarriff *et al.* 2014) para extraer y analizar los términos, así como la información que estará presente en el módulo de CN.

De este modo, extrajimos un conjunto de CN en inglés, formados por cualquier número y tipo de formantes. Para ello, empleamos la siguiente consulta en Corpus Query Language: [tag ="N.*|JJ.*|RB.*|VVN.*|VVG.*"]{1,}[lemma ="generator"][tag!= "N.*|JJ.*"]. Con esta consulta se busca el lema *generator* ([lemma ="generator"]), que puede ir precedido de sustantivos, adjetivos, adverbios, participios pasados o participios presentes que aparezcan una o más veces [tag ="N.*|JJ.*|RB.*|VVN.*| VVG.*"]{1,} y que no puede ir seguido de sustantivos ni adjetivos ([tag!="N.*|JJ.*"]), para evitar que el CN extraído forme parte de una secuencia mayor. Así, obtuvimos CN como *synchronous generator* o *doubly fed induction generator.*

Posteriormente identificamos los equivalentes de los CN en español mediante consultas de tipo conceptual y contextual (Cabezas-García y León-Araúz, 2021). Realizamos estas búsquedas en un corpus comparable en español (3 618 296 *tokens*), formado por textos sobre energía eólica escritos originalmente en esta lengua. El corpus estaba compuesto de textos especializados (informes, libros y artículos de investigación), extraídos de revistas, libros y sitios web específicos de este dominio temático. El módulo que presentamos se compone tanto de información recabada mediante el análisis de corpus (p. ej. variantes, equivalentes, ejemplos de uso) como de otra obtenida de la base de conocimiento EcoLexicon (p. ej. definiciones, categorías y roles semánticos).

4. Módulo de compuestos de EcoLexicon

Con vistas a mejorar la representación de términos compuestos, diseñamos un módulo específico para estas unidades en EcoLexicon, cuya visualización presentamos a continuación. Este módulo, que se encuentra en proceso de implementación en EcoLexicon, plasma los aspectos de mayor interés de estas unidades para los usuarios de una base de conocimiento terminológica multilingüe como es EcoLexicon. Estos son (i) la productividad en la formación de CN, (ii) su traducción, (iii) su morfosintaxis y (iv) su semántica. En estas vertientes se basan las cuatro vistas del módulo de compuestos, además de la vista resumen, y por tanto, la información que debe consignarse en la plantilla de introducción de datos, que no presentamos en este capítulo por razones de espacio. Siguiendo las nuevas tendencias en lexicografía y terminografía, diseñamos distintas vistas para ofrecer diferentes puntos de acceso a la información y satisfacer los intereses variados de los usuarios de EcoLexicon, que van desde traductores e intérpretes profesionales hasta estudiantes de traducción, terminólogos, redactores técnicos o especialistas del medio ambiente.

En la parte superior de la interfaz se presentan cinco pestañas, que dan acceso a las diferentes vistas del módulo: (i) *CN formation* (Sección 4.1), (ii) *Equivalents* (Sección 4.2), (iii) *Morphosyntactic combinations* (Sección 4.3), (iv) *Semantic combinations* (Sección 4.4) y (v) *Summary* (Sección 4.5).

4.1. Vista *CN formation*

Esta vista muestra la formación de CN a partir de uno o varios términos. Como en cada vista, el usuario podrá elegir entre realizar una búsqueda simple o avanzada, haciendo clic en la opción que le interese. Si selecciona la búsqueda simple, se mostrará un cajetín de texto libre en el que podrá introducir uno o varios términos en cualquiera de los idiomas (por el momento, inglés y español), p. ej. *generator*. Esta búsqueda arrojará todos los CN que incluyen *generator* entre sus formantes (p. ej. *wind turbine generator*, *generator power*).

Por su parte, la búsqueda avanzada presenta dos cajetines, que en adelante denominaremos burbujas: una de texto libre en la que podremos introducir uno o varios términos y otra denominada *Any term(s)*. Ambas podrán añadirse tantas veces como se desee, pulsando en el botón +, además de arrastrarse y colocarse en el lugar que se prefiera, diseñándose así una consulta a medida. Así, por ejemplo, podremos centrarnos en obtener los CN cuyo núcleo es *generator* (Figura 1).

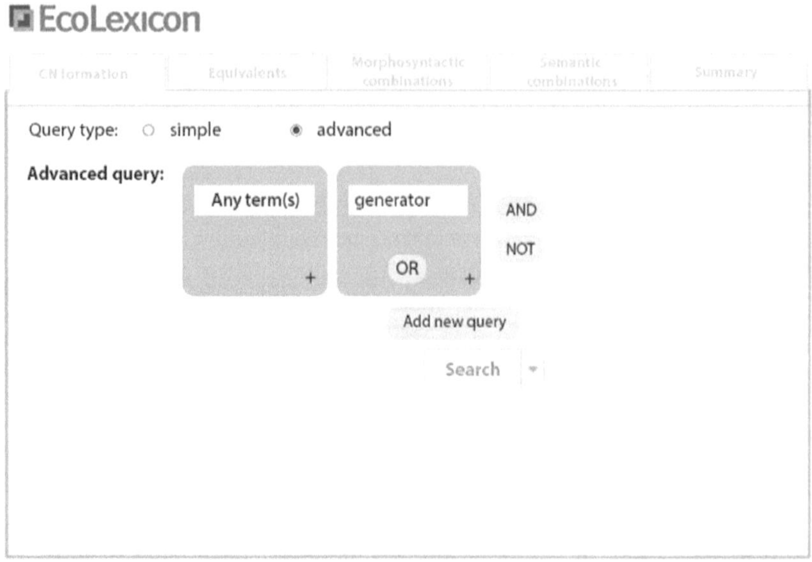

Figura 1. Interfaz de búsqueda avanzada de la vista CN formation

También es posible indicar diferentes posiciones (p. ej. los CN en los que *generator* interviene como núcleo —*wind turbine generator*— y también como modificador —*generator power*—). Para ello, se debe hacer clic en el botón *Add new query*, que desplegará una nueva línea de búsqueda con las dos burbujas. Como se aprecia también en la Figura 1, podremos combinar nuestra búsqueda con datos de tipo lógico (OR, AND, NOT).

El usuario recibe una lista de los CN que se forman con el término introducido como núcleo o modificador, si ha utilizado una búsqueda simple, o en una determinada posición, si ha empleado una búsqueda avanzada (Figura 2). En todos los casos, estos CN se muestran junto con sus variantes denominativas y su definición. En primer lugar, se presentan los conceptos designados por CN que contienen el término como núcleo (*Generator as a CN head*). Estos aparecen ordenados por dimensiones (p. ej. CN formados según el tipo de rotor o según el tipo de conexión a la red, en la Figura 2). A continuación, se muestran los conceptos denominados por CN que incluyen el término entre sus modificadores (*Generator as a CN modifier*). En este caso se da un orden alfabético. Bajo cada concepto se presentan sus hipónimos, siempre que cumplan con la consulta realizada.

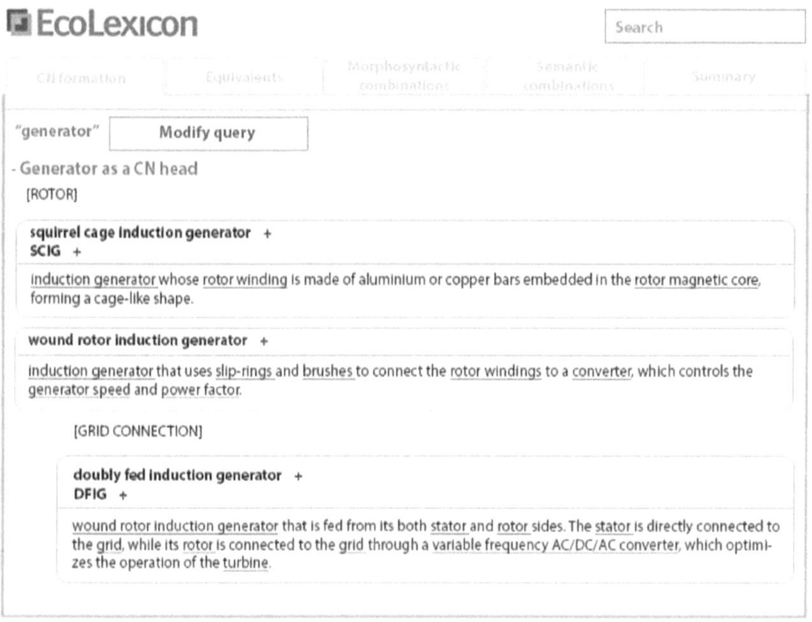

Figura 2. Fragmento de la información de generator en la vista CN formation

Como se aprecia en la Figura 2, las dimensiones (p. ej. ROTOR y GRID CONNECTION) preceden a los conceptos, cuyos hipónimos se presentan sangrados (*doubly fed induction generator* es hipónimo de *wound rotor induction generator*). Dentro de cada concepto se indica en primer lugar el término principal, que ha sido consignado como tal en el formulario de introducción de términos en EcoLexicon. A continuación, le siguen sus variantes denominativas. En la definición se señalan con hipervínculos los términos incluidos en EcoLexicon, que despliegan una ventana flotante con la definición de cada término, además de que facilitan un acceso rápido a sus entradas.

Junto a cada CN podemos hacer clic en el signo "+" para acceder a sus opciones secundarias, que permiten ampliar la información. Estas opciones secundarias varían ligeramente en cada vista. En este caso, las opciones que se presentan son (i) *internal semantic relation* (*direct drive generator* > direct drive *attribute_of* generator), (ii) *usage examples*, (iii) *verb collocations* (*voltage fluctuation* > voltage *fluctuates*), (iv) *notes* y (v) *concept entry in EcoLexicon*, donde se incluye más información, como la red conceptual o imágenes. Se trata de opciones a las que se puede acceder en cada término, ya que podrá haber información que no se introduzca a nivel conceptual, sino que pertenezca a cada variante, como puede ser la relación semántica interna.

En definitiva, la vista *CN formation* se centra en el papel de los CN como uno de los principales mecanismos de formación de términos. Así, permite analizar el potencial de formación de CN de un término, así como las variantes denominativas de los CN y las distintas dimensiones que estas pueden evocar, adquiriéndose así una perspectiva diferente sobre parte del sistema conceptual.

4.2. Vista *Equivalents*

Esta vista muestra las variantes de los CN en inglés y español. No obstante, iremos ampliándola progresivamente para incorporar el resto de lenguas incluidas en EcoLexicon. Al igual que en la vista anterior, en la búsqueda simple se nos presenta un cajetín de texto libre en el que podremos introducir nuestra consulta en cualquiera de los idiomas, p. ej. *generator*. Esta consulta detectará todos los CN que contienen *generator* en cualquiera de sus formantes.

También es posible realizar una búsqueda avanzada que presenta las mismas características que la vista *CN formation*, así como combinar nuestra consulta con datos de tipo lógico. En la Figura 3 se muestra un ejemplo de la información específica que se ofrece en esta vista.

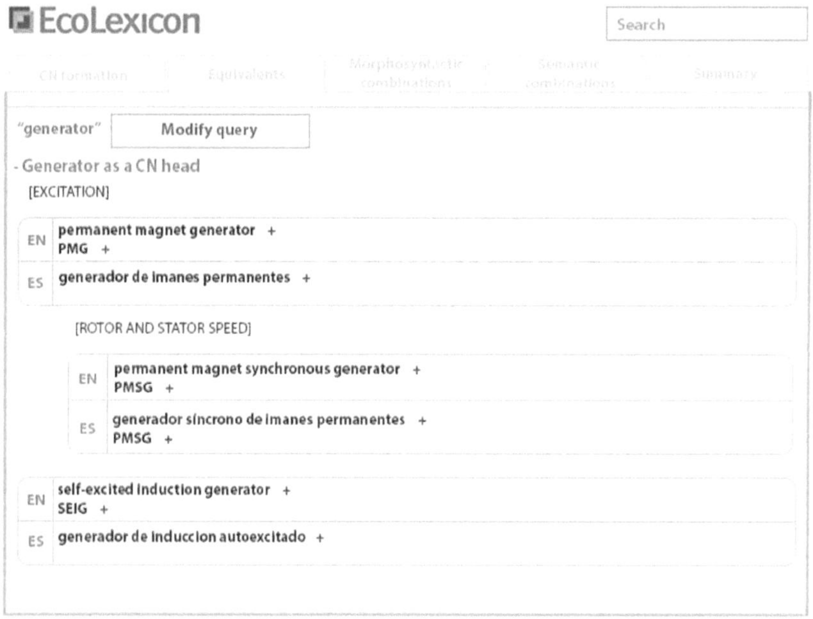

Figura 3. Fragmento de la información de generator en la vista Equivalents

Se presentan, en primer lugar, los CN que resultan de la búsqueda en lengua origen junto con sus variantes denominativas (EN) y, seguidamente, sus equivalentes en la lengua meta (ES). El primer término que figura en cada caso es el término principal, que habremos consignado como tal (*término principal*) al introducirlo en la base de datos. Junto con cada término, se incluye el signo +. Este muestra las opciones secundarias, que en esta vista coinciden con las de la vista *CN formation*. La única incorporación entre estas opciones secundarias es la de *definition*, que en la vista *CN formation* se mostraba como elemento principal de la interfaz, mientras que esta vista se centra principalmente en los equivalentes interlingüísticos.

En resumen, la vista *Equivalents* se concibe con el objetivo de explorar la formación de términos compuestos desde una perspectiva interlingüística, que reviste un interés indudable si se desea difundir el conocimiento en distintas lenguas. Para ello, la comparación de términos compuestos formados a partir del mismo elemento, así como la observación de sus variantes denominativas y las dimensiones activadas, pueden ofrecer una nueva óptica de cara a la comunicación interlingüística.

4.3. Vista *Morphosyntactic combinations*

Esta vista muestra la formación de los CN desde un punto de vista morfosintáctico. La búsqueda simple presenta los mismos elementos que en las vistas anteriores. El resultado que obtendremos recogerá todos los CN que se forman con la secuencia introducida, junto a su información morfosintáctica, como veremos a continuación.

La búsqueda avanzada, por su parte, se estructura en torno a dos elementos de consulta, que se presentan en sendas burbujas y favorecen la realización de búsquedas basadas en la morfosintaxis de los términos: una burbuja de texto libre y otra denominada *Part of speech*. La burbuja de texto libre permite introducir uno o varios términos, mientras que la burbuja *Part of speech* despliega una lista de selección con las categorías gramaticales que pueden seleccionarse, que son aquellas que pueden intervenir como elementos de un CN: nombre común, nombre propio, adjetivo, adverbio, preposición, artículo, participio pasado y participio presente.

Ambas burbujas pueden añadirse cuantas veces se desee y colocarse en el lugar que interese. Además, las burbujas pueden desempeñar una función neutra, esto es, pueden actuar como cualquier término y cualquier categoría gramatical si no introducimos ningún término ni seleccionamos ninguna categoría de la lista. Asimismo, podemos hacer uso de los datos de tipo lógico para indicar condiciones adicionales a la consulta. En la Figura 4 se ejemplifica una posible consulta avanzada, en la que buscamos CN en inglés formados por un adjetivo, un nombre común y el núcleo *turbine*. Obtendríamos, por tanto, CN como *offshore wind turbine*.

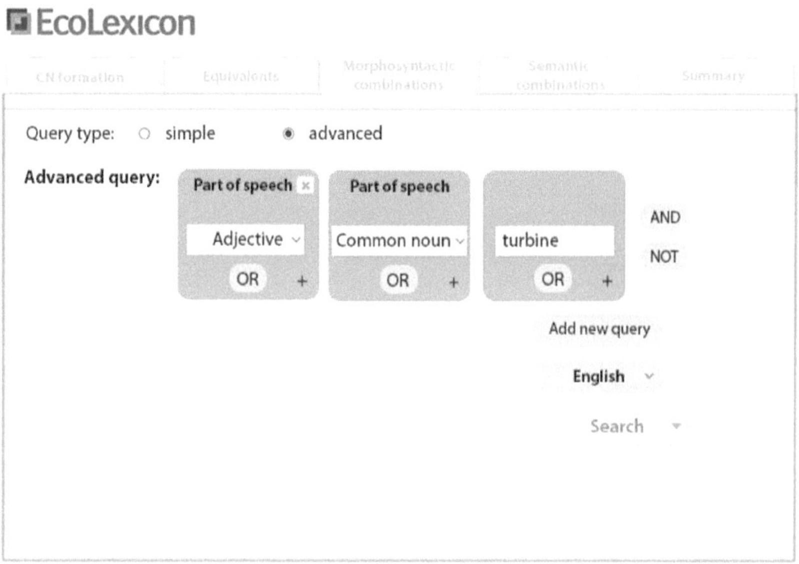

Figura 4. Interfaz de búsqueda avanzada de la vista Morphosyntactic combinations

Al restringir los resultados, se muestran aquellos CN que cumplen las condiciones, en el habitual orden de núcleo y modificador. Tras elegir la lengua en la que desea realizarse la consulta, se obtienen los resultados (Figura 5).

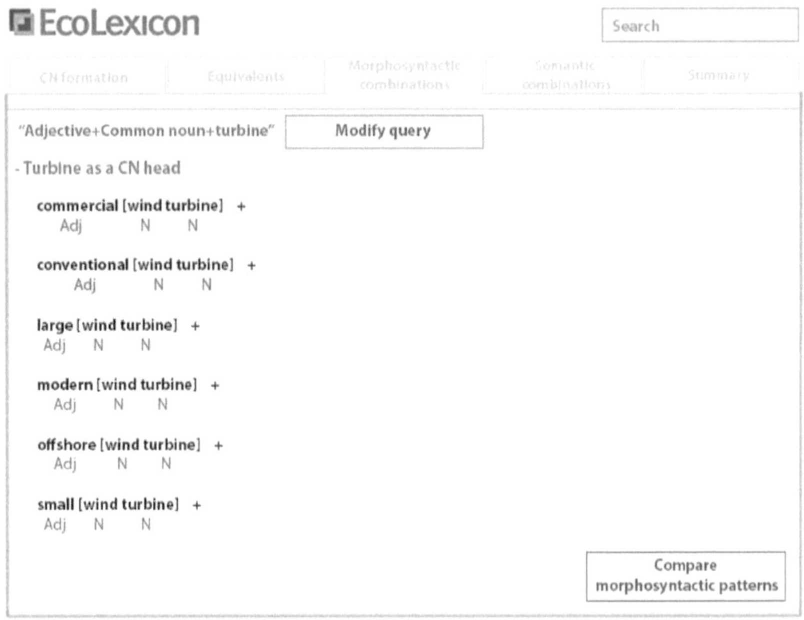

Figura 5. Fragmento de la consulta Adjective + Common noun + turbine en la vista Morphosyntactic combinations

En esta vista se presentan los CN anotados con la categoría gramatical de sus formantes y la indicación de las dependencias que se dan dentro del CN, mediante el uso de corchetes. De nuevo, los resultados se organizan según el núcleo o el modificador, cuando se ha introducido un término de consulta. En esta vista morfosintáctica, los CN no se organizan por dimensiones, las variantes no se agrupan en conceptos y, por tanto, los hipónimos no se agrupan bajo sus hiperónimos, pues se trata de información de carácter semántico que no concuerda con los datos proporcionados en esta vista. Así, esta interfaz se centra en la anotación morfosintáctica a nivel de término. Junto a cada CN se podrá acceder a sus opciones secundarias (signo +), que coinciden con las de la vista *Equivalents*. Hemos descartado la opción que permitía consultar la relación semántica interna, pues ese dato semántico no resulta relevante en esta vista.

Una incorporación de esta vista es el botón *Compare morphosyntactic patterns* que se muestra en la parte inferior derecha de la interfaz. Este botón nos permitirá comparar el patrón morfosintáctico que hayamos introducido en inglés con el de su equivalente principal en español. Es decir, se mostrarán los mismos resultados que responden a nuestros criterios de búsqueda, acompañados de sus variantes principales en la otra lengua. Estas estarán anotadas con la categoría gramatical de cada formante, de forma que se pueden comparar los patrones morfosintácticos de formación de términos en ambas lenguas. Por ejemplo, wind_{N} power_{N} fluctuation_{N} > fluctuación_{N} de_{PREP} la_{ART} potencia_{N} eólica_{ADJ}.

En definitiva, la vista *Morphosyntactic combinations* permite ahondar en la morfología de la formación de CN, así como realizar búsquedas específicas basadas en las categorías gramaticales o comparar este tipo de información en varias lenguas. Por tanto, puede resultar de utilidad para diferentes análisis gramaticales.

4.4. Vista *Semantic combinations*

Esta vista se centra en la formación de CN desde una perspectiva semántica. La búsqueda simple también se realiza mediante un cajetín de texto libre en el que se pueden insertar uno o varios términos en cualquier idioma. Se mostrarán los CN que se forman con el término o términos introducidos, junto a su anotación semántica, como detallaremos a continuación. La búsqueda avanzada, por su parte, se organiza en torno a cuatro elementos de consulta, que permiten la realización de búsquedas según la semántica de los términos. Estos elementos se muestran en cuatro burbujas, que podrán duplicarse y colocarse en la posición que se desee.

Por una parte, se proporciona una burbuja de texto libre en la que podemos introducir uno o varios términos. Además, se presenta la burbuja *Semantic relation*, que despliega una lista de selección con las relaciones recogidas en el sistema. Estas se presentan en una única dirección, ya que buscamos la simplificación (p. ej. *causes* pero no *caused_by*), por tanto, el orden en el que se coloquen las burbujas determinará los resultados que obtengamos. Las burbujas *Semantic category* y *Semantic role* despliegan una lista de selección con los inventarios de categorías y roles semánticos, respectivamente, empleados en EcoLexicon. Si el usuario desea indicar un valor neutro de estas burbujas (cualquier término, o cualquier relación, categoría o rol semántico), bastará con no introducir ni elegir ningún valor en la burbuja en cuestión.

A diferencia de las vistas anteriores, donde todas las burbujas eran necesarias para obtener resultados, en este caso puede que el usuario solo desee utilizar algunas de las burbujas que se proponen (p. ej. un término + una categoría semántica). Para ello, todas las burbujas presentan el símbolo X, que permite eliminar aquellas que no interesen en la consulta. Además, podemos emplear datos de tipo lógico y, al igual que en la vista *Morphosyntactic combinations*, debemos indicar la lengua de consulta. En la Figura 6 se muestra la interfaz de búsqueda avanzada de la vista *Semantic combinations* con las diferentes burbujas.

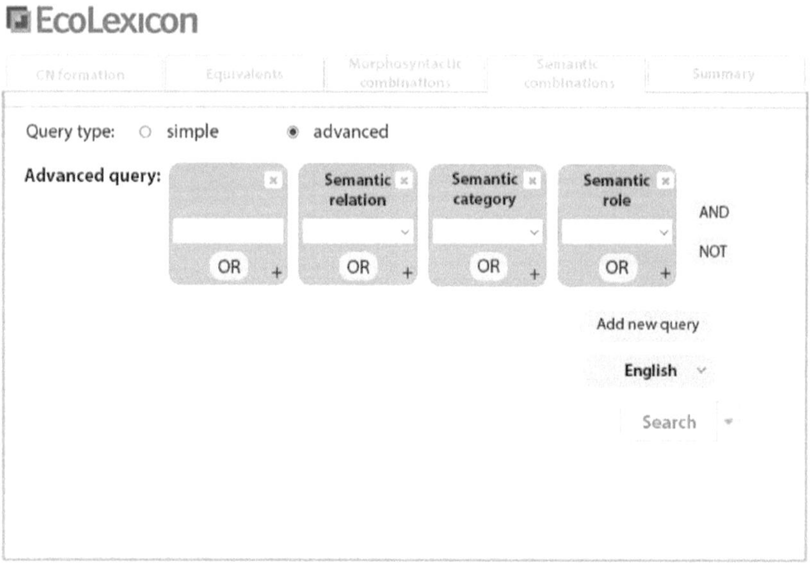

Figura 6. Interfaz de búsqueda avanzada de la vista Semantic combinations

La Figura 7 muestra un ejemplo de los resultados que obtenemos en la vista *Semantic combinations*, en concreto al buscar las categorías semánticas MAGNITUDE (ATTRIBUTE) + CHANGE (PROCESS).

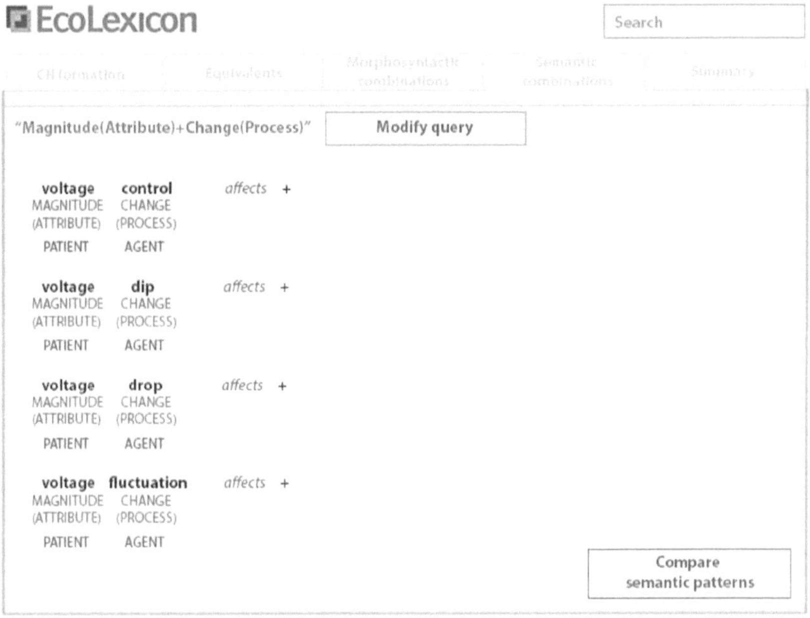

Figura 7. Fragmento de la consulta avanzada Magnitude (Attribute) + Change (Process) en la vista Semantic combinations

En los CN resultantes de la búsqueda se indica su estructura interna mediante corchetes, cuando estos tienen más de dos formantes, así como la categoría y el rol semántico de los elementos del CN o de los grupos presentes en la estructura del CN, en su caso. Por ejemplo, en *voltage control* observamos que *voltage* pertenece a la categoría de MAGNITUDE (ATTRIBUTE) y *control* a la de CHANGE (PROCESS). En esta combinación, *control* desempeña el rol de AGENT, pues incide sobre *voltage* (PATIENT). Junto a cada CN, se muestra también su relación semántica interna, con la dirección adecuada partiendo desde el núcleo hacia el modificador (p. ej. en *voltage control,* control *affects* voltage).

Si hemos introducido algún término en la burbuja de texto libre, los CN se organizarán según los que presenten esta secuencia como núcleo o como modificador. En ese caso, los CN que cuenten con ese núcleo se organizarán en dimensiones, mientras que los que incluyan el término entre sus modificadores se ordenarán alfabéticamente. En esta vista, como sucede con las combinaciones morfosintácticas, las variantes no se agrupan en conceptos, ya que lo que interesa es la caracterización semántica de cada CN. Por tanto, los hipónimos no aparecen sangrados bajo su hiperónimo.

El símbolo + da acceso a las opciones secundarias: (i) *definition*, (ii) *additional semantic information*, (iii) *usage examples*, (iv) *verb collocations*, (v) *notes* y (vi) *concept entry in EcoLexicon*. A diferencia de las vistas anteriores, el acceso a la relación semántica no se proporciona como opción secundaria, ya que forma parte de la información principal de esta vista. Además, se ofrece la opción *additional semantic information*, que muestra la categoría semántica del concepto y de los formantes del CN, además de todas las relaciones internas, tanto la primaria como la que figura entre los elementos de las agrupaciones presentes dentro del CN (en aquellos que cuentan con más de dos formantes).

Por último, al igual que en la vista *Morphosyntactic combinations*, se muestra el botón *Compare semantic patterns*. Esta opción parte de la lista de CN obtenidos a través de nuestra consulta para mostrar su variante principal en la otra lengua, provista de su anotación semántica. En el siguiente ejemplo observamos cómo *small* se traduce por *de baja potencia*, pero expresan un contenido semántico diferente (SIZE y MAGNITUDE, respectivamente): $\text{small}_{\text{SIZE (ATTRIBUTE)}}$ $[\text{wind turbine}]_{\text{TRANSFORMING INSTRUMENT (ENTITY)}}$ > $\text{aerogenerador}_{\text{TRANSFORMING INSTRUMENT (ENTITY)}}$ de $[\text{baja potencia}]_{\text{MAGNITUDE (ATTRIBUTE)}}$.

En resumen, planteamos la vista *Semantic combinations* partiendo del papel clave de la semántica en la formación de CN. En estos términos se unen varios conceptos, vinculados por una relación semántica. Por tanto, el análisis profundo de esos conceptos por medio de categorías y roles semánticos, así como la identificación de la relación interna, permiten profundizar en el sistema conceptual en el que se enmarcan estos términos. Además, mediante las consultas específicas, se puede partir de los elementos del sistema conceptual para explorar cómo se materializan en los CN, una perspectiva poco abordada hasta el momento.

4.5. Vista *Summary*

Esta vista es la que obtiene el usuario en primer lugar y sintetiza la información de las cuatro vistas específicas. Se presenta un cajetín de texto libre en el que podremos introducir uno o varios términos en cualquiera de los idiomas (por el momento, inglés y español).

Los resultados de esta vista constituyen un resumen de lo que se obtiene en las vistas *CN formation, Equivalents, Morphosyntactic combinations* y *Semantic combinations*. De este modo, los resultados se distribuyen en cuatro burbujas con estos nombres. La idea subyacente es que el usuario obtenga una panorámica general del módulo de CN y pueda continuar su búsqueda en consonancia. La Figura 8 muestra los resultados de la búsqueda *turbine*.

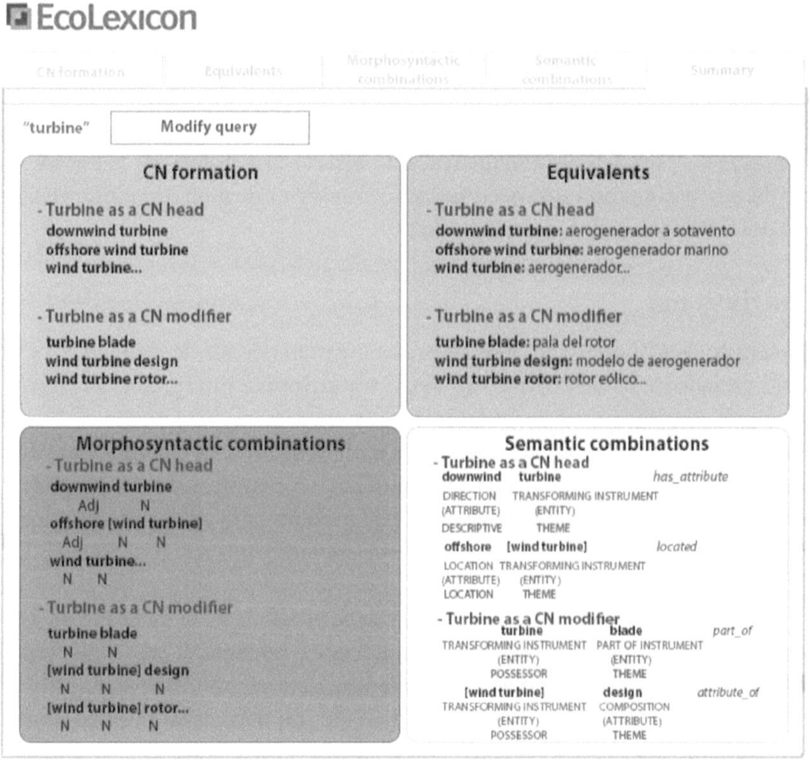

Figura 8. Resultados de la consulta turbine en la vista Summary

La burbuja *CN formation* presenta algunos de los CN que se forman con *turbine*. Estos ejemplos se muestran también en la burbuja *Equivalents* junto con su principal equivalente en español. En estas burbujas no se adopta la organización de variantes en conceptos habitual de las vistas que desarrollan estos dos tipos de información, dado el carácter simplificado de esta vista. Ello justifica que, en la burbuja de *Equivalents*, solo se muestre el equivalente principal de cada CN. Por su parte, la burbuja *Morphosyntactic combinations* muestra la estructura interna del CN y la anotación con categorías gramaticales de los formantes de los CN presentados como ejemplo. Por último, la burbuja *Semantic combinations* indica la anotación de los elementos de estos CN con categorías semánticas (azul), roles semánticos (rojo) y la relación semántica interna (gris, a la derecha).

Como ocurre en las vistas desarrolladas, planteamos una estructuración según la posición del término en los CN: núcleo o modificador, aunque, dado el carácter simplificado de la vista, los términos y conceptos no se presentan agrupados según las variantes de un mismo concepto, sus hipónimos ni las diferentes dimensiones que pueden activar. Como hemos mencionado, la vista *Summary* no pretende ser exhaustiva, sino ofrecer una síntesis de la formación de CN desde diferentes perspectivas, así como servir de guía de la información que obtendremos en las diferentes vistas.

Conclusiones

El módulo de CN que acabamos de presentar pretende ser de utilidad para un perfil variado de usuarios, que van desde traductores e intérpretes, terminólogos y redactores técnicos hasta estudiantes o especialistas del medio ambiente. Estos no serán necesariamente hablantes nativos de español o inglés, una situación que está a la orden del día en la comunicación científica, por lo que podrán servirse de la información presente en este módulo para solventar situaciones cognitivas o comunicativas, en las que necesiten información conceptual o lingüística en varios idiomas.

De este modo, el recurso que planteamos se beneficia de la inclusión de diferentes tipos de datos: anotación morfosintáctica y semántica, potencial combinatorio de los términos, equivalencias interlingüísticas, información lingüística y de uso, variación, multidimensionalidad, etc. En definitiva, información de utilidad tanto para la comprensión como para la producción.

Organizamos los datos conceptualmente siempre que el tipo de información lo permitiese. En cuanto a las opciones de búsqueda, ofrecemos diferentes puertas de acceso a la información, que cada usuario podrá elegir en función de sus necesidades. Entre ellas destaca la búsqueda de combinaciones semánticas, que permite realizar consultas basadas en el significado. En este sentido, podemos realizar tanto búsquedas simples como avanzadas, con las que es posible hacer consultas a medida.

En general, adoptamos un enfoque sistemático para paliar el tratamiento heterogéneo que reciben los CN en los recursos terminológicos, además de problemas específicos como la omisión de formantes del CN, la presentación de varios CN en una misma línea o la falta de información semántica de CN presumiblemente transparentes. De este modo, esperamos que el recurso sea beneficioso para los usuarios de EcoLexicon, algo que evaluaremos en próximos trabajos. Asimismo, en el futuro nos gustaría implementar nuevas posibilidades de búsqueda, como las palabras truncadas (*generat.** para obtener diferentes terminaciones de esta raíz), así como incorporar el resto de lenguas de EcoLexicon. Además, desarrollaremos una guía de uso en la que detallaremos las diferentes funcionalidades de la herramienta. En definitiva, el diseño de un recurso terminológico es una labor compleja que necesita de su utilización por parte de los usuarios para mejorarse continuamente.

Agradecimientos

El presente trabajo se ha realizado en el marco de los proyectos P21_00369, Análisis y representación de la variación terminológica en el ámbito humanitario, financiado por la Junta de Andalucía; PPJIA2022-35, Descripción enriquecida de los términos compuestos en bases de conocimiento terminológicas, financiado por la Universidad de Granada; y PID2020-118369GB-I00, Integración transversal de la cultura en una base de conocimiento terminológico medioambiental, financiado por el Ministerio de Ciencia e Innovación.

Referencias bibliográficas

Béjoint, H. (1981). The Foreign Student's Use of Monolingual English Dictionaries: A Study of Language Needs and Reference Skills. *Applied Linguistics*, 2(3), 207–222.

Cabezas García, M. (2020). *Los términos compuestos desde la Terminología y la Traducción*. Berlín: Peter Lang.

Cabezas-García, M. y León-Araúz, P. (2021). Procedimiento para la traducción de términos poliléxicos con la ayuda de corpus. En G. Corpas Pastor, M.R. Bautista Zambrana y C.M. Hidalgo Ternero (eds.), *Sistemas fraseológicos en contraste: Enfoques computacionales y de corpus* (pp. 203–230). Granada: Comares.

Hanks, P. y Pustejovsky, J. (1995). A Pattern Dictionary for Natural Language Processing. *Revue française de linguistique appliquée*, 10(2), 63–82.

Kilgarriff, A., Baisa, V., Bušta, J., Jakubíček, M., Kovář, V., Michelfeit, J., Rychlý, P. y Suchomel, V. (2014). The Sketch Engine: ten years on. *Lexicography*, 1(1), 7–36.

Krstev, C., Vitas, D. y Savary, A. (2006). Prerequisites for a Comprehensive Dictionary of Serbian Compounds. En T. Salakoski *et al.* (eds.), *Advances in Natural Language Processing* (pp. 552–563). Lecture Notes in Computer Science 4139. Berlín, Heidelberg: Springer.

Kübler, N. y Pecman, M. (2012). The ARTES bilingual LSP dictionary: from collocation to higher order phraseology. En S. Granger y M. Paquot (eds.), *Electronic Lexicography* (pp. 187-209). Oxford: Oxford University Press.

León-Araúz, P., Cabezas-García, M. y Reimerink, A. (2020). Representing Multiword Term Variation in a Terminological Knowledge Base: a Corpus-Based Study. En *Proceedings of the 12th Conference on Language Resources and Evaluation (LREC 2020)* (pp. 2351–2360). Marsella: ELRA.

Levi, J. (1978). *The Syntax and Semantics of Complex Nominals.* Nueva York: Academic Press.

Lew, R. (2012). The Role of Syntactic Class, Frequency, and Word Order in Looking up English Multi-Word Expressions. *Lexikos,* 22, 243–260.

Lorente Casafont, M., Martínez Salom, M. A., Santamaría Pérez, I. y Vargas Sierra, C. (2017). Specialized collocations in specialized dictionaries. En S. Torner y E. Bernal (eds.), *Collocations and other lexical combinations in Spanish: theoretical, lexicographical and applied perspectives* (pp. 200–222). Londres, Nueva York: Routledge.

Louw, P. (2006). Inclusion Strategies for Multi-word Units in Monolingual Dictionaries. *Lexikos*, 16, 95–103.

Meyer, I. y Mackintosh, K. (1996). Refining the terminographer's concept-analysis methods: How can phraseology help? *Terminology*, 3(1), 1–26.

Montero Martínez, S. (2002). *Estructuración conceptual y formalización terminográfica de frasemas en el subdominio de la oncología*. Tesis doctoral. Valladolid: Universidad de Valladolid.

Montero Martínez, S. y Buendía Castro, M. (2012). La sistematización en el tratamiento de las construcciones fraseológicas: el caso del medio ambiente. En I. Elorza *et al.* (eds.), *Empiricism and Analytical Tools for 21st Century Applied Linguistics* (pp. 711–724). Salamanca: Ediciones de la Universidad de Salamanca.

Reimerink, A., León-Araúz, P. y Faber, P. (2016). Image selection and annotation for an environmental knowledge base. *Language Resources and Evaluation*, 1–32. doi:10.1007/s10579-016-9345-8.

San Martín, A., Cabezas García, M., Buendía Castro, M., Sánchez Cárdenas, B., León Araúz, P. y Faber, P. (2017). Recent advances in EcoLexicon. *Dictionaries: Journal of the Dictionary Society of North America*, 38(1), 96–115.

Tercedor Sánchez, M. (1999). *La Fraseología en el Lenguaje Biomédico: Análisis desde las Necesidades del Traductor.* Tesis doctoral. Granada: Universidad de Granada.

Míriam Buendía-Castro

Universidad de Granada

Corpus y diccionarios en el proceso traductor

Resumen: En las últimas décadas, Internet ha traído consigo una nueva forma de organizar y obtener la información. La Traducción no ha permanecido ajena a este desarrollo, de ahí que la metodología utilizada en las fases de documentación y vaciado terminológico hayan evolucionado sustancialmente en favor de los corpus. De Schryver (2022) estableció que existen dos enfoques para aproximarse a la web y los corpus: (i) la web para recopilar un corpus (*Web for Corpus, WfC*), en la que la web se utiliza como fuente de textos en formato electrónico para la posterior compilación de los corpus; (ii) la web como corpus (*Web as Corpus, WaC*), que utiliza la web directamente como si fuera un corpus propiamente dicho. En esta investigación, mediante la utilización de un ejemplo concreto, la oración "*hurricane Katrina struck the Gulf Coast with devastating winds*", se describen los principales recursos de la *WaC* y de la *WfC* y se ejemplifica su grandísima utilidad para la traducción, especialmente para la traducción de las unidades fraseológicas. En este sentido, se demuestra como un uso avanzado de Google, junto con la utilización de programas de pre- y posprocesamiento, como WebCorp y programas de análisis de corpus, como Sketch Engine y sus principales funcionalidades, junto con recursos terminográficos bilingües o multilingües, constituyen la receta perfecta para realizar una traducción de calidad. Aunque el ejemplo aquí propuesto se enmarca dentro de la combinación inglés-español, la metodología didáctica descrita podría utilizarse para otras combinaciones lingüísticas de distintos dominios.

Palabras clave: corpus, *Web for Corpus*, *Web as Corpus*, Internet, traducción

Abstract: The Internet has brought with it a new way of organising and obtaining infor mation. Translation has also been affected by this development, hence the methodology used in the phases of documentation and terminology extraction has evolved substantially in favour of corpora. De Schryver (2022) established that there are two ways to approach the web and corpora: (i) the Web for Corpus (WfC), where the web is used as a source of texts in electronic format for the subsequent compilation of off-line corpora; (ii) the Web as Corpus, (WaC), which uses the web directly as if it were a corpus itself. In this research, using a specific example, the sentence "hurricane Katrina struck the Gulf Coast with devastating winds", the main resources of the WaC and the WfC are described and their great usefulness for translation is exemplified, especially for the translation of phraseological units. In this sense, it shows how an advanced use of Google, along with the use of pre-post processing programmes, such as WebCorp, and corpus analysis tools, such as Sketch Engine and its main functionalities, along with bilingual or multilingual terminographic resources constitute the perfect recipe for a quality translation. Although the example proposed here is framed within the English-Spanish combination, the methodology described here could be used for other language combinations in different domains.

Keywords: corpus, Web for Corpus, Web as Corpus, Internet, translation

1. Introducción

En la actualidad nos encontramos inmersos en lo que podemos denominar una "sobrecarga de información" (Jiménez Piano y Ortiz-Repiso Jiménez, 2007: 18). La Traducción y la Interpretación no han permanecido ajenas a este desarrollo, por lo que la metodología utilizada en las fases de documentación y vaciado terminológico han evolucionado sustancialmente. Si en el pasado los traductores e intérpretes se apoyaban casi exclusivamente en recursos lexicográficos y terminográficos para desempeñar su trabajo, ahora los corpus, cuando están correctamente diseñados, proporcionan al traductor e intérprete información tanto lingüística como conceptual que complementa la información de los diccionarios (Buendía-Castro, 2021). Así pues, conocer todas las posibilidades que nos ofrecen los corpus resulta de gran utilidad en la didáctica de la Traducción y la Interpretación, puesto que facilitan el acceso a la terminología especializada y actualizada, a la vez que aportan información sobre el uso combinatorio de los términos y su frecuencia.

En la lengua general, un *corpus* es simplemente una colección de textos. El *Diccionario de la lengua española* (Real Academia Española, 2023) establece que un corpus es "un conjunto lo más extenso y ordenado posible de datos o textos científicos, literarios, etc., que puedan servir de base a una investigación". En la Lingüística de Corpus, el concepto no está tan claro y son muchos los investigadores que se han lanzado a proponer su propia definición del concepto de corpus (Francis, 1982; Atkins, Clear y Ostler, 1992; Engwall, 1992; McEnery y Wilson, 1996; Bowker y Pearson, 2002; Zanettin, Bernardini y Stewart, 2003; Sinclair, 2005). Consideramos la definición de Sinclair (2005) una de las más completas. Según Sinclair (2005) para que podamos hablar de corpus deben darse estas tres condiciones: (i) que se trate de una colección de textos o fragmentos de textos; (ii) que se encuentren en formato electrónico; (iii) que hayan sido elegidos de acuerdo con una serie de criterios específicos con el objetivo de ser representativos de la lengua.

Sea cual sea la naturaleza del corpus que queramos compilar, los métodos o enfoques utilizados en la actualidad para la compilación de corpus son los siguientes: (i) la Web para recopilar un corpus (*Web for Corpus, WfC*), en la que la Red se utiliza como fuente de textos en formato electrónico para la posterior compilación de un corpus; (ii) la Web como corpus (*Web as Corpus, WaC*), que utiliza la Red directamente como si fuera un corpus propiamente dicho. En esta investigación se demuestra mediante un ejemplo concreto, la traducción del inglés al español del siguiente fragmento "*hurricane Katrina struck the Gulf Coast with devastating winds*", como estos dos enfoques para la compilación de corpus, pueden completar la información disponible en los recursos lexicográficos y terminográficos. En otras palabras, los corpus y los diccionarios configuran el binomio perfecto para abordar con éxito cualquier encargo de traducción e interpretación.

El objetivo de este estudio es proporcionar herramientas para poder abordar con éxito la traducción de la fraseología y, más concretamente, de las colocaciones. Las investigaciones sobre la didáctica de la fraseología en la formación de traductores y, más concretamente, su papel en la evaluación de la calidad de la traducción siguen siendo escasas. No obstante, estudios recientes han puesto de manifiesto su importancia (Leiva Rojo, 2018, Huertas-Barros y Buendía-Castro, 2017, 2018; Mossop, 2011). De hecho, son cada vez los que se atreven a señalar que el nivel de la calidad fraseológica de un texto está directamente relacionado con su calidad general (Leiva Rojo, 2018). Colson (2008: 201) afirmó incluso que "la fraseología puede ser uno de los factores clave para evaluar la calidad de una traducción". Las especificidades de un traductor como mediador lingüístico y cultural requieren una metodología didáctica específica. En este sentido, es necesario que los estudiantes de traducción adquieran lo que se ha denominado 'competencia fraseológica' (Howarth, 1998), es decir, un conjunto de habilidades para poder producir unidades fraseológicas convencionales (Turner, 2014: 222).

La estructura de esta investigación es la siguiente: en el segundo apartado se describen en profundidad los dos enfoques para la compilación de un corpus; a continuación, se expone el encargo de traducción y se analiza minuciosamente la información conceptual y lingüística que aporta cada recurso de la Web para la traducción, así como la información principal que se puede extraer de los distintos productos terminográficos. Por último, se exponen las conclusiones. Todos los ejemplos proporcionados a lo largo del estudio se centrarán en la colocación verbal '*hurricane strike*'.

2. Los métodos para la compilación de un corpus

2.1. La Web para recopilar un corpus

La *Web para recopilar un corpus* (*Web for Corpus, WfC*) es la técnica que ha venido usándose tradicionalmente para compilar textos en formato digital para la posterior construcción de los corpus. Dentro de los Estudios de Traducción e Interpretación se habla mucho de *corpus ad hoc* o *corpus puntual*. Se trata de un corpus virtual que se compila puntualmente para la realización de un determinado encargo de traducción o interpretación. En su diseño no prima tanto la cantidad como la calidad. En líneas generales, el corpus *ad hoc* no incluye un número demasiado elevado de textos, pero sí textos muy adecuados, equiparables al texto original en cuanto a la temática, el género y la variedad textual (Corpas, 2004). El corpus *ad hoc* también recibe el nombre de *disposable corpus* (Zanettin, 2002), *do-it-yourself/DIY corpus* (Zanettin, 2002) o *corpus virtual* (Corpas, 2004), entre otros.

El enfoque de la *WfC* implica navegar por la Red de forma manual para buscar información de calidad. Se puede empezar introduciendo una serie de palabras clave en un motor de búsqueda, o escribiendo directamente una URL en el navegador, y a partir de ahí, navegar por distintos sitios web con el objetivo de descargar los textos y poder procesarlos mediante un programa de análisis de corpus como #LancsBox[1], AntConc[2], Sketch Engine[3], Wordsmith Tools[4], entre otros.

Dada la naturaleza anárquica de los textos que se publican en Internet y puesto que no existe ninguna organización que coordine o supervise las publicaciones en línea, hay gran cantidad de páginas web que carecen de precisión, fiabilidad y validez (Austermühl, 2001: 64). Conviene subrayar que los textos que vayan a integrarse dentro de un corpus deben seleccionarse atendiendo a una serie de criterios específicos para ser representativos de la lengua. Como señalan Bowker y Pearson (2002:10) no se puede empezar a descargar al azar textos de la Web y llamar a esa colección de textos, corpus. Resulta necesario, por tanto, desarrollar una estrategia de evaluación que asegure la calidad de los documentos que posteriormente pasarán a formar parte de un corpus, ya que esto condicionará la validez de la información que se pueda extraer.

1 http://corpora.lancs.ac.uk/lancsbox
2 https://www.laurenceanthony.net/software/antconc
3 https://www.sketchengine.eu
4 https://www.lexically.net/wordsmith

Buendía-Castro y Ureña (2010) elaboraron un protocolo para la evaluación de sitios web de los que posteriormente poder extraer textos que van a formar nuestro corpus, basado en tres parámetros, a saber, autoridad, contenido y diseño, cada uno de los cuales se subdivide en una serie de subparámetros. Atendiendo a la autoridad, se evalúa la reputación y experiencia de los autores o el dominio de la página web, entre otros. El parámetro contenido presta especial atención a la cobertura, precisión, objetividad, actualización y audiencia, mientras que el parámetro diseño se refiere especialmente a las ayudas a la navegación, accesibilidad y presentación y gestión de la información (Buendía-Castro y Ureña, 2010: 178).

2.2. La Web como Corpus

Siguiendo la clasificación propuesta por Bernardini, Baroni y Evert (2006), consideramos tres maneras de aproximarse a la Web como Corpus: (a) *la Web como sustituta del corpus (Web as Corpus Surrogate)*; (b) *la Web como mega-corpus o mini Web*; (c) *la Web como un supermercado de corpus (Web as Corpus Supermarket).*

La Web como sustituta del corpus considera la Web en sí misma como un gran corpus y se materializa con sistemas informáticos que ofrecen una interfaz de búsqueda, en la que se introducen los términos objeto de búsqueda, para posteriormente devolver los resultados a modo de concordancias, como si estuviésemos analizando un corpus descargado en nuestro ordenador mediante un programa de análisis léxico, pero con la diferencia de que el corpus está en línea. Este tipo de sistemas se diferencia de los buscadores convencionales como Google, en que pre-procesan las preguntas antes de enviarlas a los buscadores y posprocesan los resultados. Uno de los sistemas más conocidos dentro de este subenfoque es WebCorp[5] (Kehoe y Renouf, 2002).

La Web como corpus o mini Web se refiere al intento de crear un nuevo objeto, una especie de *mini-web* o *mega-corpus* adaptado a la investigación lingüística. Este nuevo objeto tendría tanto características derivadas de la Web, como propias de los corpus. Varios grupos de investigación se encuentran ya trabajando en la implementación de estos sistemas, entre los que se destaca el proyecto WaCky (Web as Corpus kool ynitiative)[6] de la Universidad de Bolonia-Forlì. El principal objetivo de WaCky es compilar corpus de grandes dimensiones (aproximadamente dos mil millones de palabras) a partir de Internet, y ofrecer

5 https://www.webcorp.org.uk/live/
6 https://wacky.sslmit.unibo.it/doku.php?id=start

herramientas para procesar y explotar dichos corpus. A día de hoy, ya existen varios corpus WaCky disponibles: deWaC (para el alemán), itWaC (para el italiano), ukWaC (para la lengua inglesa), frWaC (para el francés) y actualmente trabajan en el corpus en español.

La Web como un supermercado de corpus (Web as Corpus Supermarket) concibe a la Web como un supermercado en el que se pueden adquirir distintos corpus. Los que siguen este enfoque se dirigen a la red para buscar textos mediante un motor de búsqueda, gracias a las facilidades que estos ofrecen, seleccionan los textos y los descargan creando un corpus en línea. Este enfoque es el que siguen especialmente los traductores, y tiene mucho en común con la metodología tradicional de compilación de corpus (*Web for Corpus*), con la diferencia de que en la Web como supermercado de corpus, las fases iniciales del proceso se llevan a cabo de forma semiautomática y el usuario tiene control sobre los textos que le interesan. Hay herramientas útiles para la traducción que permiten compilar automáticamente corpus de la Red de una forma rápida como, por ejemplo, las herramientas BootCat (Baroni y Bernardini, 2004). Las herramientas BootCat (acrónimo de *bootstrapping corpora and terms from the web*) nacieron con el propósito de ofrecer una respuesta rápida a los traductores que necesitaban encontrar la terminología propia de un dominio de especialidad. Existe un servicio web de las herramientas BootCat, que se denomina WebBootCat (Baroni *et al.*, 2006), al que se accede a través de SketchEngine.

3. El encargo de traducción

A continuación, se expone un fragmento de un encargo de traducción imaginario con el objetivo de poder ejemplificar la utilidad de los recursos que nos ofrece la Red y los recursos terminográficos para las fases de documentación y extracción terminológica. En este encargo, *El País* solicita la traducción, del inglés al español, del fragmento de la Tabla 1, para incorporarlo a una sección especial que versa sobre los peores desastres naturales de la historia reciente.

Tabla 1. Encargo de traducción

Hurricane Katrina struck the Gulf Coast with devastating force at daybreak on Aug. 29, 2005, pummeling a region that included the fabled city of New Orleans and heaping damage on neighboring Mississippi. In all, more than 1,700 people were killed and hundreds of thousands of others displaced […] Extracto adaptado de: https://www.nationalgeographic.com/environment/article/hurricane-katrina

El objetivo de este estudio es proporcionar herramientas para poder abordar con éxito la traducción de la fraseología y, más concretamente, de las colocaciones. Así pues, todos los ejemplos proporcionados a lo largo del estudio se centrarán en la colocación verbal '*hurricane strike*'. Se trata de una colocación frecuente formada por sustantivo + verbo o bien verbo + sustantivo, siendo el sustantivo la base y el verbo, el colocativo. En esta aproximación al concepto de colocación, el significado del colocativo (el verbo) está condicionado, y en muchos casos queda impuesto, por el significado de la base (el sustantivo), al mismo tiempo que el verbo restrin-ge los posibles argumentos que pueden combinarse con él (Buendía-Castro, Montero y Faber, 2014; Montero y Buendía-Castro, 2017).

Uno de los principales errores que suelen cometer los estudiantes de traducción es acudir a un diccionario bilingüe, en primer lugar, siendo WordReference (www.wordreference.com) uno de los más populares[7]. En este sentido, por ejemplo, '*strike*' en WordReference ofrece, entre otros, como equivalente, 'golpear' (véase Figura 1) que, como se podrá comprobar más adelante, parece no ser el equivalente más natural o idiomático. Asimismo, se ofrece un ejemplo en contexto traducido con el sustantivo 'huracán' ("*The hurricane struck us without warning*", "El huracán nos golpeó sin previo aviso").

7 La autora acumula más de 10 años de docencia universitaria reglada. En los últimos cinco años, ha utilizado el ejemplo descrito en las primeras sesiones de asignaturas de traducción directa inglés-español. De media, el 73 % de los estudiantes no proporciona un equivalente idiomático y natural por el desconocimiento de lo que son los corpus y los programas de análisis de corpus o por no saber cómo consultar los recursos terminográficos de forma adecuada. Es por esto por lo que el primer recurso al que suelen acudir es a un diccionario bilingüe.

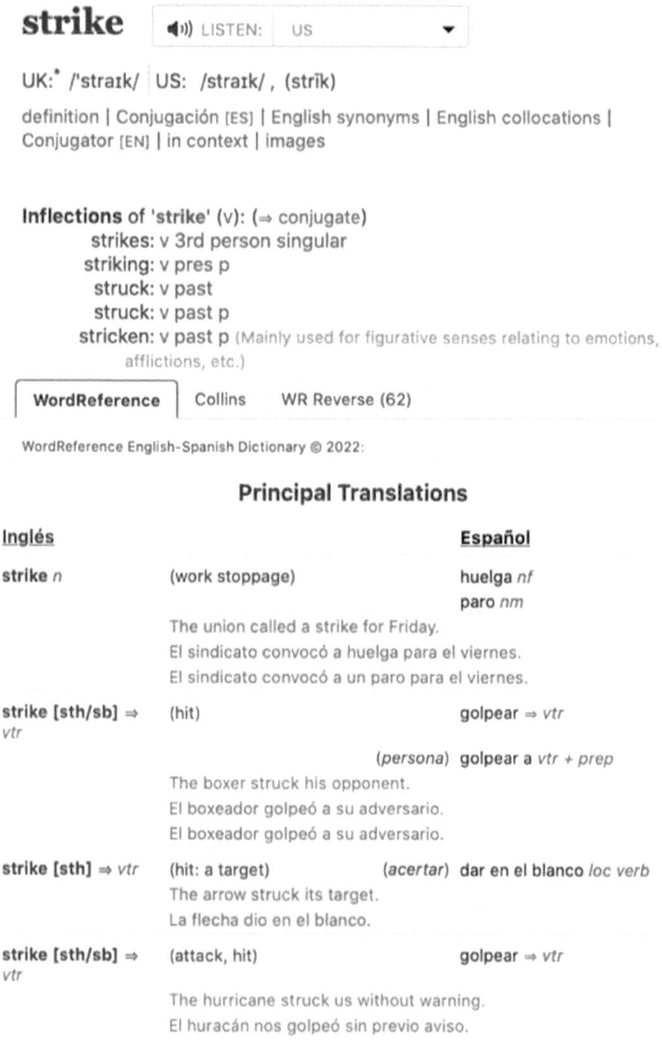

strike 🔊 LISTEN: US

UK:* /ˈstraɪk/ US: /straɪk/ , (strīk)

definition | Conjugación [ES] | English synonyms | English collocations | Conjugator [EN] | in context | images

Inflections of '**strike**' (v): (⇒ conjugate)
strikes: v 3rd person singular
striking: v pres p
struck: v past
struck: v past p
stricken: v past p (Mainly used for figurative senses relating to emotions, afflictions, etc.)

WordReference | Collins | WR Reverse (62)

WordReference English-Spanish Dictionary © 2022:

Principal Translations

Inglés		Español
strike *n*	(work stoppage)	**huelga** *nf* **paro** *nm*
	The union called a strike for Friday. El sindicato convocó a huelga para el viernes. El sindicato convocó a un paro para el viernes.	
strike [sth/sb] ⇒ *vtr*	(hit)	**golpear** ⇒ *vtr*
	(*persona*)	**golpear a** *vtr + prep*
	The boxer struck his opponent. El boxeador golpeó a su adversario. El boxeador golpeó a su adversario.	
strike [sth] ⇒ *vtr*	(hit: a target) (*acertar*)	**dar en el blanco** *loc verb*
	The arrow struck its target. La flecha dio en el blanco.	
strike [sth/sb] ⇒ *vtr*	(attack, hit)	**golpear** ⇒ *vtr*
	The hurricane struck us without warning. El huracán nos golpeó sin previo aviso.	

Figura 1. Extracto de la entrada de '*strike*' (inglés-español) en Word Reference

A continuación, se demostrará como algunos métodos de búsqueda, dentro de la concepción de la *WaC*, como Google, WebCorp y Sketch Engine, acompañados de la *WfC* pueden ayudarnos a encontrar un equivalente más preciso.

3.1. Google

Google, en su búsqueda avanzada, ofrece una serie de operadores que ayudan a optimizar las búsquedas. La Figura 2 recoge los principales operadores que se pueden utilizar en Google. Como se puede deducir de la Figura 2, algunos de los operadores más útiles para un traductor o intérprete son la búsqueda de concordancia exacta a través de las comillas; el asterisco, que permite buscar términos desconocidos; y site, que nos ayuda a centrar nuestra búsqueda en un sitio web concreto.

Buscar por red social

Escribe @ delante de la red social en la que quieras buscar. Por ejemplo, `@twitter`.

Buscar por precio

Escribe $ delante de una cifra. Por ejemplo, `cámara $400`.

Buscar por hashtag

Escribe # delante de una palabra. Por ejemplo, `#throwbackthursday`.

Excluir palabras de la búsqueda

Escribe - delante de la palabra que quieras excluir de la búsqueda. Por ejemplo, `velocidad jaguar -coche`.

Buscar una concordancia exacta

Escribe la palabra o la frase que quieras entre comillas. Por ejemplo, `"el edificio más alto"`.

Buscar mediante comodines o términos desconocidos

Escribe * en la palabra o en la frase donde quieras incluir el marcador de posición. Por ejemplo, `"el * más grande del mundo"`.

Limitar la búsqueda a un intervalo de números

Escribe .. entre dos números. Por ejemplo, `cámara $50..$100`.

Combinar búsquedas

Escribe "OR" entre las consultas de búsqueda. Por ejemplo, `maratón OR carrera`.

Buscar en un sitio concreto

Escribe "site:" delante del sitio o del dominio en el que quieras buscar. Por ejemplo, `site:youtube.com` o `site:.gob.es`.

Buscar en sitios web similares

Escribe "related:" delante de una dirección web que ya conozcas. Por ejemplo, `related:elpais.com`.

Figura 2. Operadores de Google

Así pues, si deseamos conocer los verbos potenciales que unen ‘huracán Katrina’ con ‘la costa del Golfo’, teniendo en cuenta los operadores de Google, podríamos lanzar en Google la ecuación de búsqueda mostrada en la Figura 3 y el ejemplo (1):

(1) “huracán Katrina * la costa del Golfo” site:.elpais.com

En este caso, por un lado, Google buscaría la concordancia exacta de la cadena que hemos introducido en (1) y, por otro lado, buscaría cualquier palabra que apareciese entre ‘huracán Katrina’ y ‘la costa del Golfo’, dentro del dominio de *el pais.com*, con lo que tenemos muchas probabilidades de encontrar las formas verbales que conecten ambos sintagmas.

Figura 3. Ecuación de búsqueda en Google

La Figura 4 nos muestra un extracto de los resultados ofrecidos por Google para la ecuación de búsqueda anterior. Como se puede comprobar en la Figura 4, los colocativos verbales más frecuentes entre ‘huracán’ y ‘costa’ son ‘azotar’, ‘devastar’ o ‘asolar’, pero no ‘golpear’, que era la opción ofrecida por el recurso lexicográfico bilingüe WordReference. Así pues, tenemos, por ejemplo, concordancias como “el huracán Katrina azotase la costa del golfo de EE UU”, “el huracán Katrina devastase la costa del Golfo”, “el hurcán Katrina que ha azotado la costa del Golfo de México” o “el huracán Katrina que asoló la costa del Golfo en los Estados Unidos”.

Figura 4. Extracto de los resultados ofrecidos por Google para la ecuación de búsqueda anterior

3.2. WebCorp

WebCorp, como su nombre indica, considera la Web como Corpus y, más concretamente, se sitúa dentro del subenfoque de la Web como sustituta del corpus (véase 2.1). Ofrece una interfaz de búsqueda que permite buscar una unidad monoléxica o poliléxica, en una gran variedad de lenguas y devuelve los resultados a modo de concordancias, indicando el sitio web donde aparece la cadena léxica. WebCorp es una herramienta muy valiosa para la extracción de ejemplos en contexto. La Figura 5 ofrece un extracto de los resultados ofrecidos por WebCorp para la búsqueda de 'huracán Katrina'. Dadas las limitaciones de espacio, no se pueden apreciar todos los colocativos verbales con 'huracán'. No obstante, se puede observar que ofrece, entre otros, el colocativo 'tocar tierra'. Es una herramienta muy valiosa para extraer ejemplos en contexto y fraseología.

Results for query "Huracán Katrina"

case insensitive,
using the Bing (Cognitive) API

1) https://cnnespanol.cnn.com/2021/08/30/fast-facts-datos-huracan-katrina-datos-trax/
Text, Wordlist, text/html, UTF8 (Content-type), 2021-08-30 (URL)

```
 1:    Sala de prensa Huracanes Los daños que dejó el huracán Katrina tras 16 años de que tocara tierra en EE.UU. Por
 2:       Ameba "comecerebros" pudo proliferar por el huracán Katrina, según expertos Huracán Ida deja al menos 1
 3:     decidieron permanecer en su lugar durante el huracán Katrina cuando no pudieron encontrar la manera de salir
 4:     de que su hija Joanna Ellis murió durante el huracán Katrina en Waveland, Mississippi. Joe Raedle / Getty
 5:       informado que ocupaban una casa a raíz del huracán Katrina, pero las autoridades se fueron después de que
 6:    la casa. Rick Bowmer / AP 38 de 38 (CNN) -- El Huracán Katrina, uno de los más devastadores de la historia de
 7:         y Atmosférica (NOAA). Así se comparan el huracán Katrina (2005) con el huracán Harvey (2017) Muertes
 8:     unidades resultaron dañadas por la tormenta. Huracán Katrina Latam EE.UU. Mundo Negocios Entretenimiento
```

2) https://www.bbc.com/mundo/noticias-53786487
Text, Wordlist, text/html, UTF8 (Content-type), 2020-08-28 (Meta tag)

```
 9:   Tecnología Video Centroamérica Cuenta BBC Extra Huracán Katrina: las condiciones que lo convirtieron en el
10:        de una mezcla "inusual" de condiciones. El huracán Katrina tocó tierra a las 6:10 de la mañana del 29 de
```

3) https://elpais.com/noticias/huracan-katrina/
Text, Wordlist, text/html, UTF8 (Content-type), 2022-03-15 (Server header)

```
11:      mex México cat Cataluña eng In English ELPAIS Huracán Katrina suscríbeteHHOLAIniciar sesión Huracán Katrina
12:      Huracán Katrina suscríbeteHHOLAIniciar sesión Huracán Katrina ¡Eso es todo, amigos!Los preparacionistas
13:   actor JOYAS DE LA HEMEROTECALas secuelas que el huracán Katrina dejó en Nueva Orleans Marc Bassets|27 ago 2018 -
14:    Orleans Marc Bassets|27 ago 2018 - 07:34UTC El huracán Katrina tocó tierra en EE UU el 25 de agosto de 2005,
15:  ciudad para conmemorar el décimo aniversario del huracán Katrina con una visita al barrio más castigado Huracán
```

Figura 5. Extracto de los resultados ofrecidos por WebCorp para la búsqueda 'Huracán Katrina'

3.3. Sketch Engine

Sketch Engine (Kilgarriff *et al.*, 2004) (https://www.sketchengine.eu) es un sistema de análisis de corpus que incorpora, entre otras funciones, *word sketches* que son resúmenes colocaciones de una palabra. Una cuenta de Sketch Engine ofrece al usuario: (i) la posibilidad de utilizar corpus ya compilados, en una gran variedad de lenguas y dominios de especialidad, que están alojados en el sistema; (ii) la posibilidad de compilar un corpus de forma automática, a través de la introducción de varias palabras clave (que sigue el enfoque de la Web como supermercado de corpus, dentro de la *Web as Corpus*); (iii) la posibilidad de subir nuestro corpus compilado de forma manual mediante la *WfC*, desde nuestro disco duro.

Para cada una de estas opciones, Sketch Engine permite al usuario realizar una gran variedad de funciones, como se puede observar en la Figura 6, entre las que destacan, las funciones de *word sketches, word sketch difference, thesaurus, concordance, wordlist* o *keywords.*

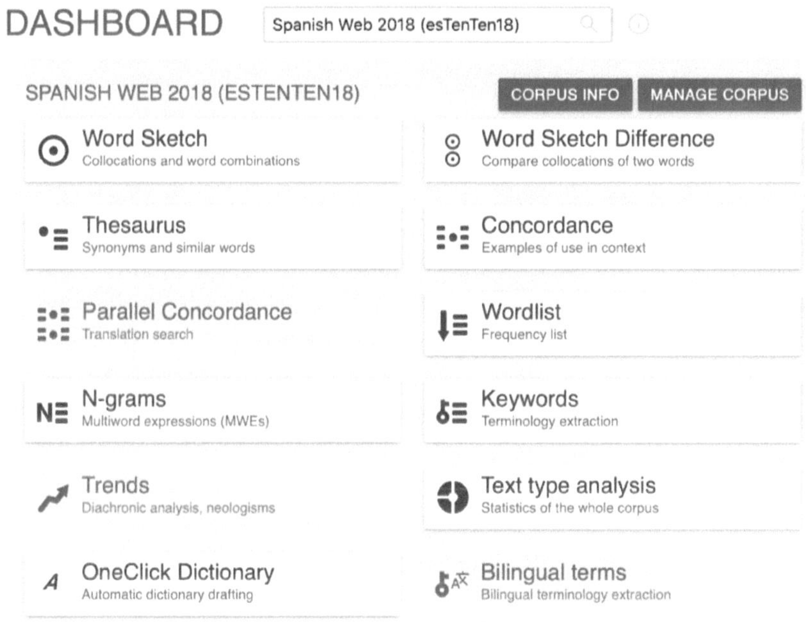

Figura 6. Funcionalidades principales que ofrece Sketch Engine

A continuación, pasamos a describir cada una de estas funcionalidades adaptando los ejemplos al encargo que nos ocupa. Como se ha mencionado anteriormente, los *word sketches* son resúmenes colocacionales de una palabra. Es una de las funciones más útiles y novedades de Sketch Engine. La Figura 7 ofrece un extracto de las *word sketches* para 'huracán', extraídas del corpus Spanish Web 2018 disponible en Sketch Engine.

Como se puede observar, las colocaciones se clasifican según la categoría gramatical de la palabra con la que se combinan. En otras palabras, en la columna de *modifiers* se ofrece las colocaciones adjetivales que combinan con 'huracán';

a continuación, se enumeran las colocaciones verbales cuando 'huracán' funciona como objeto y, posteriormente, cuando 'huracán' funciona como sujeto. Así pues, podemos ver que los tres verbos más representativos que combinan con 'huracán', cuando funciona como sujeto, son 'azotar', 'devastar' y 'arrasar'.

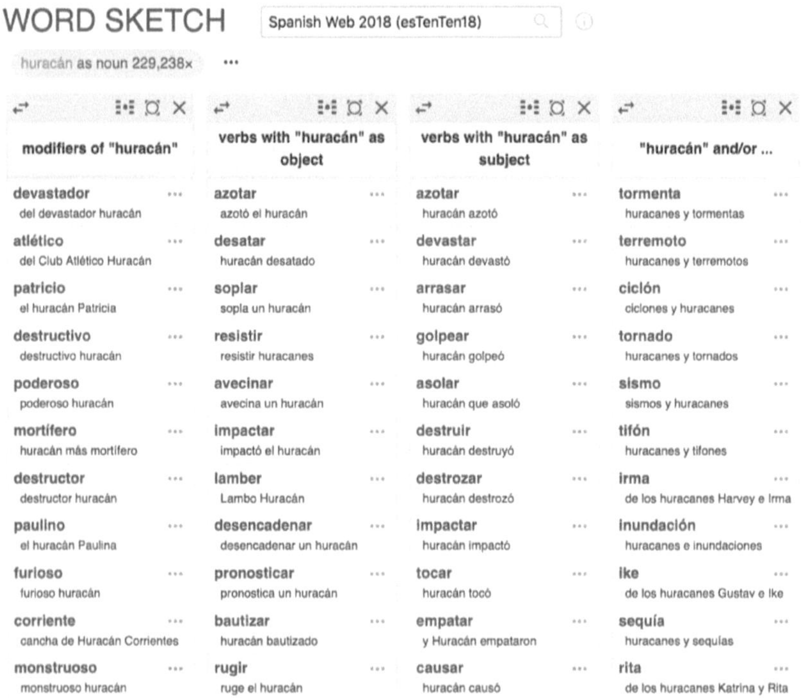

Figura 7. Extracto de las *word sketches* para 'huracán' extraídas del corpus Spanish Web 2018

Al hacer clic en los puntos suspensivos que vienen a la derecha de cada colocativo, podemos acceder a las líneas de concordancia de esa combinación. La Figura 8 muestra las líneas de concordancia generadas para 'huracán' en combinación con 'azotar' extraídas del corpus Spanish Web 2018, incluido en Sketh Engine:

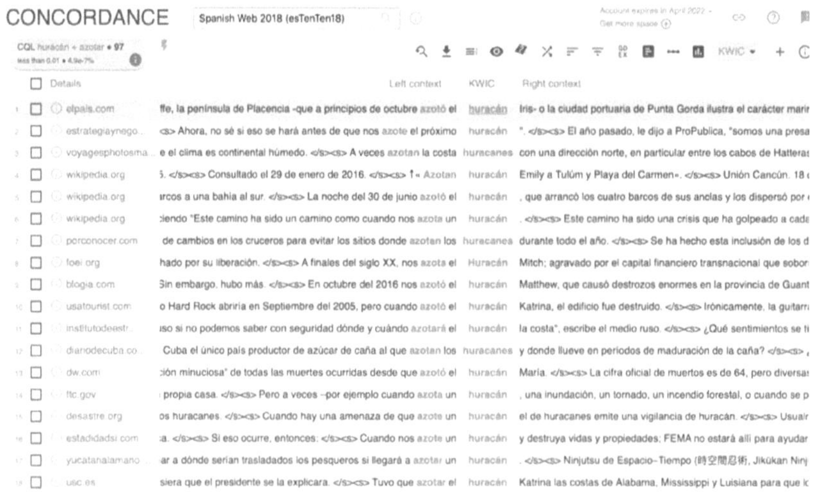

Figura 8. Extracto de las concordancias para 'huracán' en combinación con 'azotar'

La opción de *word sketch difference* (Figura 9) permite comparar dos términos que están muy próximos entre sí, por ejemplo, si se desea qué combinación es más natural o idiomática en españo, 'huracán devastador' o 'huracán destructivo'. Procedemos a comparar 'devastador' y 'destructivo' mediante la funcionalidad de *word sketch difference*:

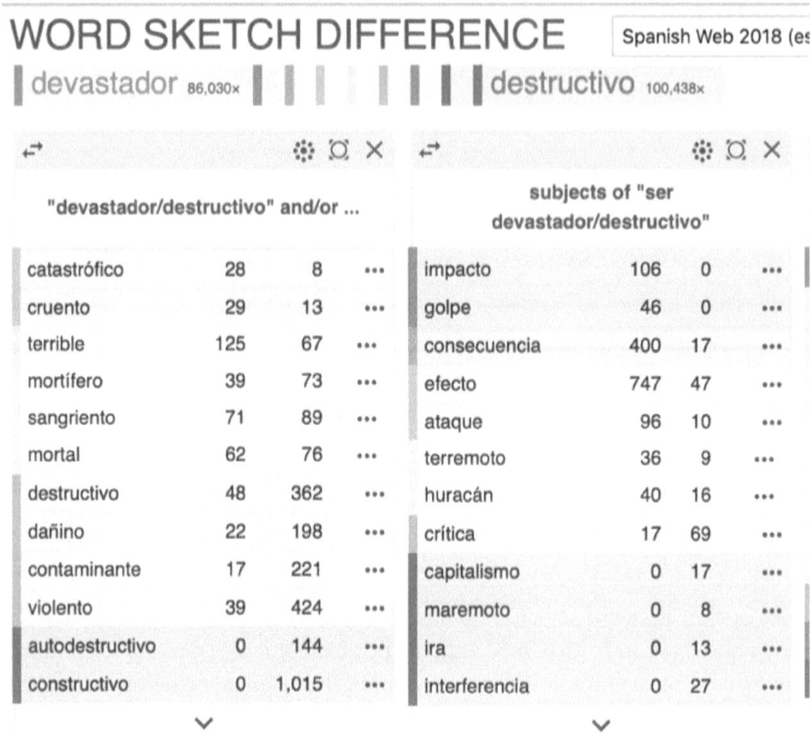

"devastador/destructivo" and/or ...			
catastrófico	28	8	•••
cruento	29	13	•••
terrible	125	67	•••
mortífero	39	73	•••
sangriento	71	89	•••
mortal	62	76	•••
destructivo	48	362	•••
dañino	22	198	•••
contaminante	17	221	•••
violento	39	424	•••
autodestructivo	0	144	•••
constructivo	0	1,015	•••

subjects of "ser devastador/destructivo"			
impacto	106	0	•••
golpe	46	0	•••
consecuencia	400	17	•••
efecto	747	47	•••
ataque	96	10	•••
terremoto	36	9	•••
huracán	40	16	•••
crítica	17	69	•••
capitalismo	0	17	•••
maremoto	0	8	•••
ira	0	13	•••
interferencia	0	27	•••

Figura 9. Comparación de 'devastador' y 'destrructivo' con *word sketch difference*

Word sketch difference ofrece la posibilidad de visualizar los resultados en forma de gráfico, tal y puede comprobarse en la Figura 10, lo que puede resultar de gran utilidad para el usuario. Según se muestra en la Figura 10, al parecer con los desastres naturales como 'huracán', 'terremoto', 'inundación', 'incendio', el colocativo 'devastador' resulta más natural e idiomático que 'destructivo'.

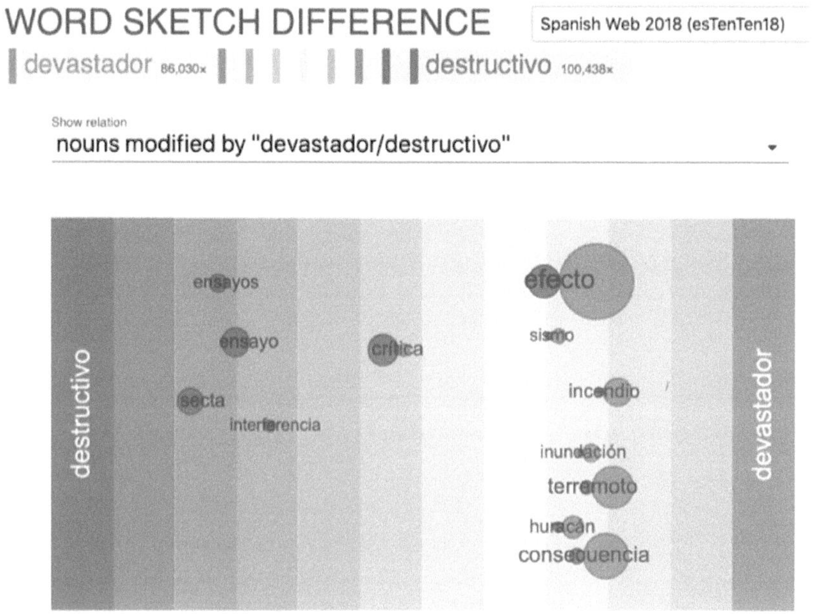

Figura 10. Visualización de los resultados ofrecidos por word sketch difference

Sketch Engine también ofrece una función denominada *Thesaurus*. Normalmente, un thesaurus ofrece sinónimos. No obstante, en Sketch Engine se ofrecen términos similares, como pueden ser antónimos, hipéronimos o hipónimos. Por ejemplo, dentro del corpus Spanish Web 2018, contenido en Sketch Engine, al utilizar la función de thesaurus e interrogar por 'huracán', el sistema nos devuelve, entre otros, los términos, 'tormenta', 'ciclón', 'terremoto', 'inundación', 'sismo', que son, sin duda, terminología relacionada con 'huracán' (véase Figura 11).

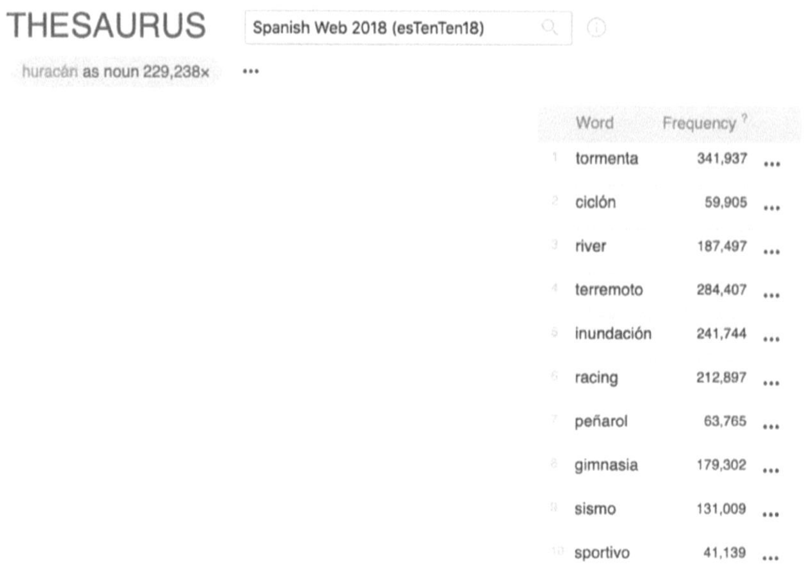

Figura 11. Extracto de los resultados ofrecidos por la función de Thesaurus para el término 'huracán'

Sketch Engine permite, asimismo, compilar un corpus tanto de forma automática a través de palabras clave (mediante la opción *find texts on the web*), como de forma manual (mediante la opción *I have my own texts*), como se puede apreciar en la Figura 12. Todas las funciones (*word sketch, word sketch difference*, concordancias, *thesaurus*) están igualmente disponibles para estas dos opciones, al igual que para los corpus albergados en Sketch Engine.

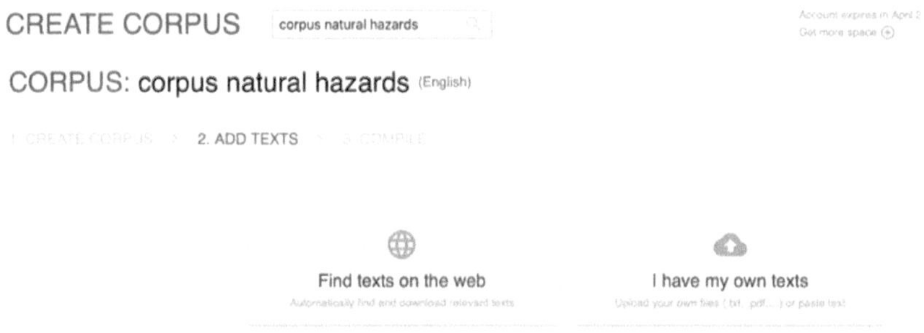

Figura 12. Interfaz para compilar un corpus automático o manual en Sketch Engine

Como puede verse en la Figura 13, para compilar un corpus de forma automático, basta con introducir algunos términos de búsqueda. En este caso, hemos introducido 'huracán', 'terremoto', 'tsunami', 'deslizamiento de tierra', 'volcán', 'Katrina', 'maremoto', 'incendio' y 'fuego'. El sistema nos ofrecerá una serie de páginas web potenciales para nuestro corpus y tendremos la opción de elegir aquellas cuyos dominios nos parezcan más interesantes.

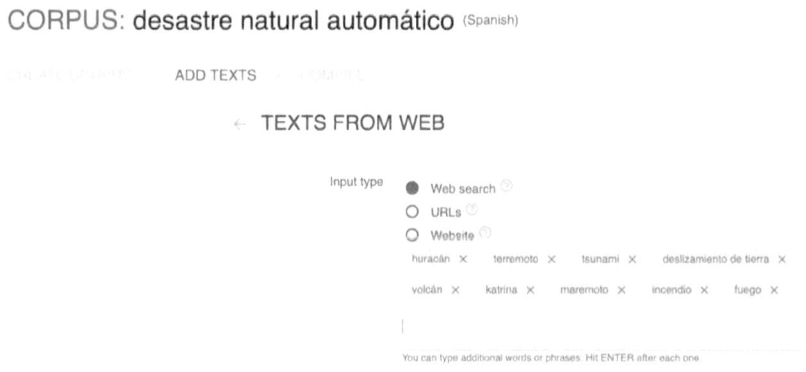

Figura 13. Términos de búsqueda para compilar un corpus automático en Sketch Engine

Mediante los términos de búsqueda indicados en la Figura 13, en unos minutos, Sketch Engine crea de forma automática un corpus de 1 080 000 palabras.

Al igual que ocurre con todos los programas de análisis de corpus, Sketch Engine ofrece la posibilidad de generar listas de frecuencia (mediante la opción de *wordlist*). Procedemos a utilizar este corpus, constituido de forma automática, para ver su lista de términos más frecuentes y poder dilucidar si puede ser representativo del dominio de los desastres naturales.

WORDLIST desastre natural automático

noun

Noun	Frequency ↓	Noun	Frequency ↓	Noun	Frequency ↓	Noun	Frequency ↓
terremoto	4,347	ciudad	1,736	riesgo	1,137	casa	929
tierra	4,309	fuego	1,713	país	1,118	kilómetro	927
deslizamiento	3,386	parte	1,649	metro	1,117	movimiento	922
huracán	3,350	daño	1,644	isla	1,100	sismo	900
volcán	2,778	katrina	1,638	emergencia	1,033	roca	859
incendio	2,725	desastre	1,510	magnitud	1,018	región	850
erupción	2,491	área	1,436	mar	1,017	estados	849
agua	2,333	hora	1,264	maremoto	1,011	sistema	846
persona	2,330	tormenta	1,262	viento	980	estado	842
zona	2,022	día	1,241	vez	974	altura	821
año	1,863	caso	1,203	orleans	970	actividad	811
ola	1,801	inundación	1,172	centro	956		
costa	1,777	lugar	1,154	tipo	952		

Figura 14. Lista de frecuencia para el corpus compilado de forma automática

La Figura 14 muestra la lista de frecuencia para este corpus titulado *desastre natural automático*. Como se puede observar, algunos de los términos más frecuentes son 'terremoto', 'tierra', 'deslizamiento', 'huracán', 'volcán', 'incendio', 'erupción', 'fuego', 'desastre', 'tormenta', 'inundación', 'emergencia, 'magnitud', terminología, sin duda, muy pertinente dentro del dominio objeto de estudio.

Por último, Sketch Engine también funciona como extractor terminológico que permite extraer tanto unidades monoléxicas como poliléxicas, mediante la opción *keywords*. Para ejemplificar esta función, hemos creado un corpus manual de 500 000 palabras, especializado en el dominio de los desastres naturales, siguiendo la técnica de la *WfC*. Este corpus está forrmado por manuales y monografías especializadas en los desastres naturales. Más concretamente se compone de las monografías de Olcina Cantos (2006a, 2006b), Kelly y Blogett (2007) y Naciones Unidas (2009). Mediante la opción *keywords*, se muestran las unidades monoléxicas más representativas del corpus compilado de forma manual. Según la Figura 15, algunos de los términos más representativos son 'tornado', 'ciclón', 'inundación', 'deslizamiento', 'tsunami', 'maremoto' o 'terremoto'.

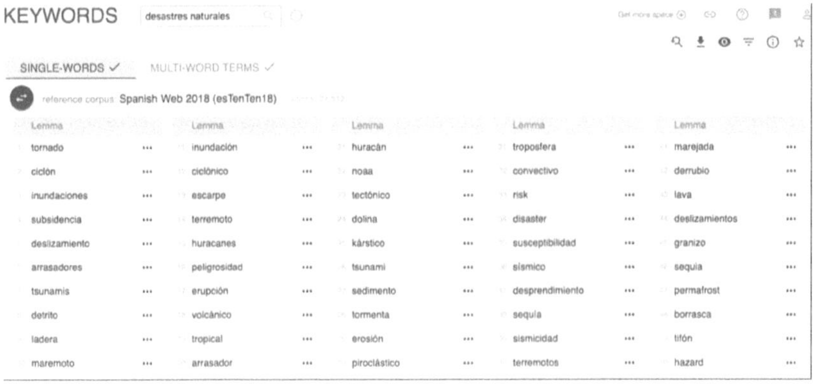

Figura 15. Función de *keywords* en Sketch Engine

3.4. Los recursos terminográficos

El interés por el dominio del Medio Ambiente ha crecido enormemente en los últimos años. Su naturaleza multidimensional implica que muchos de los términos provienen originariamente de otros dominios. Además, su impacto social genera, a menudo, un proceso de desterminologización que proyecta la terminología ambiental a la lengua general. Es precisamente por estas características del lenguaje del medio ambiente que se hace necesario contar con recursos terminográficos en este dominio, que den cuenta completa de la información semántica y fraseológica dentro de sus entradas y puedan ser el complemento ideal a los corpus.

Los recursos terminográficos, especialmente, los bilingües o multilingües reales, de acuerdo con la tipología propuesta por Buendía-Castro (2020), siguen siendo una fuente muy valiosa para la fase de documentación y extracción terminológica dentro del proceso traductor. Buendía-Castro (2020) dividió los recursos medioambientales disponibles en línea, en las siguientes categorías: i) glosarios o listas de palabras bilingües o multilingües; ii) recursos multilingües "solo de nombre"; iii) versiones en línea de recursos en papel; iv) recursos bilingües o multilingües reales. Por recursos bilingües o multilingües reales, nos referimos a aquellos que proporcionan una información completa de las entradas (definición, contextos de uso, ejemplos, fraseología, etc.) en un mínimo de dos lenguas. En palabras de Buendía-Castro (2020):

> Real multilingual resources are bilingual or multilingual resources that give a full account of term entries in at least two languages. [...] the resources [...] not only offer

translation correspondences in two or more languages, but also a wider range of information such as the definition, contexts, usage examples or phraseological units in more than one language.

A continuación, se describe la información proporcionada por recursos terminográficos especializados en el Medio Ambiente, como EcoLexicon (3.4.1.), así como la información ofrecida por recursos multilingües que ofrecen terminología referente a múltiples ámbitos de especialización como IATE (3.4.2.) o Termium Plus (3.4.3).

3.4.1. EcoLexicon

EcoLexicon (San Martín *et al.* 2017, 2020) es una base de conocimiento especializada en el Medio Ambiente, que ha adoptado la forma de un tesauro visual en línea, desarrollado por el grupo de investigación LexiCon de la Universidad de Granada. EcoLexicon se basa en las premisas de la Terminología basada en Marcos (Faber, 2022), un enfoque cognitivo de la Terminología. Contiene en torno a 5000 conceptos y 25 000 términos en inglés, español, alemán, francés, ruso y griego moderno. Proporciona una amplia gama de información tanto conceptual como lingüística para cada entrada.

Como se muestra en la Figura 16, que proporciona una captura de pantalla de los resultados de '*hurricane*', la pantalla de la interfaz de resultados en EcoLexicon puede dividirse en tres partes: la barra superior; el área central donde se muestra la red semántica; y la barra lateral a la izquierda de la pantalla. La barra superior de la pantalla de resultados ofrece el cuadro de búsqueda del término/concepto, en el que el usuario puede introducir una unidad monoléxica o un compuesto. La interfaz está disponible en inglés y español y se puede limitar la búsqueda a un subdominio específico dentro del dominio general del medio ambiente (p. ej., protección del medio ambiente, ciencias atmosféricas, ecología, etc.). Esto permite a los usuarios centrarse en el área de conocimiento o dominio específico de su interés y eliminar la información irrelevante, lo que resulta especialmente útil para la polisemia.

El área central de la pantalla de resultados es, sin duda, uno de los aspectos más interesantes del recurso. Incluye una red dinámica que muestra el concepto/término de búsqueda y lo vincula a todos los conceptos con los que guarda algún tipo de relación a través de un inventario cerrado de relaciones conceptuales. Cuando los usuarios hacen clic en cualquiera de los términos o conceptos del mapa, la red se reorganiza. Como se muestra (Figura 16), en la esquina inferior izquierda del mapa, hay un cuadro de texto con una leyenda que permite a los usuarios identificar las tres categorías de relaciones conceptuales en EcoLexicon: i) relaciones hiponímicas (genérico-específicas); ii) relaciones meronímicas (parte-todo); iii) relaciones no jerárquicas.

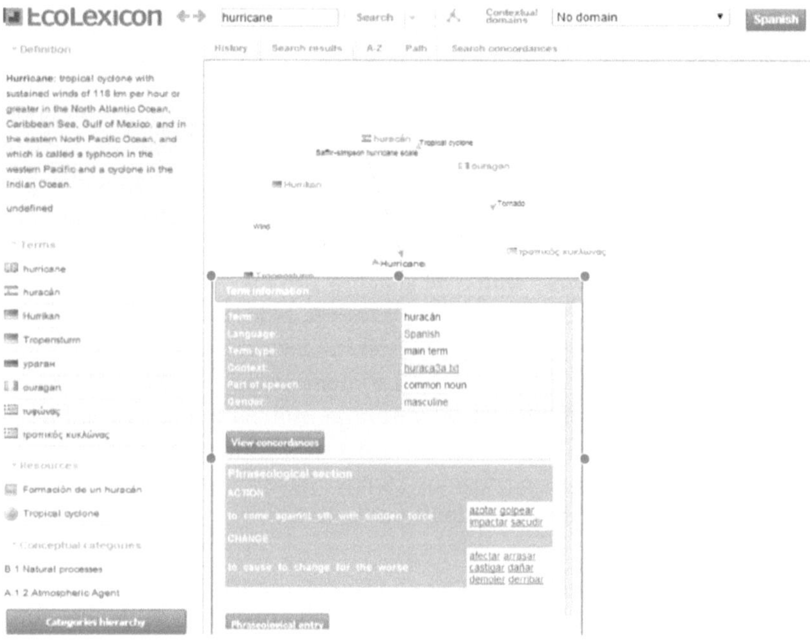

Figura 16. Entrada de '*hurricane*' en EcoLexicon

La barra lateral de la izquierda complementa la información conceptual de la red semántica y ofrece una gran cantidad de información lingüística también. Tal y como se puede comprobar, en primer lugar, se ofrece la definición terminológica del concepto, que codifica sus relaciones conceptuales más básicas. En este caso se define '*hurricane*' como *tropical cyclone with sustained winds of 118 km per hour our greater in the North Atlantic Ocean, Caribbean Sea, Gulf of Mexico, and in the eastern North Pacific Ocean, and which is called a typhoon in the western Pacific and a cyclone in the Indian Ocean*. Posteriormente, se listan los términos asociados que designan el concepto en las seis lenguas contenidas en EcoLexicon. La lista está ordenada por lengua y tipo de término (término de entrada principal, sinónimo, variante, acrónimo, etc.). A la izquierda de cada término hay una pequeña bandera que representa el país donde se habla esa lengua. Al hacer clic en cada término, se abre una nueva ventana que proporciona a los usuarios la siguiente información lingüística: i) información morfosintáctica sobre la categoría gramatical (sustantivo, verbo, adjetivo o adverbio); tipo de término (término principal, sinónimo, variante geográfica y acrónimo); género (masculino, femenino y neutro); ii) concordancias; iii) fraseología, si está disponible. En este caso, se ha pinchado en el equivalente en español 'huracán'. Como se puede observar, 'huracán' es un término principal, nombre común y masculino. EcoLexicon ofrece la posiblidad de acceder al corpus del recurso para estudiar ejemplos en contexto. Asimismo, se muestran las colocaciones verbales de 'huracán' clasificadas según su significado. Por esta razón, se clasifican principalmente en función de su dominio léxico de acuerdo con los dominios léxicos propuestos por la Gramática Léxica (Faber y Mairal, 1999) (es decir, el significado nuclear), y posteriormente en función del subdominio léxico activado dentro de cada dominio léxico (es decir, la dimensión del significado). Una vez que se especifica el dominio y subdominio, se enumeran los verbos. En este caso, dentro del dominio de ACCIÓN, y del subdominio de *to come against sth with sudden force*, se activan los verbos 'azotar', 'impactar', 'sacudir' o 'golpear' y, cuando se activa el dominio de CAMBIO y el significado de *to cause to change for the worse*, se lexicalizan, entre otros, los verbos, 'afectar', 'arrasar', 'castigar', 'dañar', 'demoler' o 'derribar'. Posteriormente, el usuario puede pinchar en cada verbo y observar ejemplos de uso en contexto extraídos del corpus, así como notas de uso.

Después de la información lingüística, se muestran los recursos asociados (imágenes, documentos, URL, material audiovisual, etc.) que evocan al concepto y las categorías conceptuales. Por último, se incluye un módulo fraseológico que está en desarrollo.

Hasta la fecha, EcoLexicon es uno de los recursos más completos disponibles gratuitamente en línea para el inglés y el español, dedicado específicamente a las ciencias ambientales. Permite a los usuarios buscar por lema o unidades fraseológicas en seis lenguas y ofrece una gran cantidad de información tanto conceptual como lingüística para cada entrada terminológica. También tiene una sección especial para la fraseología que se está desarrollando actualmente. Sería interesante que en un futuro próximo se incluyeran también información fraseológica nominal y adjetival y que se ofrecieran correspondencias directas entre la fraseología de las distintas lenguas.

3.4.2. IATE

IATE (Terminología Interactiva para Europa, por sus siglas en inglés)[8] es la base de datos terminológica multilingüe de la Unión Europea disponible en línea desde 2004. Incluye más de 8 millones de términos, más de un millón de entradas, con más de 130 000 unidades fraseológicas en los 24 idiomas oficiales de la Unión Europea, y crece a un ritmo de 300 nuevos términos por día[9]. IATE abarca una amplia gama de dominios especializados, entre los que se incluye el medio ambiente, etc. IATE permite realizar búsquedas por *coincidencia exacta*, por *secuencia exacta*, por *todas las palabras*, por *cualquier palabra* o por *secuencia parcial* en la lengua de origen. Esto es especialmente interesante para la recuperación fraseológica. Además, permite buscar cualquier tipo de término e incluye, por tanto, compuestos como lemas. Asimismo, permite también buscar en cualquier parte de la entrada terminológica. Las consultas también pueden restringirse a un subdominio específico.

La búsqueda de '*hurricane*' del inglés al español ofrece siete compuestos, a saber, '*hurricane cloud*', '*hurricane plant*', '*hurricane clause*', '*hurricane Mitch*', '*hurricane warning*', '*hurricane tracking*', '*hurricane microseisms*'. A diferencia de muchos recursos especializados, IATE también incluye verbos y adjetivos como entradas. Por lo tanto, se permiten búsquedas a partir del sustantivo, el adjetivo y el verbo. Esta es, de hecho, una de sus características más positivas. La Figura 17 ofrece un extracto de los resultados para '*hurricane*' en IATE y su equivalente en español, 'huracán'.

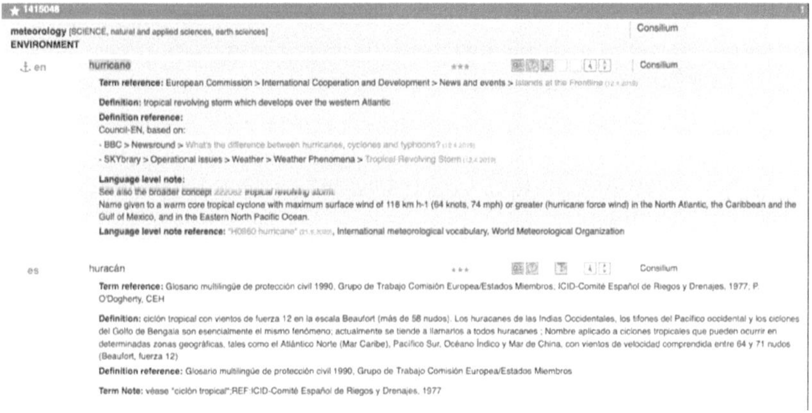

Figura 17. Entrada de '*hurricane*' en IATE

---

8 <http://iate.europa.eu/>.

9 Según <https://tke2014.coreon.com/slides/2014_06_19_104_1150_Maslias_et_al.pdf>.

Además de proporcionar el dominio en el que se incluye el término de búsqueda (p. ej. *'hurricane'* se encuentra dentro del dominio de *environment* [medio ambiente] y, más concretamente, *meteorology* [meteorología]), para cada entrada, IATE da acceso a la referencia desde la que se ha extraído la definición ( ), la definición , la nota de uso si se necesita, contextos de uso y remisiones a otras entradas relacionadas desde el punto de visto semántico. Asimismo, IATE también incluye un código de fiabilidad (tres estrellas para información muy fiable y una estrella cuando la fiabilidad no puede ser verificada). Para el caso que nos ocupa, observamos que tanto la entrada en lengua inglesa como en lengua española son muy fiables, dado que cuentan con tres estrellas. Las definiciones son muy completas (por ejemplo, en la definición en español se indica "ciclón tropical con vientos de fuerza 12 en la escala Beaufort (más de 50 nudos). Los huracanes de las Indias Occidentales, los tifones del Pacífico occidental y los ciclones del Golfo de Bengala son esencialmente el mismo fenómeno [...]").

3.4.3. TERMIUM Plus

TERMIUM Plus[10] es una base de datos terminológica que ha sido desarrollada por el Gobierno del Canadá durante más de 40 años. Es una de las mayores bases de datos en línea con millones de términos que cubre una gran variedad de dominios especializados, en inglés y francés, principalmente, pero también en español y portugués. Las consultas pueden formularse en cualquiera de las cuatro lenguas. El término de búsqueda puede ser una unidad fraseológica, un sustantivo, un verbo o un adjetivo y el usuario puede especificar el alcance de la búsqueda entre las siguientes opciones: i) todos los términos (es decir, todas las entradas en las que los términos aparecen exactamente como se han introducido); ii) todos los registros (es decir, la recuperación en todas las secciones del registro, como la definición). Los usuarios también pueden restringir la búsqueda a un dominio específico. El sistema ofrece también compuestos como entradas.

La búsqueda para *'hurricane'*, dentro de todos los registros y todos los términos, ofrece como compuestos *'hurricane cloud'*, *'hurricane committee'*, *'hurricane deck'*, *'hurricane disaster potential'*, *'hurricane evacuation study'*, *'hurricane fighter'*, *'hurricane force'*, *'hurricane force wind'*, *'hurricane force wind warning'*.

10 <http://www.btb.termiumplus.gc.ca/>.

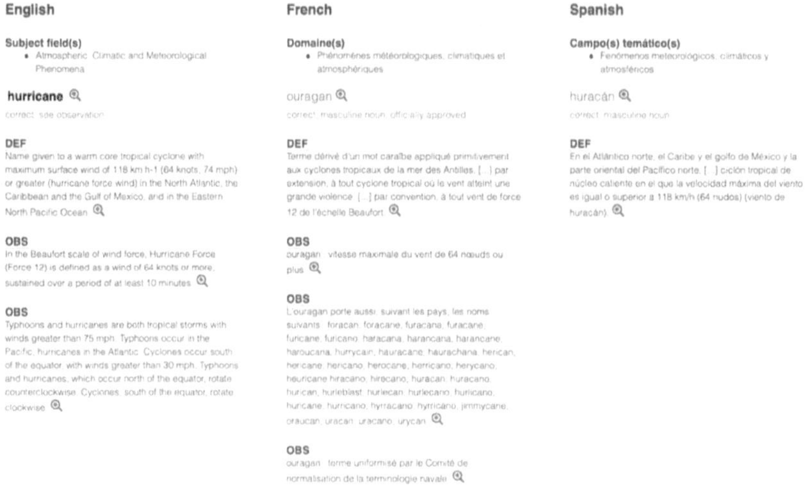

English

Subject field(s)
- Atmospheric, Climatic and Meteorological Phenomena

hurricane

correct, see observation

DEF
Name given to a warm core tropical cyclone with maximum surface wind of 118 km h-1 (64 knots, 74 mph) or greater (hurricane force wind) in the North Atlantic, the Caribbean and the Gulf of Mexico, and in the Eastern North Pacific Ocean

OBS
In the Beaufort scale of wind force, Hurricane Force (Force 12) is defined as a wind of 64 knots or more, sustained over a period of at least 10 minutes.

OBS
Typhoons and hurricanes are both tropical storms with winds greater than 75 mph. Typhoons occur in the Pacific, hurricanes in the Atlantic. Cyclones occur south of the equator, with winds greater than 30 mph. Typhoons and hurricanes, which occur north of the equator, rotate counterclockwise. Cyclones, south of the equator, rotate clockwise.

French

Domaine(s)
- Phénomènes météorologiques, climatiques et atmosphériques

ouragan

correct, masculine noun, officially approved

DEF
Terme dérivé d'un mot caraïbe appliqué primitivement aux cyclones tropicaux de la mer des Antilles. [...] par extension, à tout cyclone tropical où le vent atteint une grande violence. [...] par convention, à tout vent de force 12 de l'échelle Beaufort.

OBS
ouragan : vitesse maximale du vent de 64 nœuds ou plus.

OBS
L'ouragan porte aussi, suivant les pays, les noms suivants : foracan, foracane, furacana, furacane, furicane, furicano, haracana, harancana, harancane, haroucana, hurrycain, hauracane, haurachana, herican, hericane, hericano, herocane, herricano, herycano, heuricane hiracano, hirecano, huracan, huracano, hurican, hurleblast, hurlecan, hurlecano, hurlicano, hurricane, hurricano, hyrracano, hyrricano, jimmycane, oraucan, uracan, uracano, urycan.

OBS
ouragan : terme uniformisé par le Comité de normalisation de la terminologie navale.

Spanish

Campo(s) temático(s)
- Fenómenos meteorológicos, climáticos y atmosféricos

huracán

correct, masculine noun

DEF
En el Atlántico norte, el Caribe y el golfo de México y la parte oriental del Pacífico norte, [...] ciclón tropical de núcleo caliente en el que la velocidad máxima del viento es igual o superior a 118 km/h (64 nudos) (viento de huracán).

Figura 18. Entrada de '*hurricane*' en TERMIUM Plus

La Figura 18 muestra un extracto de los resultados de '*hurricane*' en TERMIUM Plus. En cada entrada se especifica el subdominio (en este caso, se trata de *atmospheric, climatic and meteorological phenomena* [fenómenos atmosféricos, climáticos y meteorológicos]). Para algunos registros se proporciona una definición, encabezada por DEF y un contexto de uso, encabezado por CONT (contexto). Asimismo, a veces, se incluye una sección de observaciones (OBS), es decir, una sección que proporciona más información relacionada con la entrada del término. Por último, para ciertas entradas se da información colocacional encabeza por (PHR).

En el extracto de los resultados que se proporciona en la Figura 18 se puede observar que TERMIUM Plus ofrece la definición tanto para el concepto en inglés, como en español, y también en francés. Por ejemplo, la definición en español señala "en el Atlántico norte, el Caribe y el golfo de México y la parte oriental del Pacífico norte, ciclón tropical de núcleo caliente en el que la velocidad máxima del viento es igual o superior a 118 km/h". Asimismo, para los lemas en inglés y en francés, se ofrecen varias secciones de observaciones donde se complementa la información proporcionada en la definición y donde se proporcionan indicaciones de uso. En este sentido, se señala, en inglés, que dependiendo de la zona geográfica en la que ocurran, los huracanes reciben una denominación distinta "typhoons and hurricanes are both tropical storms with winds greater than 75 mph. Typhoons occur in the Pacific, hurricanes in the Atlantic. Cyclones occurs south of the equator [...]".

Conclusiones

En esta investigación, mediante un encargo de traducción imaginario, en el que se solicita la traducción, del inglés al español del fragmento "*hurricane Katrina struck the Gulf Coast with devastating winds [...]*", se describen los principales recursos de la *Web as Corpus (WaC)* y de la *Web for Corpus (WfC)* que pueden ser útiles en el proceso traductor, especialmente para la traducción de las unidades fraseológicas. En este sentido, se demuestra como un uso avanzado de Google, junto con la utilización de programas de pre- y posprocesamiento, como WebCorp y programas de análisis de corpus, como Sketch Engine y sus principales funcionalidades son herramientas imprescindibles para la etapa de documentación y extracción terminológica. No obstante, también se destaca la utilidad de los recursos terminográficos, especialmente de los bilingües o multilingües reales, es decir, los que ofrecen toda la información del lema (definición, contextos de eso, fraseología) en más de una lengua. Aunque el ejemplo propuesto se enmarca dentro de la combinación inglés-español, la metodología didáctica descrita podría utilizarse para otras combinaciones lingüísticas de distintos dominios.

Este estudio destaca la importancia de utilizar corpus y herramientas de análisis de corpus de forma adecuada desde el inicio de los estudios de grado. Lamentablemente, los contenidos relacionados con la Lingüística de Corpus suelen incluirse exclusivamente en la asignatura de Terminología que, dependiendo de las universidades, se imparte en tercer o cuarto curso. Muchos estudiantes aprovechan para hacer una estancia Erasmus en alguno de estos cursos y convalidar la asignatura, por lo que concluyen su formación sin los conocimientos necesarios en materia de corpus. Algo similar ocurre con la profundización en los recursos lexicográficos o terminográficos. Son muchos los estudiantes de últimos cursos que siguen confiando, casi exclusivamente, en los diccionarios bilingües como WordReference o en aplicaciones de traducción automática como Linguee o DeepL y desconocen las infinitas posibilidades que pueden aportar los recursos lexicográficos o terminográficos cuando están bien diseñados (Buendía Castro, 2023).

En esta investigación concluimos que el corpus y el diccionario deben ser complementarios y no excluyentes. Es cierto que dependiendo del dominio en el que se inserte un encargo de traducción o interpretación, el corpus puede presentar más ventajas frente al diccionario o viceversa. En este sentido, para un dominio nuevo en el que haya muchos neologismos, posiblemente los corpus, que ofrecen ejemplos de la lengua viva, puedan ser más efectivos que los recursos lexicográficos o terminográficos. No obstante, los recursos lexicográficos y terminográficos de calidad, proporcionan información conceptual y lingüística que, a veces, es mucho más difícil encontrar en un corpus.

Referencias bibliográficas

Atkins, S., Clear, J. y Ostler, N. (1992). Corpus Design Criteria. *Literary and Linguistic Computing*, 7(1), 1–16.

Austermühl, F. (2001). *Electronic Tools for Translators*. Manchester: St. Jerome.

Baroni, M. y Bernardini, S. (2004). BootCaT: Bootstrapping Corpora and Terms from the Web. En M.T. Lino, M.F. Xavier, F. Ferreira, R. Costa y R. Silva (eds.), *Proceedings of LREC*. (pp. 1313–1316). Lisboa. http://sslmit.unibo.it/~-baroni/publications/lrec2004/bootcat_lrec_2004.pdf (30/06/2010)

Baroni, M., Kilgarriff, A., Pomikálek, J. y Rychlý, P. (2006). WebBootCat: instant domain-specific corpora to support human translators. En Hansen, V. y Maegaard, B. (Eds.), *Proceedings of EAMT 2006 - 11th Annual Conference of the European Association for Machine Translation* (pp. 247-252). Oslo: European Association for Machine Translation.

Bernardini, S., Baroni, M. y Evert, S. (2006). A WaCky Introduction. En M. Baroni, S. Bernardini (eds.), *WaCky! Working Papers on the Web as Corpus* (pp. 1–32). Bologna: GEDIT.

Bowker, L. y Pearson, J. (2002). *Working with Specialized Language: A Practical Guide to Using Corpora*. London: Routledge.

Buendía Castro, M. y Ureña Gómez-Moreno, J.M. (2010). ¿Cómo diseñar un corpus de calidad? Parámetros de evaluación. *Sendebar*, 21, 165–180

Buendía-Castro, M., Montero, S. y Faber, P. (2014). Verb collocations and phraseology in EcoLexicon. *Yearbook of Phraseology*. 5(1), 57–94.

Buendía Castro, M. (2020). "Bilingual and multilingual online environmental knowledge resources: A comparative study for translation purposes". *International Journal of Lexicography*, 33(1), 40–72.

Buendía-Castro, M. (2021) *Verb collocations in dictionaries and corpus: an integrated approach for translation purposes*. Berlín: Peter Lang.

Buendía Castro, M. (2023). "Dictionary Use by Trainee Translators". *International Journal of Lexicography, 36*(4), 510–527.

Colson, J. P. (2008). Cross-linguistic phraseological studies: an overview. En S. Granger, y F. Meunier(Eds.) *Phraseology: An interdisciplinary perspective*, (pp. 191–206). Amsterdam: John Benjamins.

Corpas Pastor, G. (2004). La traducción de textos médicos especializados a través de recursos electrónicos y corpus virtuales. En *Actas del II Congreso Internacional "El español, lengua de traducción"* (pp. 137–164).

De Schryver, G. M. (2002). Web for / as corpus: a perspective for the African languages, *Nordic Journal of African Studies, 11(2)*, 266–282.

Engwall, G. (1992). Comments. En J. Svartvik (ed.), *Directions in Corpus Linguistics* (pp. 164–169). New York/Berlín: Mouton de Gruyter.

Faber, P. y Mairal, R. (1999). *Constructing a Lexicon of English Verbs*. New York/ Berlín: Mouton de Gruyter.

Faber, P. (2022). Frame-based Terminology. En P. Faber y M.C. L'Homme (eds.), *Theoretical Perspectives on Terminology: Explaining terms, concepts and specialized knowledge* (pp. 353–376). Amsterdam: John Benjamins. doi:https://doi.org/10.1075/tlrp.23.16fab.

Francis, W.N. (1982). Problems of Assembiling and Computerizing Large Corpora. En S. Johansson (ed.), *Computer Corpora in English Language Research* (pp. 7–24). Bergen: Norwegian Computing Centre for the Hummanities.

Jiménez, M., y Ortiz-Repiso, V. (2007). *Evaluación y calidad de sedes web*. Gijón: Ediciones Trea, S.L.

Kehoe, A. y Renouf, A. (2002). WebCorp: Applying the Web to Linguistics and Linguistics to the Web. En D. Lassner, D. de Roure y A. Iyengar (eds.), *Proceedings of the WWW 2002 Conference*. New York: ACM. http://www2002.org/CDROM/poster/67

Kilgarriff, A., Rychly, P., Smrz, P. y Tugwell, D. (2004). The Sketch Engine'. En Williams, G. y Vessier, S. (Eds.), *Proceedings of the 11th Euralex International Congress* (pp. 105-116): Lorient: Université de Bretagne-Sud.

Howarth, P. (1998). Phraseology and second language proficiency. *Applied linguistics*, 19(1), 24–44.

Huertas-Barros, E. y Buendía Castro, M. (2017). Optimising resourcing skills to develop phraseological competence in legal translation: tasks and approaches. *International Journal of Legal Discourse*, 2(2), 347–372.

Huertas Barros, E. y Buendía Castro, M. (2018). Analysing Phraseological Units in Legal Translation: Evaluation of Translation Errors for the English-Spanish Language Pair. En S. Gozdz-Roszkowski, y G. Pontrandolfo (Eds.) *Phraseology in Legal and Institutional Settings: A Corpus-based Interdisciplinary Perspective*, (pp. 41–60). London/New York: Routledge.

Keller, E. A., y Blodgett, R. H. (2007). *Riesgos naturales: Procesos de la Tierra como riesgos, desastres y catástrofes*. Madrid: Pearson Educación. [Traducción de Pilar Gil Ruiz].

Leiva Rojo, J. (2018). Phraseology as an indicator for translation quality assessment of museum texts: A corpus-based analysis. *Cogent Arts & Humanities*. 5:1. https://doi.org/10.1080/23311983.2018.1442116.

McEnery, T. y Wilson, A. (1996). *Corpus Linguistics*. Edinburgh: Edinburgh University Press.

Montero Martínez, S. y Buendía Castro, M. (2017). Clasificación semántica de colocaciones verbales para la adquisición y codificación de conocimiento experto: El caso de los riesgos naturales. *Revista Española de Lingüística Aplicada*, 30(1), 240–272.

Mossop, B. (2011). Revision. En Y. Gambier y L. van Doorslaer (Eds.) *Handbook of translation studies* (Vol. 2), (pp. 135–139). Amsterdam/Philadelphia: John Benjamins.

Naciones Unidas. (2009). *UNISDR Terminología sobre Reducción del Riesgo de Desastres*. Ginebra: Estrategia Internacional para la Reducción de Desastres de las Naciones Unidas. <http://www.unisdr.org/files/7817_UNISDRTerminologySpanish.pdf>.

Olcina Cantos, J. (2006a). *¿Riesgos Naturales?* Vol.1. Barcelona: Davinci.

Olcina Cantos, J. (2006b). *¿Riesgos Naturales?* Vol.2. Barcelona: Davinci.

REAL ACADEMIA ESPAÑOLA. (2023). *Diccionario de la lengua española*, 23.ª ed., [versión 23.6 en línea]. <https://dle.rae.es> [05/01/2023].

San Martín, A., Cabezas-García, M., Buendía Castro, M., Sánchez-Cárdenas, B., León-Araúz, P. y Faber, P. (2017). Recent Advances in EcoLexicon. *Dictionaries: Journal of the Dictionary Society of North America*, 38(1), 96–115.

San Martín, A., Cabezas-García, M., Buendía-Castro, M., Sánchez-Cárdenas, B., León-Araúz, P., Reimerink, A. y Faber. P. (2020). Presente y futuro de la base de conocimiento terminológica EcoLexicon. *Onomázein*, 49, 174–202. DOI 10.7764/onomazein.49.09

Sinclair, J. (2005). Corpus and Text-basic Principles. En M. Wynne (ed.), *Developing Linguistic Corpora: A Guide to Good Practice* (pp. 1–16). Oxford: Oxford Books.

Turner, S. (2014). *The development of metaphoric competence in French and Japanese Learners of English*. Tesis doctoral presentada en la Universidad de Birmingham (Reino Unido).

Zanettin, F., Bernardini, S. y Stewart, D. (eds.) (2003). *Corpora in Translator Education*. Manchester-Northampton: St Jerome.

Zanettin, F. (2002). DIY Corpora: The WWW and the Translator. En B. Maia, J. Haller, M. Urlrych (Eds), *Training the Language Services Provider for the New Millennium* (pp. 239–248). Porto: Facultade de Letras, Universidade do Porto.

Ángela Luque Giráldez & Míriam Seghiri

Universidad de Málaga, IUITILM

Designing a technical specifications template in English: a corpus-based approach

Resumen: El objetivo de este trabajo es estudiar la estructura, las características y la naturaleza normativa de las especificaciones técnicas. Si bien las especificaciones técnicas son documentos esenciales e incluso obligatorios, ya que tienen que acompañar a todo producto que se comercialice, a día de hoy no existe ningún estudio, que tengamos constancia, que haya abordado estas cuestiones. Para alcanzar este objetivo, se utilizará una metodología basada en corpus que se ha llevado a cabo a través de la compilación del corpus EN3DCOR. Este corpus, que incluye 72 especificaciones técnicas de impresoras 3D en inglés, se ha diseñado con el propósito de realizar un análisis detallado de su estructura, que se divide en tres niveles: superestructura, macroestructura y microestructura. La explotación de este corpus se efectuará a través de AntConc. Una vez analizada la estructura, se elaborará una plantilla de redacción de especificaciones técnicas de impresoras 3D en inglés y que estará disponible para descargar por cualquier usuario que lo necesite. Esta plantilla de redacción resultará una valiosa herramienta para fabricantes, traductores o cualquier otro usuario, pues presenta la estructura y contenidos más frecuentes en las especificaciones técnicas en inglés y, además, cumplen con los requisitos reglamentarios.

Palabras clave: corpus virtual, traducción técnica, plantilla de redacción, especificaciones, impresión 3D

Abstract: This work aims to study the structure, characteristics, and regulatory nature of technical specifications or technical datasheets (TDS). While TDS are essential and mandatory documents, as they accompany any product that is placed on the market, up until now there is no study that has addressed these issues. In order to achieve this objective, a corpus-based methodology will be used, which has been carried out through the compilation of the EN3DCOR corpus. This corpus includes 72 technical specifications of 3D printers in English, and it has been created to conduct a detailed analysis of the TDS structure, which is divided into three levels: superstructure, macrostructure, and microstructure. AntConc will be used to exploit the corpus. Once the structure has been analysed, a template for writing technical specifications for 3D printers will be developed in English. This template will be designed to be as accurate as possible and will be available to download. This writing template may serve as a valuable tool for manufacturers, translators and other users, as it presents the most frequent structure and contents in the TDS and, in addition, it meets regulatory requirements.

Keywords: virtual corpus, technical translation, writing template, specifications, 3D printer

1. Introduction

Since the 1980s, engineers and researchers have been working on a technology known as additive manufacturing that allows us to build three-dimensional objects with the help of software and hardware. This technology was named 3D printing and it has been in constant development.

According to Invertia (2022), every time, more companies emerge in the 3D printing market, boosting this sector's growth by 20 % in 2022 and with expectations of a growth of 30 % by 2024 (ABC, 2022). There is no doubt that this situation will contribute to demand growth in the translation market and, therefore, more translators will have to train themselves in this field. Even though this technology was invented 40 years ago, it is not until the 2010s that they became as accessible (Impresioni3D, 2019), as we know them now, which means there are not enough resources and information for the translator.

For this reason, we are addressing this need by creating tools for translators and 3D printer developers. In this work, we will focus on describing technical specifications by studying their characteristics, regulatory nature and structure —divided into three levels, i.e. superstructure, macrostructure and microstructure. To this effect, we will use EN3DCOR, which is a technical specifications corpus formed by 72 documents in English. EN3DCOR will be exploded with AntConc[1], a corpus management program and, by using its different functions, the structure and terminology will be examined. Once this step is completed, the most frequently used structure and terminology will be added to a writing template. This template will be designed to be as accurate as possible and will be available to download.

2. Technical data sheet (TDS)

In addition to describing the TDS characteristics, we will analyse its regulatory nature and the standards that it needs to comply with. Several EU and Spanish

1 AntConc is a freeware, multi-platform, multi-purpose corpus analysis toolkit, designed specifically for use in the classroom. It is available for downloading at <https://www.laurenceanthony.net/software/antconc/>.

legislations will be explored in order to study the health and safety content, languages and updating content requirements.

2.1. Description

The technical data sheet (TDS) or technical specification is described as a short document, typically consisting of one or two pages, that presents a brief summary of a product's essential features, along with a set of technical specifications or more detailed information about that product (Olohan, 2015). They provide comprehensive and unambiguous descriptions, specifying what a product is required to do, what characteristics and material should have, or how a service should be provided (Byrne, 2012).

When discussing TDS, it is important to consider the level of technicality that they employ. According to Olohan (2015), TDS terminology can vary depending on the level of speciality that they assume in their readers. TDS are designed for readers who have some existing knowledge about the product or its potential application, however, they do not address technicians or highly specialised professionals, rather they are targeted towards a medium level of specification. Also, TDS should be considered different from technical brochures, which cover a range of products rather than a single product. Technical brochures are commonly longer than TDS and are supported by textual and graphical promotional material that emphasizes the product range and the company.

2.2. The regulatory nature of the TDS

Technical documentation is an essential aspect of modern industry, providing crucial information on products, materials, and processes. According to Byrne (2012), TDS have the purpose of communicating information and they are characterised by being informative, descriptive, instructional, and regulatory/normative documents. This is the reason why sometimes the only way to convey information effectively is to present bare facts and figures, whether it is reflected in a sentence, presented as a bullet point in a list or in a table without any connectors, prepositions or conjunctions.

Moreover, Byrne explains that the TDS, as a regulatory document, provide information related to product composition, properties, applications, safety, legal considerations, and environmental issues. Their content can vary depending on the type of product, the company and the legal requirements of the country where the product is commercialised. In some circumstances, TDS may also include formal directives, laws, and standards, which are written by standards organisations, trade organisations or government bodies. This is a common practice in this genre because standards aim to normalize and homogenize the design of products or materials and regulate certain commercial activities. To demonstrate this regulatory nature, we reached the applicable legislation from the European Union and the Spanish Government to explore the current legislation about technical documentation for 3D printers.

2.2.1. Health and safety requirements

Some different rules and directives specify how to ensure the safety of technical products. The European Parliament and of the Council enacted the *General Product Safety Directive 2001/95/EC* which applies to all products —with the exception of foodstuffs, pharmaceuticals and medical devices. It states that any product that may present a risk to the user must include appropriate warnings, in clear and easily understandable language(s), in the official languages of the Member State in which the product is placed on the market. These products must also have appropriate labelling, assembly, use and disposal instructions, as well as any other information related to the product.

The Council of the European Union also promulgated the *Council Resolution of 17 December 1998 on operating instructions for technical consumer goods* which underscores the importance of safety-related information that allows them to use products properly, evaluate inherent risks, and take necessary precautions. Similarly, *Directive 2006/42/EC of the European Parliament of the Council of 17 May 2006 on machinery* (The European Parliament and of the Council, 2006) the *'Blue Guide' on the implementation of EU products rules 2016* (European Commission, 2016) and, at a national level, the *Royal Decree 993/2022 on adopting control measures for the import of electrical and electronic equipment (AEE), batteries and accumulators from third countries* (Ministerio de la Presidencia, Relaciones con las Cortes y Memoria Democrática, 2022) require the manufacturer to develop technical documentation, ensuring compliance with essential health and safety requirements.

For many products, there are also specific European standards that require CE marking for marketing in the European Economic Area, a mark that certifies that the product complies with EU safety, health and environmental protection requirements. According to *Royal Decree 1644/2008* (Ministerio de la Presidencia, Relaciones con las Cortes y Memoria Democrática, 2008), which transposes the European regulations in Spain, before marketing or putting a product into service, it is mandatory that manufacturers or authorized representatives verify applicable standards, conduct a risk analysis, prepare the instruction manual, perform necessary conformity assessments, draw up the CE declaration of conformity, attach it to the machine, and affix the CE marking before marketing or putting the product into service.

2.2.2. Content requirements

Even though there are no mandatory regulations regarding structure and contents, some rules suggest what technical documentation should comprise. The aforementioned *Directive 2006/42/EC*, along with *Decision No 768/2008/CE on a common framework for the marketing of products*, mandates that technical documentation should include: (1) a general description of the product, (2) the overall drawing of the machinery, control circuits diagrams and their relevant descriptions and explanations to understand the machinery operation, (3) the results of design calculations and examinations carried out, (4) test reports, etc. The content of the technical documentation will depend on the nature of the product and the requirements necessary for its safe operation.

2.2.3. Language and translation requirements

Several legislations point out the significance of providing technical documents in different languages, indicating that consumers must have easy access to operating instructions at least in their own official Community language. These regulations include the *Council Resolution of 17 December 1998 on operating instructions for technical consumer goods* (Council of the European Union, 1998), the *General Product Safety Directive 2001/95/EC* (Council of the European Union, 1998), the *Directive 2006/42/EC on machinery* (European Parliament and of the Council, 2006), and the *Royal Decree 993/2022 on adopting control measures for the import of electrical and electronic equipment (AEE)* (Ministerio de la Presidencia, Relaciones con las Cortes y Memoria Democrática, 2022).

The aforementioned *Directive 2006/42/EC* adds that translations must be based on the original language only and distinctive cultural characteristics should be taken into account, which requires that translations are done by experts. The communication of information should be "clear and precise, be correct in spelling and grammar, use comprehensible words, avoid unnecessary specialist terms, be consistent in the use of words and explain abbreviations and accompanies with clarity".

2.2.4. *Updating requirements*

Regarding machinery safety, it is required that the product manufacturer maintains an updated technical file which can be provided to the relevant authorities in case of an accident. This requirement is laid out in *Directive 2006/42/EC* (European Parliament and of the Council, 2006). The *'Blue Guide' on the implementation of EU product rules 2016* (European Commission, 2016) also highlights the importance of updating this technical documentation if a product has been subject to re-designs and re-assessments of conformity. The technical documentation should reflect all versions of the product, describing any changes made, how the different product versions can be identified and information on the various conformity assessments. Besides, it must be kept for 10 years and must be submitted on request to the competent body with its translation into the required language.

3. Analysing the structure of technical datasheets

To examine the structure of TDS, the 3DCOR corpus (Luque-Giráldez and Seghiri, 2019) will serve as a valuable resource. This corpus[2] compromises a collection of 72 technical specifications in English. To investigate this configuration, we will analyse the framework of discourse analysis which encompasses three fundamental structures, i.e. superstructure, macrostructure and microstructure. The process of identifying, extracting and comparing data and terminology will be demonstrated by utilising the AntConc software, by using the functions KWIC, Plot and Cluster. It should be pointed out that in order to choose the terms that will form part of the template, some parameters were established: those with the highest frequency of occurrence will be selected as long as they are used by more than 1 company and have a minimum of 5 uses.

3.1. Superstructure

Initially, we analyse the superstructure which constitutes the fundamental framework of a series of texts to create a coherent unity. It is composed of several elements, such as the introduction, contents and closing. TDS conventionally

2 To obtain more information on creating and compiling 3DCOR, see Luque Giráldez and Seghiri (2019, 2020, 2021a, 2021b and 2021c). Along the same lines, and on the methodology for compiling specialised corpora, see the works of Arce Romeral and Seghiri (2018, 2019, 2020a, 2020b, 2021, 2022a and 2022b), Pérez-Carrasco and Seghiri (2021a, 2021b and 2022), Seghiri (2019) or Seghiri and Arce (2022).

consist of two parts: title and contents. The introduction and ending elements are not typically required in this textual type, given that the primary objective of this genre is to exhibit data to facilitate a direct comparison of a given product with others (Figure 1).

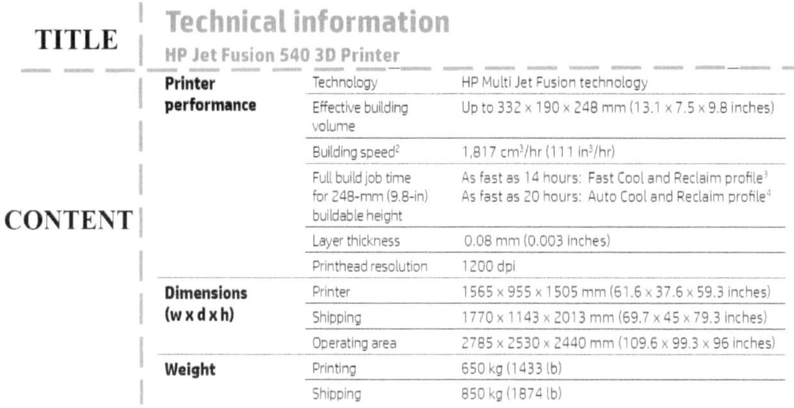

Technical information

HP Jet Fusion 540 3D Printer

Printer performance	Technology	HP Multi Jet Fusion technology
	Effective building volume	Up to 332 x 190 x 248 mm (13.1 x 7.5 x 9.8 inches)
	Building speed[2]	1,817 cm^3/hr (111 in^3/hr)
	Full build job time for 248-mm (9.8-in) buildable height	As fast as 14 hours: Fast Cool and Reclaim profile[3] As fast as 20 hours: Auto Cool and Reclaim profile[4]
	Layer thickness	0.08 mm (0.003 inches)
	Printhead resolution	1200 dpi
Dimensions (w x d x h)	Printer	1565 x 955 x 1505 mm (61.6 x 37.6 x 59.3 inches)
	Shipping	1770 x 1143 x 2013 mm (69.7 x 45 x 79.3 inches)
	Operating area	2785 x 2530 x 2440 mm (109.6 x 99.3 x 96 inches)
Weight	Printing	650 kg (1433 lb)
	Shipping	850 kg (1874 lb)

Figure 1. Example of a TDS superstructure (source: personal collection)

It can be observed how the information is displayed, as Byrne (2012) described, the data is presented in the form of a list or table, highlighting essential information. It should also be noted that full sentences are absent, with a lack of verbs and connectives. It is common for the TDS to include the product's name and the type of text genre, i.e., technical datasheet. It was observed that the nomenclature used to refer to TDS varies across different texts by using terms such as "specifications" (x53), "technical specifications" (x13) or "technical data" (x3). However it was noticeable that the term "specifications" has a higher frequency of occurrence in this corpus (Figure 2), therefore it was chosen over the alternatives.

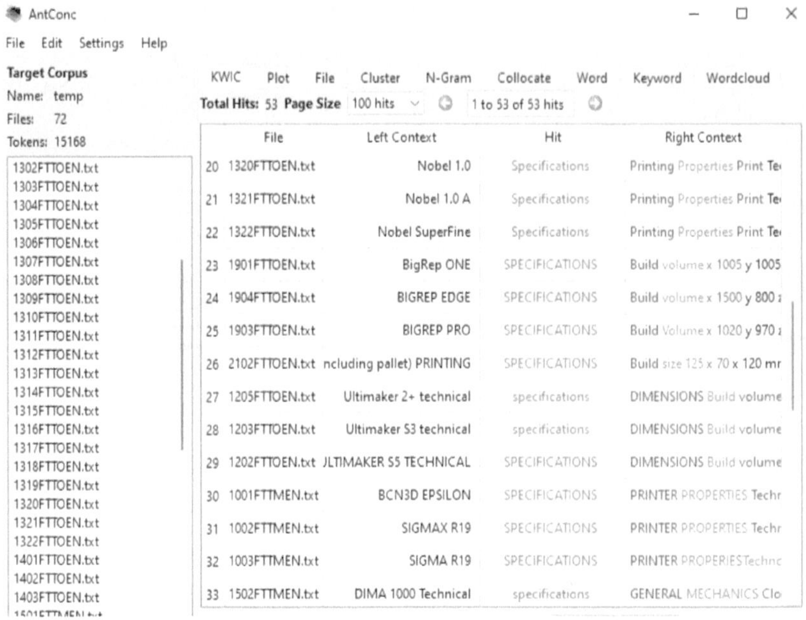

Figure 2. Frequency of occurrence of the term "Specifications" in the corpus EN3DCOR (source: personal collection)

As the presentation of the data in TDS varies, we will deepen the structure of the technical data sheet by analysing its macrostructure and microstructure.

3.2. Macrostructure

Macrostructure is understood as the analysis of the global meaning, topics or themes within a text, which reveals the primary information in a discourse. In the case of TDS, the macrostructure does not exhibit a standardised format, as they all vary depending on the particular company and brand. However, the structure often follows the notion of a logical progression of topics, as discussed in Olohan's work (2016).

As explained by Byrne (2012), it is frequent to find, on the top of this type of document, the product's name, next to the company name, occasionally a logo and a slogan, and other contact details. The content of the TDS is often related to these topics: materials, properties of materials, construction components, techniques, equipment, products and trade names. They are also highly likely to contain images of the product, arrays or tables of technical data, which often include product specifications featuring numerical values: e.g. tables that list a set of material properties grouped into categories of physical attributes. Finally, footers are often used to present legal or administrative information, including disclaimers, and are often featured in small print. Taking this into account facilitates the identification of the macrostructure in EN3DCOR.

Initially, all TDS have been compared to conclude whether their content was structured using divisions such as headings and subheadings or presented in a list format. Out of the 72 TDS, 45 of them followed a divided structure while the remaining 27 did not. Therefore, the predominant structure of the divided TDS will be followed to design the writing templates while also taking into consideration the non-structured TDS.

Through our analysis, similar content appeared across numerous documents, demonstrating that, even if there is an absence of a universal structure, they share topics and themes. We gained a more comprehensive understanding of the macrostructure and we established that TDS exhibits distinct recurring patterns of information, which are classified into the following ten sections:

I. The first division is labelled as "*printing properties*", which includes general information related to the printer. This term is the most used (x25) (Figure 3), in comparison to others such as "printer properties" (x7), "operation parameters" (x5) and "printer performance" (x4), as shown in Figure 3.

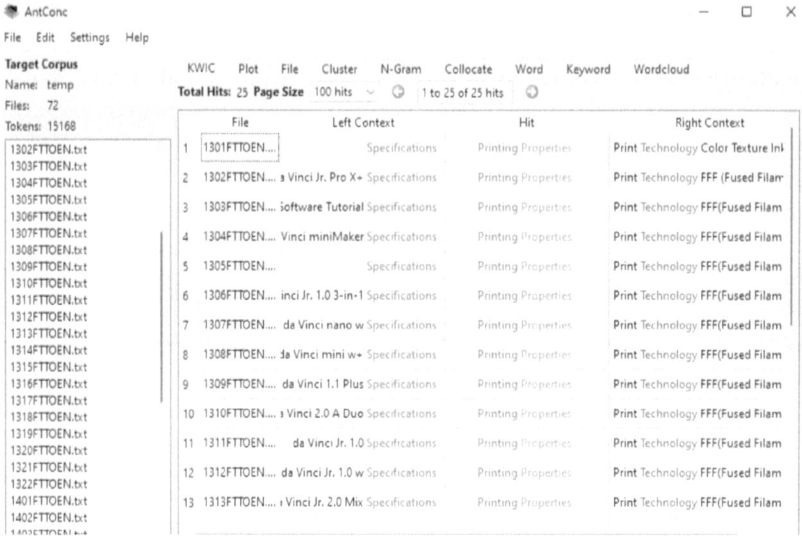

Figure 3. Search of "printing properties" in the tool KWIC in AntConc (source: personal collection)

This section is also positioned as the initial part of the discursive structure of the TDS, as indicated by the function Plot, which visually represents where a term appears in every text in the corpus (Figure 4).

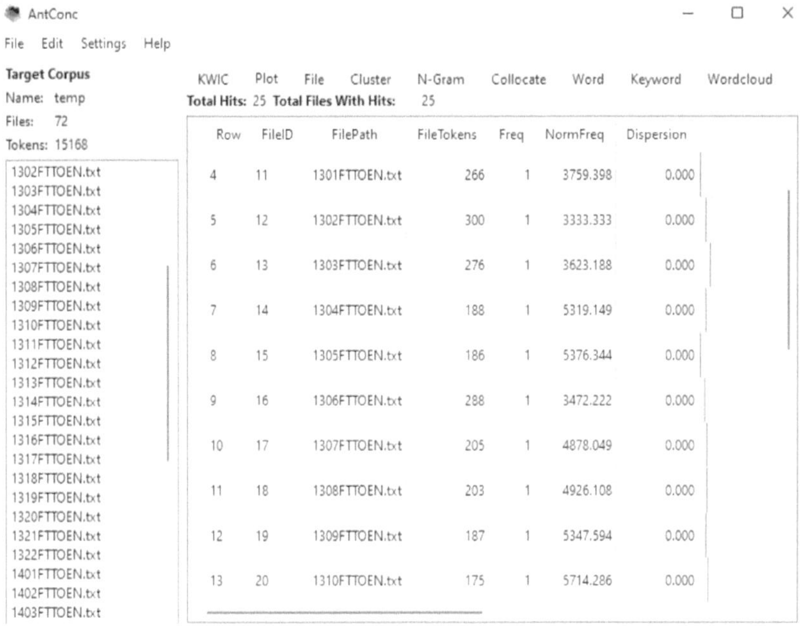

Figure 4. Search of "printing properties" in the tool Plot in AntConc (source: personal collection)

In this section, within these *printing properties*, we find the following technical information about the printer:

a) The data extracted reveals two main technologies used for these printers: on the one hand, "Fused Filament Fabrication (FFF)" (x36) which is a technology based on the ejection of thermoplastic filaments through a heated nozzle that melts the material, and, on the other hand, "Stereolithography"(x13) which cures liquid resin into rigid plastic using a laser.
b) Different characteristics that refer to the size of a piece that the printer can produce, such as "build volume" (x20), "print volume" (x5) or "build area" (x22). Out of these three terms, "build volume" (x20) was included in the template instead of "build area" (x22) as this last one was used by one company. Furthermore, we find characteristics of the printing base, called "print bed" (x57), "print base" (x13) or "build plate" (x19) in different TDS; as well as its temperature, "print bed

temperature" (x9), and its speed, "travel speed" (x6), which refers to the moving speed during printing, and also "moving speed" (x19), which refers to the speed when moving from one place to another without printing.

c) The movement and positioning precision of the printing: "Positioning precision XY" (x19) and "Positioning precision Z" (x19), instead of "XYZ resolution" (x5) and other less frequent variants.
d) The calibration of the printing platform: "Calibration" (x12).

II. "*Dimensions*": it is observed that this term has a frequency of 97 uses, higher than others, such as "product dimensions" (x24) or "size & weight" (x22). This section is divided into two components:
   a) "Product dimensions" (x24) and "packed dimensions" (x22).
   b) "Product weight" (x27) and "packed weight" (x22).

III. "*Extruder*"/"*Laser*": as this corpus contains TDS where two distinct printing technologies are used, we find that there are two different components (depending on the technology) which eject or model material in order to print. To capture this variation, this section alters its content according to the technology used in the first section (ref. I. Printing properties / a. Printing technology) depending on the technology used, therefore influencing the "material" section. When a printer uses FFF technology, the TDS will include information about the component "extruder" (x70), while if it uses stereolithography, the TDS will include information about the "laser" component (x14). This section will also affect the section where different printing materials are explained (ref. IV. Material):
   a) *Extruder*: this component pushes the filament towards the nozzle for model printing. Among its features, we identified "nozzle diameter" (x32), the number of extruders it has, which typically is one or two ("single/dual extrusion", (x5)), the "number of nozzles" (x19), the "nozzle temperature" (x16) and the "filament diameter" (x31).
   b) *Laser*: this component is responsible for curing the liquid resin to print a model. Its features include "laser type" (x1), "light source" (x4), "laser product"(x6), "resin tank" (x5) and "resin fill system" (x3). Even though we established in our parameters that terms that appear less than five times should not be included, it was not practical to restrict their inclusion. The number of printers with lasers in this corpus is lower than the printers with extruders, so excluding them would not be representative of the different types of printers found in EN3DCOR.

IV. "*Material*": it is present 101 times, found along with other synonyms such as "materials" (x75), "model material" (x11) and "printing material" (x2). The features of this section are outlined below:
   a) "Material": adding this section was motivated by its frequency of usage and also by the need of indicating which material can be processed by certain printers. As we mentioned previously, this section is directly connected to the printing technology and its corresponding component (Extruder/Laser). If the printer uses FFF technology, it means it has an extruder, therefore, it uses "filament" (x111). However, if it uses stereolithography and has a laser, it uses "resin" (x33). Using one material or another entails the specification of some features, which will be broken down in the following sequence.
      i. If "filament" is the material used, features such as "filament diameter" (x31) and "spool" (x10) will be added.
      ii. If "resin" is the material used, features such as "wavelength" (x13) and "resin cartridge" (x3) will be added.
   b) This section also includes "material compatibility" (x25) and "support 3rd party material" (x8), which apply to both "filament" and "resin" materials.

V. The term "*connectivity*" is frequently used (x40) in the corpus, compared to others such as "communication" (x6) or "communications" (x3). Here, the means of transmitting data are detailed: "Wi-Fi" (x27), "Ethernet" (x24) or "LAN" (x12), "USB cable" (x24), "USB flash drive" (x98) and "SD card" (x23).

VI. The term "*operating requirements*" was the chosen term due to its high frequency of use (x23), instead of other less frequent terms such as "power supply" (x6) or "electric properties" (x3). This section refers to the basic characteristics that are necessary for printing to take place. These include:
   a) "Power requirements" (x29) and the "power consumption" (x12) of the machine.
   b) The printer's "operating temperature" (x44), "ambient temperature" (x5), which refers to the location where the machine is placed, its "storage temperature -filament" (x19) or "storage temperature -resin" (x3) — depending on its technology— and the "operation humidity" (x22).

VII. This section is titled "*software*" as it is the term with the highest frequency (x107), compared to other less frequent synonyms such as "printer properties" (x7) or "ecosystem" (x5). Among its main properties, the following can be distinguished:
   a) "Software" (x107), "operating systems" (x35) and "firmware" (x16)
   b) "Supported file formats" (x26)
   c) "Language" (x22)

VIII. "*Hardware*": it has a frequency of occurrence of 54 times, more commonly used compared to "recommended hardware" (x3) or "general mechanics" (x6). Here we can find features associated with other printer physical components, such as:
   a) "Structure" (x6) has a relatively low frequency, but it is necessary to include since it is mentioned in nearly all the TDS structure-related characteristics, even if it is not explicitly stated. "Display" (x13), "hard disk" (x47) and "processor" (x26) are also gathered.
   b) Whether or not "stepper motors" (x39) are provisioned.

IX. "*Warranty*": This section is included in 25 texts and indicates various aspects, such as the duration of the warranty coverage and other conditions related to returns or repairs.

X. "*Certifications*": This section has been included in the template, even though it is absent in some TDS in EN3DCOR. "Certifications" has 10 occurrences in the corpus and it refers to the information relevant to the product's longevity and quality of the system in order to comply with official standards set by relevant regulatory bodies.

3.3. Microstructure

Upon completion of the macrostructural analysis of the TDS, we can focus on the microstructure. Byrne (2012) notes that such texts typically show information in a condensed format, leaving no room for long explanations. This structure evidences an absence of full sentences with verbs, connectors or propositions, among others. All information is presented in a list format, usually organised in two columns or differentiated propositions, where one proposition indicates a general characteristic and the other one confirms, denies or completes it with specific data. These can be appreciated in the next example (Figure 5):

Printing Properties

Print Technology
FFF(Fused Filament Fabrication)

Max. Build Area (WxDxH)
150 x 150 x 150 mm

XY Positioning Precision
X/Y 12.5 micron

Z Positioning Precision
Z : 0.0004 mm

Supported File Formats
.stl, .3mf, .obj, .igs, .stp, .ply, .amf, XYZ Format (.3w), .nkg (.stl)

3D Builder Support
YES

Figure 5. Example of a TDS microstructure (source: personal collection).

This example confirms this existing pattern, where there are some propositions (in bold) that offer general information, followed by other propositions (in grey) that provide specific details.

To have further insight into the microstructure, we consulted a phraseological analysis based on EN3DCOR (Luque-Giráldez y Seghiri, 2021a), which revealed a preference for nouns, especially in colocations and phrases constructed in the form of "noun + noun". This can be observed in Figure 5, where phraseological units such as "print technology", "file formats" or "build area" are noticeable.

Regarding the terminology employed in TDS, it can be noted an abundance of specialised lexicon when mentioning the type of technology employed (FFF or stereolithography), the components, materials or particular features (e.g. extruder, laser, filament, spool, etc.), as well as more common words when describing physical dimensions or included software. Additionally, some acronyms, such as FFF, and some units of measurement (those of the International System of Units) are frequently utilised. As a stated previously, this variety of specialised terms and common words evidences that TDS are a type of text that is intended for a semi-specialised audience interested in knowing the specifications of the 3D printer prior to purchase.

4. Implementing data into a template to write technical datasheets

Following the analysis of the super-, macro-, and microstructure of this genre, we intend to implement our findings by developing a writing template for technical datasheets.

To this end, we created an Excel spreadsheet that incorporates all the elements studied with AntConc associated with the aforementioned structures. The template includes spaces for writing, which are colour-coded so the user can quickly identify them, as well as drop-down menus, also colour-coded, which display different alternatives. In certain instances, where it has been considered that there may be other options that do not appear in our corpus, writing will be enabled. When the user is completing the cells, these will change to white (Figure 6).

Dimensions						
Product dimensions	...	x	...	x	...	mm
Packed dimensions	...	x	...	x	...	mm
Product weight			...			kg
Packed weight			...			kg

Dimensions						
Product dimensions	420	x	430	x	380	mm
Packed dimensions	505	x	588	x	475	mm
Product weight			12			kg
Packed weight			15			kg

Figure 6. Sample of an uncompleted (above) and completed (bellow) fragment (source: personal collection).

It is important to highlight that, given the presence of two different technologies within EN3DCOR, the writing template must be representative of both. Therefore, depending on the technology selected in the main section "Printing properties", the section "Extruder"/"Laser" will automatically alternate from one to the other. Correspondingly, the same adjustment will occur in the section "Material", where it will alternate between "resin" or "filament" and their respective attributes (Figure 7).

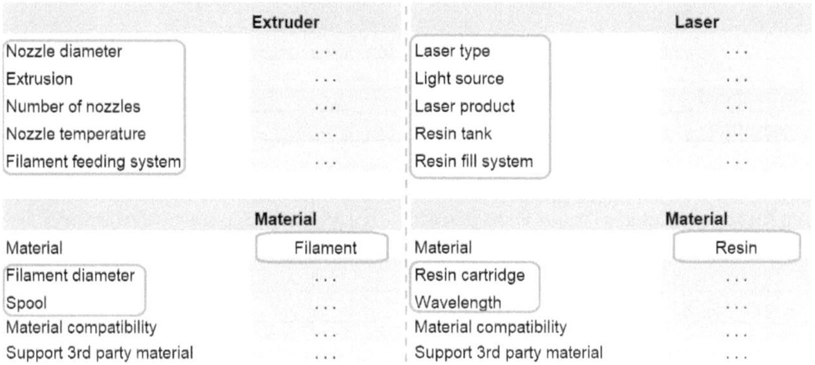

Figure 7. Sample of auto-completion of the template according to the chosen technology: "extruder" and "filament" for "fused filament fabrication" (on the left) and "laser" and "resin" for "stereolithography" (on the right) (source: personal collection)

Finally, using the "Protect spreadsheet" function in the "Revise" tab in Excel, the cells that do not require editing or input have been blocked to avoid accidentally removing data in the event that the user wishes to edit the template. They can do so by clicking on "Unprotect spreadsheet".

As a result, users will be able to complete all the mandatory cells and export the content into alternative formats like HTML, DOC or PDF. The technical specification writing template for 3D printers is presented below (Table 1).

Table 1. Resulting automated template to write technical datasheets for 3D printers (source: personal collection)

Specifications		
(name of the product, model, brand…)		
Printing properties		
Print technology	Fused Filament Fabrication (FFF)	
Build volume	… x … x …	mm
Print bed	…	
Heated bed	…	
Print bed temperature	…	°C
Layer resolution	… - …	microns
Layer thickness	…	microns
Positioning precision XY	…	microns
Positioning precision Z	…	microns

(continúa)

Table 1. Continúa

Moving speed	…	mm/s
Travel speed	< …	mm^3/s
Calibration	…	
Leveling	…	
Dimensions		
Product dimensions	… x … x …	mm
Packed dimensions	… x … x …	mm
Product weight	…	kg
Packed weight	…	kg
Extruder		
Nozzle diameter	…	
Extrusion	…	
Number of nozzles	…	
Nozzle temperature	…	
Filament feeding system	…	
Material		
Material	Filament	
Filament diameter	…	
Spool	…	
Material compatibility	…	
Support 3rd party material	…	
Connectivity		
Connectivity	…	
USB cable	…	
USB flash drive	…	
SD card	…	
Operating requirements		
Power requirements	… V / …	Hz
Consumption	…	kW
Operating temperature	…	°C
Ambient temperature	…	°C
Storage temperature - filament	…	°C
Operation humidity	…	%
Software		
Software	…	
Operating systems	…	
Firmware	…	
Supported file formats	…	
Language	…	
Hardware		
Structure	…	

Table 1. Continúa

Display	...
Hard disk	...
Processor	...
Stepper motos	...
Warranty	
...	
Certification and statement	
...	

The writing template developed for the purpose of generating technical datasheets for 3D printers is freely accessible for consultation or download via two distinct channels: Google Drive[3] and the website 3dcor.es[4].

5. Findings

In this paper, we have analysed the technical datasheet or technical specifications from a descriptive and legislative point of view. This is a genre which is commonly translated, yet one of the least studied. TDS possess unique characteristics that distinguish them, as they exhibit recurrent common features and a prototypical structure that indicates they are standalone documents.

We have conducted an in-depth analysis of its unique features, particularly its structure, which has been carried out in three levels, namely superstructure, macrostructure and microstructure. As a result of this analysis, we learned more about, not only the terminology but also some insights into how 3D printers work: such as the use of different printing technologies, leading to the incorporation of specific parts and materials. Furthermore, the efficiency of the virtual corpus as a useful tool has been demonstrated as it can create terminological and documentary resources for translators.

We have also observed that technical specifications have certain regulatory features which they have to comply with, in terms of health and safety, language requirements, content requirements and updating requirements.

3 This writing template is available to download in Excel format at <https://drive.google.com/file/d/1NA6Vu0nEMo9cL1i2yQAqiaKu-R5AYZQv/view?usp=sharing>.

4 This writing template is available to complete and download at <https://3dcor.es/en/plantillas-de-redaccion-en>.

Ultimately, a writing template has been created which includes the most common structures and features found in EN3DCOR, while also considering the variations regarding technology, materials and components. This template is available for use by anyone producing or translating a TDS and can be further modified and expanded to meet the needs of any issuing organisation.

Acknowledgements

This paper is part of the activities carried out by the Instituto Universitario de Investigación de Tecnologías Lingüísticas Multilingües (IUITLM), as well as part of the projects INMOCOR (Ref. P20-00109), VIP II (Ref. PID2020-112818GB-I00), Training network on language technologies for interpreters (Ref. EUIN2017-87746), Aplicación de técnicas avanzadas de PLN al ámbito de las Tecnologías de la Traducción y la Interpretación (Ref. EQC2018-004572-P), MI4ALL (AndalucíaTech), Introducción al mercado profesional de la traducción especializada (Acción 731, UMA 2020), POSTrad IV (UVa) and TRIAJE (Ref. UMA18-FEDERJA-067).

References

ABC (2022). https://www.abc.es/noticias/abci-tecnologia-impresion-supera-reto-escalabilidad-industrial-202205220408_noticia.html?ref=https%3A%2F%2Fwww.abc.es%2Fnoticias%2Fabci-tecnologia-impresion-supera-reto-escalabilidad-industrial-202205220408_noticia.html

Arce Romeral, L. & Seghiri, M. (2018). Determinación de la representatividad cualitativa y cuantitativa de un corpus virtual de contratos de compraventa de viviendas (inglés-español). In. M. A. García Peinado & I. Ahumada Lara (Eds.), *Traducción literaria y discursos traductológicos especializados* (pp. 309–330). Amsterdam: Peter Lang.

Arce Romeral, L. & Seghiri, M. (2019). Diseño de plantillas de redacción y traducción al inglés (variedades británica y estadounidense) de contratos de compraventa de viviendas basadas en corpus. In M. Seghiri (Ed.), *La lingüística de corpus aplicada al desarrollo de la competencia tecnológica en los estudios de traducción e interpretación y la enseñanza de segundas lenguas* (pp. 69–106). Amsterdam: Peter Lang.

Arce Romeral, L. & Seghiri, M. (2020a). LEXCOR: un corpus legislativo de compraventa inmobiliaria como herramienta de traducción. In S. Álvarez Álvarez & M. T. Ortego Antón (Eds.), *Perfiles estratégicos de traductores e intérpretes en la transmisión de la información experta multilingüe en la sociedad del conocimiento del siglo XXI* (pp. 125–141). Granada: Comares.

Arce Romeral, L. & Seghiri, M. (2020b). Creación de una plantilla de traducción de contratos de compraventa de viviendas. Un estudio aplicado a Irlanda. *Transatlantic Studies Network* (TNS), 9.

Arce Romeral, L. & Seghiri, M. (2021). COMPRAVENTACOR: un sitio web para la traducción de contratos de compraventa de viviendas en España, Argentina, Reino Unido y Estados Unidos. *Hikma: Revista de Traducción*, 20(1), 221–254.

Arce Romeral, L. & Seghiri, M. (2022a). Implementación de plantillas de redacción de contratos de compraventa de viviendas en español: variedades peninsular y argentina. In M. A. García & J. de Dios Torralbo (Eds.), *La práctica de la traducción especializada jurídica*. Amsterdam: Peter Lang.

Arce Romeral, L. & Seghiri, M. (2022b). Generation of a glossary for the translation of housing purchase and sale agreements in Spain, Argentina, the United Kingdom and the United States: a corpus-based methodology. *Hermēneus. Revista de Traducción e Interpretación*, 24, 87–118.

Byrne, J. (2012): *Scientific and Technical Translation Explained. A Nuts and Bolts Guide for Beginners*. Manchester: St. Jerome Publishing.

Council of the European Union (1998). Council Resolution of 17 December 1998 on operating instructions for technical consumer goods. *Official Journal*. Available at <https://eur-lex.europa.eu/legal-content/LV/TXT/?uri=CELEX:31998Y1231(02)>.

European Commission (2016). Commission Notice: The 'Blue Guide' on the implementation of EU products rules 2016. *Official Journal of the European Union*. Available at <https://eur-lex.europa.eu/legal-content/EN/TXT/?uri=CELEX%3A52016XC0726%2802%29>.

European Parliament and of the Council (2001). Directive 2001/95/EC of the European Parliament and of the Council of 3 December 2001 on general product safety (Text with EEA relevance). *Official Journal of the European Union*. Available at <https://eur-lex.europa.eu/legal-content/EN/ALL/?uri=celex%3A32001L0095>.

European Parliament and of the Council (2006). Directive 2006/42/EC of the European Parliament and of the Council of 17 May 2006 on machinery, and amending Directive 95/16/EC (recast). *Official Journal of the European Union*. Available at <https://eur-lex.europa.eu/legal-content/EN/ALL/?uri=CELEX:32006L0042>.

European Parliament and of the Council (2008). Decision No 768/2008/EC of the European Parliament and of the Council of 9 July 2008 on a common framework for the marketing of products, and repealing Council Decision 93/465/EEC. *Official Journal of the European Union*. Available at <https://eur-lex.europa.eu/legal-content/EN/TXT/?uri=celex:32008D0768>.

Impresioni3D (2019). *Evolución e Historia de las impresoras 3D y su futuro* https://impresioni3d.com/evolucion-de-la-impresion-3d/

Invertia (2012). *Del futuro coche eléctrico de la Fórmula 1 a nanosatélites: la impresión 3D tiene la llave de la digitalización en la industria.* https://www.elespanol.com/invertia/disruptores-innovadores/disruptores/startups/20220314/futuro-electrico-formula-nanosatelites-impresion-digitalizacion-industria/656434413_0.html

Luque Giráldez, Á. & Seghiri, M. (2019). Extracción terminológica basada en corpus para la traducción de fichas técnicas de impresoras 3D. In G. Corpas Pastor, R. Mitkov, M. Kunilovskaya & M. Losey León (Eds.), *Computational and Corpus-based Phraseology* (pp. 99–106). Ginebra: Tradulex.

Luque Giráldez, Á. & Seghiri, M. (2020). El corpus 3DCOR como herramienta para traducir fichas técnicas de impresoras 3D. In P. L. Luchini & U. Kickhöfel Alves (Eds.), *Cuestiones del lenguaje: Desarrollo de lenguas extranjeras, enseñanza y traducción* (pp. 125–140). Mar del Plata: Universidad Nacional de Mar de Plata.

Luque Giráldez, Á. & Seghiri, M. (2021a). Colocaciones y locuciones en las fichas técnicas de impresoras 3D (inglés-español): un estudio basado en el corpus 3DCOR. In G. Corpas Pastor et al. (Eds.), *Sistemas fraseológicos en contraste: enfoques computacionales y de corpus* (pp. 231–252). Granada: Comares.

Luque Giráldez, Á. & Seghiri, M. (2021b). La traducción técnica inversa con el corpus 3DCOR. In M. A. Veroz-González & P. Bernal-Castillo (Eds.), *Lenguas y traducción: retos y estudios de caso en entornos especializados y humanísticos* (pp. 165–175). Madrid: McGraw Hill.

Luque Giráldez, Á. & Seghiri, M. (2021c). Extracción fraseológica basada en un corpus de fichas técnicas de impresoras 3D en español: colocaciones y locuciones. In M. De Beni & E. Sartor (Eds.), *Pliegos hispánicos: los corpus especializados en la lingüística aplicada: enseñanza y traducción* (pp. 43–66). Mantua: Universitas Studiorum.

Ministerio de la Presidencia (2008). Royal Decree 1644/2008 of 10 October 2008 laying down rules for machinery trading and commissioning. *Boletín Oficial del Estado.* Available at <https://www.boe.es/diario_boe/txt.php?id=BOE-A-2008-16387>.

Ministerio de la Presidencia, Relaciones con las Cortes y Memoria Democrática (2022). Royal Decree 993/2022, of 29 November on adopting control measures for the import of electrical and electronic equipment (AEE), batteries and accumulators from third countries. *Boletín Oficial del Estado.* Available at <https://www.boe.es/buscar/act.php?id=BOE-A-2022-19914>.

Olohan, M. (2015). *Scientific and Technical Translation.* London: Routledge.

Pérez-Carrasco, M. & Seghiri M. (2021a). Estudio diacrónico de terminología técnica de manuales de usuario de automoción a través de recursos de la Real Academia Española: CORDE, CREA, CORPES XXI, NTTL y MDA. In M. De Beni & D. Hourani (Eds), *Corpus y estudio diacrónico del discurso especializado en español*, (pp. 263–292). Berlin: Peter Lang,

Pérez-Carrasco, M. & Seghiri, M. (2021b). MOTOCOR: Compilación de un corpus técnico paralelo bilingüe (inglés-español) y su aplicación en la traducción directa de un texto sobre automoción. *Anales de Lingüística. Segunda época*, 5, 123–148.

Pérez-Carrasco, M. & Seghiri M. (2022). MOTOCOR Y MOTOLEX: Estudio comparativo de la terminología técnica empleada en un subcorpus de manuales de usuario y un subcorpus legislativo sobre automoción. In F. Rodríguez (Coord.), *Theory and practice of translation and interpreting as a vehicle for knowledge transfer/Théorie et pratique de la traduction et de l'interprétation comme véhicule de transfert des connaissances* (pp. 139–171). Sevilla: Universidad de Sevilla.

Seghiri, M. (Ed.) (2019). *La lingüística de corpus aplicada al desarrollo de la competencia tecnológica en los estudios de traducción e interpretación y la enseñanza de segundas lenguas*. Amsterdam: Peter Lang.

Seghiri, M., & Arce Romeral, L. (2022). *La traducción de contratos de compraventa inmobiliaria: un estudio basado en corpus aplicado a España e Irlanda*. Amsterdam: Peter Lang.

Raquel Lázaro Gutiérrez

Grupo FITISPos-UAH, Universidad de Alcalá

Compilación de un corpus oral de conversaciones telefónicas mediadas por un intérprete

Resumen: En esta contribución describiremos los primeros pasos del reciente proyecto "PRAGMACOR: Pragmática de corpus e interpretación telefónica: análisis de ataques contra la imagen"[1]. El objetivo de este proyecto es analizar ataques contra la imagen, elemento esencial de la cortesía, en conversaciones telefónicas mediadas por un intérprete. La metodología está pasada en el análisis pragmático de corpus. En esta contribución en concreto, nos centraremos en el procedimiento de compilación del corpus, empezando por la primera fase esencial de generación de acuerdos con las empresas que proporcionan servicios de interpretación en España. Se abordarán cuestiones éticas y prácticas relativas a la formalización de acuerdos y permisos, por un lado, y de recogida y formato de las conversaciones compiladas. Esperamos con este capítulo mostrar una fase de la investigación con metodología de corpus que muchas veces se da por sentada y, sin embargo, no está exenta de dificultades y retos para los investigadores.

Palabras clave: corpus multilingües, corpus multimodales, interpretación telefónica, compilación, diseño

Abstract: In this contribution we will describe the first steps of the recent project PRAGMACOR: Corpus pragmatics and telephone interpreting: analysis of face-threatening acts, which runs from the 1st September 2022 to the 31st August 2026 with funds obtained in the national competitive call for "Knowledge generation projects" in the framework of the Spanish Programme for Scientific, Technical and Innovation Research 2021–2023. Specifically, we will focus on the corpus compilation procedure, starting with the first essential phase of generating agreements with companies providing interpretation services in Spain. Ethical and practical issues concerning the formalisation of

1 Ref.: PID2021-127196NA-I00. Se desarrolla entre el 1 de septiembre de 2022 y el 31 de agosto de 2026 gracias a fondos obtenidos en la convocatoria competitiva nacional de "Proyectos de generación de conocimiento" en el marco del Programa Estatal para Impulsar la Investigación Científico-Técnica y su Transferencia, del Plan Estatal de Investigación Científica, Técnica y de Innovación 2021–2023.

agreements and permissions, on the one hand, and the collection and formatting of the compiled conversations, on the other, will be addressed. We hope this chapter will show a phase of corpus methodology research which is often taken for granted in spite of the challenges it poses for researchers.

Keywords: multilingual corpora, multimodal corpora, telephone interpreting, compilation, design

1. Introducción

El proyecto PRAGMACOR se orienta hacia el análisis pragmático de los ataques contra la imagen de los participantes en conversaciones telefónicas mediadas por un intérprete. Aborda, por lo tanto, el estudio de la interpretación telefónica, que tanta popularidad está alcanzando en los últimos años, particularmente en la provisión de servicios, tanto públicos como privados (Lázaro Gutiérrez, 2021a).

Para lograr los objetivos del proyecto, el primer paso consiste en la compilación de un corpus de conversaciones multilingüe que incluya, junto con el castellano, las lenguas más frecuentes en que se prestan servicios de interpretación telefónica, a saber, inglés, francés, alemán y chino (Lázaro Gutiérrez, 2021b). Se estima necesario para cumplir con los estándares recomendados en cuanto al tamaño del corpus recopilar 500 000 palabras en cada lengua. Basándonos en muestras de proyectos anteriores, hemos calculado que necesitaríamos aproximadamente 10 000 minutos de grabaciones en cada par de lenguas, lo que equivaldría a 700 conversaciones en cada par de lenguas (2800 en total).

En esta contribución describiremos el procedimiento de compilación del corpus, empezando por la primera fase esencial de generación de acuerdos con las empresas que proporcionan servicios de interpretación en España. Se abordarán cuestiones éticas y prácticas relativas a la formalización de acuerdos y permisos, por un lado, y de recogida y formato de las conversaciones compiladas. Esperamos con este capítulo mostrar una fase de la investigación con metodología de corpus que muchas veces se da por sentada y, sin embargo, no está exenta de dificultades y retos para los investigadores. Esperamos, por lo tanto, que nuestra experiencia resulte interesante y útil para investigadores que aborden el análisis de corpus orales de conversaciones naturales a través de metodologías de corpus.

2. Descripción del proyecto

El proyecto PRAGMACOR examina conversaciones mediadas por intérpretes telefónicos. Aunque el gran grueso de la literatura sobre interpretación telefónica se centra en la interpretación en los servicios públicos, el uso de esta modalidad de interpretación está extendido para toda interacción que suponga una provisión de servicios, alcanzando gran cantidad de sectores privados (Lázaro Gutiérrez, 2019). Aunque surge por primera vez en Australia en los años 1970 (Ozolins, 1998), no llega a Europa hasta los 1990 (Phelan, 2001) y a España hasta los 2000 (Lázaro Gutiérrez y Nevado Llopis, 2022). Hoy en día, la actual popularidad de la interpretación telefónica estriba en sus ventajas, especialmente notables durante la crisis de la COVID-19 (Lázaro Gutiérrez y Nevado Llopis, 2022; de Cotret *et al.*, 2020), al suponer una solución ideal para evitar la presencialidad de los intérpretes y facilitar la comunicación de hablantes que interactúan por teléfono, a lo que deben sumarse otros factores importantes: mejoras tecnológicas, disminución de costes, disponibilidad de idiomas e inmediatez en la proporción de intérpretes.

La investigación en interpretación telefónica es creciente y cada vez más variada. No solo prolifera entre los estudios que se centran en el uso de la tecnología por parte de los intérpretes, como Braun (2019), Corpas Pastor y Gaber (2020), Kerremans *et al.* (2019) o Sánchez Ramos (2017), sino que existen cada vez más estudios que se ocupan en exclusiva de las modalidades remotas de la interpretación, con cierta preferencia por el ámbito sanitario, como Amato (2020), de Boe (2019), de Cotret *et al.* (2020) o Lázaro Gutiérrez (2021a). Muchos de los estudios sobre interpretación telefónica se centran en el análisis de la calidad (de Boe, 2019; Jaime Pérez, 2015), otros en la comparativa con la interpretación presencial (Wang, 2018; de Boe, 2021) y otros, con mucha profusión, sobre su didáctica (Vigier Moreno y Lázaro Gutiérrez, 2019; Iglesias Fernández y Ouellet, 2018; Hlavac, 2013; Fernández Pérez, 2015).

En los últimos años han aparecido estudios que, utilizando metodologías muy diversas, se han ocupado de variedad de aspectos de la interpretación telefónica. Por ejemplo, Angelelli y Ross (2021) utilizan grupos focales para explorar aquellos aspectos contextuales que influyen en la práctica diaria de intérpretes telefónicos que ejercen en el ámbito sanitario en Escocia. Averiguaron que las directrices sobre el uso de la tecnología son todavía escasas tanto para usuarios de los servicios de interpretación telefónica como para los mismos intérpretes, teniendo que echar mano estos últimos de sus propias habilidades y creatividad para lograr interpretar con eficiencia y calidad. Por otro lado, Jiménez Ivars (2021) lleva a cabo un estudio muy original utilizando herramientas de corpus para analizar reseñas de empleados y empleadores de interpretación telefónica en los Estados Unidos de América. El material de análisis se extrae de portales de reseñas incluidos en dos de los principales motores de búsqueda de empleo, y la investigación se centra en aspectos profesionales como la satisfacción con el trabajo, la formación exigida y proporcionada, y la supervisión, entre otros. Wang (2021) realizó un estudio basado en una encuesta, a la que contestaron 465 intérpretes telefónicos. Se centró en el uso de los pronombres tanto por los clientes como por los intérpretes, y obtuvo interesantes resultados sobre la percepción del rol del intérprete tanto por los profesionales de la interpretación como por sus clientes, que, en general, mostraban cierto desconocimiento sobre las funciones de los intérpretes. Xu *et al.* (2020) utilizaron la observación para analizar 17 entrevistas entre abogados y clientes que estaban mediadas por un intérprete telefónico en Nueva Gales del Sur (Australia). Se centraron en aspectos relacionados con la coordinación de la interacción y salieron a la luz problemáticas relacionadas con la falta de información antes del encargo, el desconocimiento de los protocolos, problemas técnicos, malas condiciones laborales y desviaciones de los códigos éticos.

El terreno de la interpretación telefónica está siendo explorado con ahínco, pero todavía queda mucho trabajo por hacer. Los resultados de investigaciones como las que se han mencionado en los párrafos anteriores nos indican que esta modalidad de interpretación posee características diferenciadoras y que todavía se echan de menos directrices tanto para usuarios como para intérpretes. Existe falta de conocimiento sobre esta modalidad, pero sabemos que los intérpretes telefónicos necesitan habilidades específicas para adaptarse a la tecnología y a particularidades relacionadas con la (falta de) información contextual y la coordinación de las interacciones (Pertusa Elorriaga, 2012; Lázaro Gutiérrez y Cabrera Méndez, 2019).

Según resultados de investigaciones previas del grupo FITISPos (ver Lázaro Gutiérrez y Cabrera Méndez, 2018, 2019, estudio fruto de la colaboración entre la Universidad de Alcalá y la empresa Dualia Teletraducciones materializado en contratos art. 83 LOU), la interpretación de ataques contra la imagen supone una dificultad frecuente percibida por los intérpretes telefónicos, quienes señalan la falta de directrices y formación para abordarla. En el marco del proyecto "Diseño, compilación y análisis de un corpus multilingüe de interacciones mediadas sobre asistencia en carretera" (Ref. CCGP2017-HUM002), gracias a la cooperación con la empresa Migralingua Voze se pudieron recopilar 346 conversaciones en alemán, chino, francés, inglés, italiano y ruso, que se anonimizaron, transcribieron y procesaron con herramientas de corpus para extraer vocabulario y patrones frecuentes. Se detectó la presencia objetiva de ataques contra la imagen, piedra angular de la teoría de la cortesía de Brown y Levinson (1987), que se desarrollará más adelante. Por otro lado, gracias al proyecto "Análisis de ataques contra la imagen en interpretación telefónica" (Ref. CM/JIN/2019-040), que explotaba este mismo corpus, se pudo constatar que estos ataques se producían tanto contra la imagen de proveedores de servicios y usuarios finales como contra intérpretes (Lázaro Gutiérrez, 2021b).

Con PRAGMACOR se pretende continuar en el marco de la pragmática de la lengua para analizar la prevalencia y características de los ataques contra la imagen en un corpus de conversaciones telefónicas en las que las dos partes principales y el intérprete se encuentran separados, es decir, en las que el usuario final del servicio llama a la compañía o institución que lo ofrece y, tras seleccionar entre una lista de opciones que proporciona un contestador automático, se conecta con un intérprete y, posteriormente, con el proveedor de servicios.

2.1. Hipótesis y objetivos de PRAGMACOR

La hipótesis de partida de PRAGMACOR, confirmada ya parcialmente por investigaciones previas (Lázaro Gutiérrez, 2017; Lázaro Gutiérrez y Cabrera Méndez, 2018), es que en las conversaciones telefónicas mediadas por intérpretes se produce un elevado número de ataques contra la imagen de distinta índole. Esto sería así porque se trata, por un lado, de interacciones en las que los participantes se relacionan en la distancia y de manera asíncrona e indirecta. Goffman (1967) argumenta que la interacción consiste en la influencia que los participantes de un evento comunicativo ejercen el uno sobre el otro cuando comparten tiempo, espacio y contexto. Este autor se refiere, en todo momento, a los encuentros que se producen cara a cara. Sin embargo, cuando hablamos de conversaciones telefónicas mediadas, los participantes se encuentran distantes el uno del otro (no comparten espacio), no reciben el significado completo de los mensajes del otro de manera inmediata (no comparten tiempo) porque una tercera persona tiene que transformarlos para que sean entendibles (proporcionando, reelaborando o reorganizando el contexto de la comunicación). El orden de la interacción que propone Goffman (1983) está organizado en torno a significados y rituales pragmáticos. Cuando la interacción sufre modificaciones tan importantes como las que hemos mencionado, es lógico pensar que estos aspectos pragmáticos se vean alterados (Jenkins, 2008). Algunos autores ya han apuntado a una mayor presencia de ataques contra la imagen tanto en la comunicación a distancia como en la indirecta (Simmons, 1994; Locher, 2010; Castro Cruz, 2017).

Los ya mencionados proyectos anteriores del Grupo FITISPos relacionados con interpretación telefónica y pragmática eran reducidos en cuanto a su ámbito (compañías de seguros y atención en carretera) y en cuanto a los aspectos estudiados (léxico, en el caso de CCGP2017-HUM002, y direccionalidad de los ataques contra la imagen, en el caso de CM/JIN/2019-040). Además de la necesidad de estudiar otros ámbitos en los que se prestan servicios de interpretación telefónica, como los servicios públicos, cuando diseñamos PRAGMACOR consideramos que es necesario profundizar en la morfología y características de los ataques contra la imagen, su efecto en los participantes en la comunicación, y la actuación e influencia del intérprete cuando estos se producen. Entre las cuestiones que quedan por resolver se encuentran las siguientes: ¿qué papel juegan los aspectos paralingüísticos como la entonación, el ritmo o la velocidad del discurso en la detección de un ataque contra la imagen?, ¿cómo se puede medir la recepción de los ataques contra la imagen y, por lo tanto, su efecto en la comunicación mediada?, ¿cómo pueden los intérpretes hacer frente a los ataques contra la imagen teniendo en cuenta tanto la calidad del servicio prestado como la ética del intérprete y la consecución de los objetivos de la situación comunicativa? Profundizar en el análisis de los ataques contra la imagen para la creación de material formativo y práctico (directrices, protocolos) contribuye, no solo a la generación de conocimiento, sino también a la mejora de la calidad de los servicios de interpretación telefónica.

Para confirmar o refutar nuestra hipótesis, nos marcamos los siguientes objetivos generales:

- Detectar ataques contra la imagen.
- Clasificar los ataques según:
    - La clasificación de Brown y Levinson (1987): ataques contra la imagen positiva y ataques contra la imagen negativa, en las distintas categorías propuestas por los autores.
    - Su direccionalidad, es decir, su emisor (proveedor, usuario o intérprete) y su receptor (proveedor, usuario o intérprete), con indicación de si emisores o receptores son hombres o mujeres.
    - Su efecto (positivo, negativo o neutro).
    - Analizar su impacto en el discurso y en la actuación de los intérpretes.

2.2. Metodología de PRAGMACOR

La gran complejidad de los ataques contra la imagen supone un reto a la hora de llevar a cabo investigación cuantitativa sobre ellos. Sin embargo, nuestra investigación plantea un enfoque mixto, cualitativo y cuantitativo. Para llevar a cabo esta investigación se utilizará una metodología basada en la pragmática de corpus. De este modo, nuestro estudio combina de manera novedosa la interpretación telefónica, la pragmática y los estudios de corpus.

2.2.1. Fundamentos de la metodología

PRAGMACOR se fundamenta en varios pilares: la pragmática (en concreto, las teorías de la cortesía y los ataques contra la imagen), la interpretación y el análisis de corpus. La metodología que se diseña para el proyecto, por lo tanto, se basa en la pragmática de corpus para el análisis de ataques contra la imagen en interpretación telefónica. En las siguientes subsecciones se proporcionan sucintos resúmenes sobre estudios relacionados con los aspectos fundamentales de esta metodología.

2.2.1.1. Pragmática y ataques contra la imagen

Según Yule (1992), se puede describir un comportamiento social cortés dentro de una cultura dada y se puede asumir que los participantes de una interacción son conscientes de las normas y principios que las rigen. En el seno de una interacción, la cortesía alcanza un estado diferente y se puede describir como los medios empleados para mostrar que se es consciente de la imagen del otro. Por lo tanto, normalmente, los interlocutores de una conversación esperan que se respete su imagen. Sin embargo, estas expectativas se pueden ver amenazadas por ataques verbales, paraverbales o no verbales.

Los ataques contra la imagen (*face-threatening acts* - FTAs) están relacionados con la teoría de la cortesía desarrollada por Brown y Levinson (1987), que, a su vez, se inspiraron en el concepto de actividad de imagen (*face-work*) propuesto por Goffman, un conjunto de estrategias que salvaguardan, protegen y reparan la imagen durante la interacción sociocomunicativa (1967: 15–23). La actividad de imagen se construye conjuntamente entre los distintos participantes en una conversación (Goffman, 1967; O'Driscoll, 2007; Hernández Flores, 2013) y se refleja en la presencia de determinados fragmentos de discurso o su combinación, ausencia, e incluso aspectos paralingüísticos y no verbales. Se desarrolla a través de comportamientos comunicativos y puede tener un efecto positivo, negativo (de amenaza) o neutro (modalidad, en términos de Hernández Flores, 2013) sobre la imagen del hablante, la del interlocutor o incluso la de otras personas, como puede ser el intérprete (direccionalidad, Hernández Flores, 2013). Varios efectos pueden estar relacionados con el mismo comportamiento comunicativo, teniendo, por ejemplo, un efecto negativo para el interlocutor y otro positivo para el emisor. La cortesía, por tanto, puede tener funciones de reparación, realce, atenuación, fortalecimiento o protección (Hernández

Flores, 2013), y también puede variar en intensidad según el efecto que logra producir (O'Driscoll, 2007). Al centrarnos específicamente en ataques contra la imagen se aborda la descortesía y cómo esta afecta a la imagen social de los interlocutores (Bernal, 2007; Kaul de Marlangeon, 2008, 2012),

Particularmente relevantes son lo que se ha venido denominando Teorías de Lenguaje y Género, que adscriben distintos estilos comunicativos a hombres y mujeres. Se ha comprobado que el uso de la cortesía difiere mucho según el género de los hablantes. Por ejemplo, Lakoff (1975) encontró que las mujeres producen un gran número de ataques contra su propia imagen; Zimmerman y West (1975) analizaron conversaciones en las que los hombres producían más interrupciones que las mujeres, y Tannen (1990) realizó una descripción minuciosa de las diferencias entre el estilo comunicativo de las mujeres y de los hombres, entre las que se incluía un muy distinto uso de la cortesía y de la producción de ataques contra la imagen.

Brown y Levinson (1987) describen dos tipos de imagen: negativa y positiva. La imagen positiva se refiere a la autoestima y está relacionada con el deseo de relacionarse positivamente con los demás. Por otro lado, la imagen negativa representa la libertad frente a la imposición e implica el derecho de acción individual, y está relacionada con la autonomía. Los aspectos positivos y negativos de la imagen tienen un papel determinante en la interacción social, y se necesita la cooperación entre todos los participantes para mantener la imagen de todos, ya sea a través de cortesía positiva o la negativa. La imagen negativa es atacada cuando se desafía la libertad de acción del interlocutor. Por otro lado, los ataques a la imagen positiva se producen cuando el orador no tiene en cuenta lo que desea su interlocutor. En este estudio pretendemos analizar los ataques contra la imagen positiva y negativa de los participantes en interacciones con intérprete telefónico, incluido el mismo intérprete.

Aunque los ataques contra la imagen se han criticado ampliamente, principalmente por la manera etnocentrista en que los describían Brown y Levinson (ver, por ejemplo, O'Driscoll, 2007 para una actualización del tema y Bravo y Briz Gómez, 2004 sobre un enfoque sociocultural), también han sido utilizado en multitud de estudios desde diversas perspectivas, incluyendo las reacciones de los hablantes (Lachenicht, 1980; Kienpointner, 1997; Harris, 2001; Pérez de Ayala, 2001; Culpeper *et al.*, 2003, etc.).

2.2.1.2. Pragmática e interpretación

La mayoría de los estudios de interpretación que han vinculado aspectos de la pragmática y la interpretación se han desarrollado en el ámbito de la interpretación simultánea de conferencias, o en entornos de interpretación dialógica presencial como, por ejemplo, la interpretación en tribunales (Berk-Seligson, 1990; Mason y Stewart, 2001; Hale, 2004; Fowler, 1997; Rigney, 1999, Jacobsen, 2003), la interpretación sanitaria (Merlini 2017; Delizée y Michaux 2017; Vogeleer y Delizée 2017), o en entornos educativos (Vargas-Urpí, 2019). En particular, los mecanismos de cortesía en el ámbito de la interpretación en los servicios públicos han sido estudiados por Pöllabauer (2004) en el contexto de las entrevistas de asilo y Cambridge (1997) en las consultas médicas. En el ámbito judicial, Gallez (2015) se ocupa de la descortesía y utiliza el modelo teórico de Bousfield (2008) para realizar un análisis de los ataques contra la imagen verbales del acusado hacia el juez, el intérprete y el abogado. También cabe mencionar los estudios de Merlini sobre los ataques contra la imagen en interpretación sanitaria (2013, 2017). En su artículo de 2017, dedica un apartado a analizar la cortesía verbal en una interacción interpretada en el ámbito sanitario utilizando el marco teórico de Brown y Levinson (1987) para conocer el uso de los mecanismos para salvaguardar la imagen que utilizaban los intérpretes. En un entorno educativo, Vargas-Urpí (2019) también se basa en la Teoría de la Cortesía de Brown y Levinson (1987) para reflexionar sobre las modificaciones que introducen los intérpretes bilaterales a la hora de reproducir el discurso de los hablantes primarios, y sugiere que las teorías de la (des)cortesía son útiles para comprender estas actuaciones y la contribución de los intérpretes sobre cómo se establecen las relaciones interpersonales en la conversación. Desde una perspectiva de género, Moro Solanes (2017) averiguó que las intérpretes en el ámbito sanitario utilizan muchas más fórmulas de cortesía (ataques contra la imagen negativa propia) que los intérpretes.

Algunos investigadores que han estudiado la interpretación en los servicios públicos (véase, por ejemplo, Merlini 2013 y Vargas-Urpí, 2019) sugieren combinar el marco teórico de Brown y Levinson con otros enfoques, como el de Goffman (1967) o el de Kerbrat-Orecchioni (2005), para comprender mejor la actuación de los intérpretes. Estamos de acuerdo con Mason y Stewart (2001: 51) en que los aspectos relativos a la de cortesía y otras variables pragmáticas interaccionales son cruciales para comprender lo que ocurre en los eventos comunicativos en el marco de la interpretación dialógica. Por lo tanto, con nuestra investigación pretendemos ahondar en estas cuestiones partiendo de la piedra angular de la Teoría de la Cortesía de Brown y Levinson (1987), los ataques contra la imagen, sin dejar de lado el uso complementario puntual de otras teorías o enfoques.

2.2.1.3. Pragmática de corpus

Respecto al análisis de ataques contra la imagen a través de corpus, cabe mencionar que la naturaleza de los aspectos pragmáticos de la lengua implica estudiar unidades que van más allá de las palabras o términos. Para llevar a cabo nuestro estudio, utilizamos un enfoque basado en la pragmática de corpus, una metodología muy novedosa tanto en el ámbito de la pragmática como en el ámbito de la lingüística de corpus, tanto así que Romero Trillo (2008: 2) las consideró paralelas, pero, con frecuencia, mutuamente excluyentes. Si los estudios sobre pragmática inicialmente eran cualitativos y centrados en pequeños conjuntos de fragmentos de discurso para los que existía gran información contextual, en el caso de la lingüística de corpus el interés se encontraba en el léxico, la gramática, la morfología y la sintaxis, particularmente en aquellos aspectos que abordaban manifestaciones superficiales del lenguaje y que podían ser recuperados a través de algoritmos de búsqueda (Jucker, 2018).

La pragmática de corpus combina, por lo tanto, metodologías típicas de la pragmática (análisis horizontales cualitativos) y de la lingüística de corpus (análisis verticales cuantitativos). Las herramientas de corpus permiten el análisis de grandes cantidades de datos. Sin embargo, dado que el contexto es algo fundamental en los estudios sobre pragmática, tradicionalmente se han utilizado corpus reducidos, que hicieran posible una lectura horizontal, algo que difiere sustancialmente de los típicos análisis de la lingüística de corpus, que se basan en lecturas verticales. A pesar de que la función de concordancias (KWIC, *Key Word In Context*) es especialmente útil para combinar análisis vertical y horizontal, para el estudio de la pragmática, en ocasiones es insuficiente el texto que aparece dentro de la línea de concordancia.

Los análisis más típicos dentro de la pragmática de corpus toman como punto de partida algunas unidades o construcciones léxicas asociadas frecuentemente a funciones pragmáticas y que ya han ido identificadas y aisladas en análisis pragmáticos previos. Gracias a la función KWIC, se obtienen las ocurrencias de estas unidades junto con sus elementos concordantes. A continuación, los investigadores pueden examinar el uso de estas unidades o construcciones teniendo su contexto en consideración para descartar aquellas que no correspondan con aquellos fenómenos que se están buscando. Este tipo de análisis parte de unas formas ya determinadas, por lo que se trata de un análisis forma-función (*form-to-function*). En el ámbito de la cortesía destacan con este enfoque los estudios de Aijmer (2013) y Adolphs (2008), que examinaron la frecuencia, distribución y colocaciones de palabras de actos de habla (*speech act words*) como "sorry" o "thanks". Desafortunadamente, no suele existir una relación unívoca entre una forma y una función determinadas. Por lo tanto, puede ocurrir que las palabras de actos de habla no se correspondan con el acto de habla en sí o bien que se pasen por alto ejemplos de este acto de habla porque no está representado por su teóricamente correspondiente palabra.

Es posible, sin embargo, estudiar elementos pragmáticos con el enfoque contrario (*function-to-form*). En este caso, no es posible realizar una búsqueda que extraiga de una función determinada de manera automática, por lo que las búsquedas tienen que centrarse en elementos circundantes como, por ejemplo, expresiones metacomunicativas (Jucker y Taavitsainen, 2014). Por ejemplo, en nuestro caso, son útiles las distintas formas de "amenazar", "solicitar", "agradecer", que son verbos que anuncian un ataque contra la imagen. En este caso, el análisis vertical también precede al horizontal. O'Keeffee (2018) reconoce la dificultad de aplicar este tipo de análisis a corpus grandes y ofrece varias soluciones al respecto: el uso de indicadores de fuerza ilocucionaria, el uso de inventarios pertenecientes a un género específico que hayan sido resultantes del análisis manual de corpus pequeños, el uso de características léxicas o gramaticales típicamente asociadas a un acto de habla concreto, y el uso de expresiones metacomunicativas.

Otra manera de analizar aspectos pragmáticos, sobre todo cuando forma y función no coinciden, es mediante la etiquetación de los fenómenos o funciones que se quieren estudiar. Esto se realiza mediante un examen cuidadoso del discurso. En nuestro caso, primeramente se identifican los ataques contra la imagen y, posteriormente, se codifican siguiendo la clasificación Brown y Levinson (1987) y en función de su emisor (proveedor, usuario o intérprete), su receptor (proveedor, usuario o intérprete) y el efecto que producen (positivo, negativo o neutro).

2.2.1.4. Corpus e interpretación

Los estudios traductológicos de corpus surgieron de la mano de Baker (1996) y han cosechado mucho éxito en las dos últimas décadas, con enfoques en descripción, naturaleza de las traducciones, análisis de las características de distintos géneros textuales o comparación de distintas traducciones (Kenny, 2001; Laviosa, 2002; Corpas y Seghiri, 2009; Straniero Sergio, 2012). Sin embargo, en el caso de la interpretación como objeto de estudio, surgen otras dificultades. Thompson (2005: 254) señala que el trabajo que supone la grabación y la transcripción del discurso natural es más laborioso que el que implica compilar texto escrito. Durante la fase de compilación los investigadores también topamos con un gran obstáculo a la hora de obtener datos. Es difícil que se produzcan de manera natural y que podamos capturarlos (grabarlos) y, además, es necesario obtener consentimiento por parte de todos los hablantes (Pöchhacker, 2008; Cox, 2015). Shlesinger (1998) señala, además, otras dificultades que están relacionadas con el evento comunicativo, los distintos hablantes y sus roles, la modalidad de interpretación y los usuarios finales.

Sin embargo, Shlesinger (1998) define las ventajas que la metodología de corpus ofrece a los estudios de interpretación. Por ejemplo, es posible obtener información sobre la gramática, los patrones léxicos, la densidad léxica, los patrones discursivos, etc. Entre las publicaciones que se ocupan de la investigación en interpretación mediante la metodología de corpus se encuentran, entre otros, el de Van Besien (1999), que estudia las técnicas de interpretación como, por ejemplo, la anticipación, el de Takagi *et al.* (2002), que estudia los intervalos de tiempo entre los hablantes implicados en la interpretación, o el de Ryu *et al.* (2003), que compilan un corpus bilingüe para fines lingüísticos y contrastivos. Todos estos estudios se centran en la interpretación simultánea de conferencias.

No existen numerosos estudios que se hayan realizado con corpus procesados informáticamente. En el ámbito de la interpretación en los servicios públicos se ha desarrollado el ComInDat Pilot Corpus, que está compuesto por dos corpus de conversaciones mediadas entre médicos y pacientes y un corpus de juicios interpretados (Angermeyer *et al.* 2012). Este corpus está procesado a través del software EXMARaLDA[2], creado en la Universidad de Hamburgo en 2011 en el Centro de Investigación Colaborativa en Multilingüismo (Sonderforschungsbereich «Mehrsprachigkeit» – SFB 538), que en la actualidad permite tanto la transcripción como la anotación del discurso en la misma interfaz, y facilita la visualización de aspectos clave en el discurso natural conversacional, como los solapamientos. Una gran ventaja de este software es que permite la multimodalidad, al poder consultar en la misma plataforma tanto la transcripción como el audio. Se ha utilizado con éxito en el análisis cualitativo del proyecto TIPp (Traducción e Interpretación en los Procesos Penales) de la Universidad Autónoma de Barcelona. Es precisamente este *software* el que utilizaremos para procesar nuestro corpus.

2.2.2. Metodología

Como se ha mencionado anteriormente, los objetivos de PRAGMACOR son detectar ataques contra la imagen en un corpus multilingüe de llamadas a tres con intérprete y clasificarlos según su tipo, direccionalidad, efecto e impacto. Teniendo en cuenta resultados de investigaciones previas, hemos determinado la compilación de un corpus multilingüe en las lenguas más frecuentes junto

2 Ver: https://exmaralda.org/en/

con el castellano: inglés, francés, alemán y chino[3] (Lázaro Gutiérrez, 2018). Se estima necesario para cumplir con los estándares recomendados en cuanto al tamaño del corpus recopilar 500 000 palabras en cada lengua. Basándonos en muestras de proyectos anteriores, hemos calculado que necesitaríamos aproximadamente 10 000 minutos de grabaciones en cada par de lenguas, lo que equivaldría a 700 conversaciones en cada par de lenguas (2800 en total).

Para la ejecución del proyecto, contamos con la colaboración de las tres empresas principales en la prestación de servicios de interpretación telefónica en España. Con el objetivo de llegar a las cifras deseadas, se procede a solicitar a cada una de las empresas 250 conversaciones en cada par de lenguas. Estas conversaciones son sometidas a un procedimiento de criba y selección, en el que se descartan aquellas que resultan fallidas por su duración (se cortan al inicio) o adecuación (aquellas que son erróneas, como una persona que llama a un número incorrecto o cuando se solicita un intérprete de una lengua que no es la que habla el cliente) hasta llegar a las cifras establecidas.

Una vez extraídas las conversaciones, se preparan y anonimizan antes de proceder a su transcripción. Esta se realiza de manera semiautomática con EXMARalDA. Tras verificar la transcripción, se asignan las primeras etiquetas correspondientes a lengua y género de los hablantes, que son imprescindibles para realizar análisis contrastivos y para disgregar los datos.

Para analizar los ataques contra la imagen se llevan a cabo tres procedimientos distintos. En primer lugar, se realiza un análisis *form-to-function* de aquellos elementos que se pueden relacionar con cortesía y ataques contra la imagen, como pueden ser expresiones de disculpa (p. ej. "perdón") o de agradecimiento (p. ej. "gracias"). Como este procedimiento no recupera todos los ataques contra la imagen relacionados por no coincidir con sus formas más típicas, en segundo lugar se realiza una búsqueda automática de expresiones metacomunicativas que, según las describen Jucker y Taavitsainen (2014) son elementos circundantes que anuncian un ataque contra la imagen (p. ej. las distintas formas de los verbos "amenazar", "solicitar" o "agradecer"). El tercer procedimiento es un inevitable análisis horizontal minucioso.

Una vez detectados los ataques contra la imagen, se etiquetarán con información sobre su tipo, direccionalidad, efecto e impacto, tal y como se recoge en la siguiente tabla:

3 Dada la situación actual tras el estallido de la guerra en Ucrania hace más de un año, se está explorando la posibilidad de incluir ruso y ucraniano en el estudio.

Tabla 1. Clasificación de ataques contra la imagen en interpretación telefónica (fuente: elaboración propia)

Direccionalidad	**Proveedor (DP)**	**Usuario (DU)**	**Intérprete (I)**	
Tipo	Contra el oyente		Contra el emisor	
Tipo	Negativa: Implican presión sobre el oyente para llevar a cabo una acción: - Órdenes y peticiones (TONP) - Sugerencias y consejos (TONS) - Recordatorios (TONR) - Amenazas, advertencias y retos (TONA) Implican una acción positiva del emisor hacia el oyente y presionan al oyente para aceptarla o no: - Ofertas (TONO) - Promesas (TONQ) Implican el deseo del emisor hacia algún aspecto o pertenencia del oyente: - Cumplidos (TONC) - Expresión de emociones (ej. Odio, enfado, lujuria…) (TONE)	Positiva: Implican una evaluación negativa por parte del emisor sobre el oyente: - Insultos, críticas, acusaciones, poner en ridículo (TOPA) - Contradicciones y desacuerdos (TOPC) Implican falta de consideración del emisor hacia el oyente: - Expresión violentas de emociones que provocan miedo o vergüenza (TOPE) - Irreverencias (TOPI) - Comunicar malas noticias para el oyente o presumir de buenas noticias para el emisor (TOPN) - Sacar temas controvertidos (TOPT) - Falta de cooperación (TOPF) - Tratamiento incorrecto (TOPS)	Negativa: - Agradecimiento (TENA) - Acepación de agradecimiento o disculpas (TENB) - Excusas (TENE) - Aceptación de ofertas (TENC) - Reacciones hacia las equivocaciones del oyente (TENR) - Promesas y ofertas indeseadas (TENP)	Positiva: - Disculpas (TEPD) - Aceptación de un cumplido (TEPA) - Falta de control físico (TEPF) - Autohumillación, acobardamiento, hacer el tonto, contradecirse a uno mismo (TEPT) - Confesiones, admisión de culpa o responsabilidad (TEPC) - Expresión de emociones descontroladas (risa, llanto) (TEPE)
Efecto	Positivo (EP)	Negativo (EN)	Neutro (EO)	
Impacto (expresado como grado (de 1 a 5) en función de la actuación de los intérpretes)	Mantiene una conversación fluida (IF1–5)	Traslada información adecuadamente (II1–5)	Sigue principios éticos (IE1–5)	Obtiene aceptación y satisfacción por parte de proveedores y usuarios (IS1–5)

El etiquetado se lleva a cabo por parejas de anotadores y se sigue un criterio de *interrater agreement* del 70 %. Esta información se introduce en las etiquetas XML para permitir búsquedas automáticas. Dada la gran complejidad de los ataques contra la imagen, se realizan anotaciones lo más completas posibles en distintos niveles lingüísticos para crear, con selecciones adecuadas de ellas (enfoque estadístico y/o de minería de datos) distintos modelos de aprendizaje automático para su reconocimiento, seleccionando finalmente aquellos de mayor precisión y/o cobertura (*recall*).

A continuación, se llevará a cabo un análisis interpretativo de los resultados volviendo, en caso de necesidad, a los audios de las grabaciones. Esto permitirá una mayor concreción de los hallazgos y la inclusión de información contextual que no se haya recogido y pueda resultar relevante. Se realizará una comparación contrastiva teniendo en cuenta las distintas lenguas de origen basándonos en que en cada lengua y cultura existen distintas normas de cortesía. Para ello, se seguirá un enfoque basado tanto en la pragmática intercultural, que analiza la interacción de personas con culturas distintas, como en la pragmática transcultural, que compara los patrones pragmáticos de culturas diferentes (Kecskes, 2017). Se realizarán tests de correlación de Pearson[4] para establecer relaciones entre la variable de lengua y los distintos hallazgos.

Para determinar el impacto de los ataques contra la imagen, se realizará un análisis de la actuación de los intérpretes ante cada una de las clases de ataque. En este caso, las actuaciones se valorarán utilizando una escala Likert para determinar si su resultado es satisfactorio o no (1 = nada satisfactorio; 5 = totalmente satisfactorio) a la hora de mantener una conversación fluida, trasladar la información adecuadamente, seguir los principios éticos de la interpretación y obtener aceptación y satisfacción por parte de proveedores de servicios y usuarios.

Como se ha mencionado anteriormente, el corpus se compila gracias a la colaboración de las principales empresas que prestan servicios de interpretación telefónica en España. Durante años, se han mantenido reuniones de trabajo e innumerables negociaciones para establecer los procedimientos de compilación. Las empresas han acordado con algunos de sus clientes la posibilidad de grabar, extraer o examinar conversaciones con fines de investigación, con el objetivo final de mejorar la calidad del servicio. Los procedimientos de compilación varían de una empresa a otra e, incluso, en función de cada cliente

4 El coeficiente de correlación de Pearson mide la relación o dependencia de dos variables cuantitativas ycontinuas.

de las empresas. En las secciones siguientes se detallará cómo se llevó a cabo esta compilación.

3. Procedimiento de compilación

Tres son las principales empresas que prestan servicios de interpretación telefónica en España. Participan formalmente en PRAGMACOR a través de su directora ejecutiva, su gestora de proyectos o su responsable de calidad. En las siguientes secciones abordaremos, en primer lugar, aquellos aspectos éticos que tuvimos en cuenta para la compilación de datos y, a continuación, cómo se obtuvieron datos de análisis de cada una de las tres empresas.

3.1. Aspectos éticos

Toda investigación que se desarrolla en la Universidad de Alcalá cuenta con la aprobación de su Comité de Ética de la Investigación. En el artículo 7 del reglamento que rige su actuación[5] figura la normativa en la que se sustenta:

> Artículo 7. Normativa aplicable. Para lo no previsto expresamente en este Reglamento, se estará a lo dispuesto en la Ley 39/2015, de 1 de octubre, del Procedimiento Administrativo Común de las Administraciones Públicas, la Ley 14/2007, de 3 de julio, de Investigación Biomédica, y la normativa vigente en cada uno de los campos de actuación del Comité de Ética.

Además, en investigaciones en las que se recogen datos personales, los investigadores de la Universidad de Alcalá los tratan conforme a *la Ley Orgánica 3/2018, de 5 de diciembre, de Protección de Datos Personales y garantía de los derechos digitales* y al *Reglamento General de Protección de Datos (UE) 2016/679.* Para que los sujetos puedan participar, sus datos son tratados con su consentimiento expreso y en el marco de la función educativa e investigadora atribuida legalmente a la Universidad. Se conservan durante el tiempo que dura la función educativa e investigadora para la que se han recabado.

Aunque las conversaciones que recogemos pueden contener datos personales, estos no son objeto de estudio del proyecto PRAGMACOR. Por lo tanto, antes de proceder al análisis de las conversaciones, se eliminan todos los datos personales de las grabaciones, cortando los fragmentos del archivo de audio en que aparezcan u ocultándolos con un pitido. Este procedimiento se realizará

---

5 Recuperado de: https://www.uah.es/export/sites/uah/es/conoce-la-uah/organizacion-y-gobierno/.galleries/Galeria-Secretaria-General/reglamento-composicion-funcionamiento-comite-etica-investigacion.pdf.

con los propios recursos humanos de las empresas o con recursos cedidos por la Universidad de Alcalá. En el caso de que sea personal vinculado a la Universidad de Alcalá quien realiza esta eliminación, se firma un acuerdo de confidencialidad. Este procedimiento general experimenta variaciones en función de la empresa. En las siguientes secciones recogeremos estas particularidades. Por motivos de confidencialidad, no se incluirán los nombres de las empresas ni se describirán sus características.

3.2. Empresa 1

Para obtener conversaciones de la primera de las empresas fue necesario presentar por escrito la metodología completa del estudio y documentación sobre el funcionamiento del Comité de Ética de la Investigación de la Universidad de Alcalá y su Política de Privacidad.[6] La empresa tiene contratados los servicios de un abogado, que se ocupa de velar por el cumplimiento de la *Ley Orgánica de Protección de Datos.* Tras un examen minucioso de la documentación que se envió desde la Universidad de Alcalá y algunas consultas a la Agencia Española de Protección de Datos, se acordó firmar un acuerdo de corresponsabilidad de tratamiento de datos personales entre la Universidad de Alcalá, representada a estos efectos por la investigadora principal de PRAGMACOR, y la empresa. En este acuerdo, ambas partes reconocen que por las dos organizaciones implementan políticas técnicas y organizativas adecuadas para cumplir con garantía la normativa vigente en materia de protección de datos personales y que son capaces de aplicar las medidas de seguridad pertinentes para proteger los derechos de todas las personas implicadas.

Los investigadores de PRAGMACOR serán capaces de extraer grabaciones de conversaciones mediadas por intérpretes telefónicos. Para ello, en cumplimiento del *Reglamento General de Protección de Datos* (arts. 14 y 89), se ha acordado aplicar un procedimiento de anonimización de las conversaciones, que realizarán los investigadores en las dependencias de la empresa. De este modo, la Universidad de Alcalá no almacena ningún tipo de dato personal. El acuerdo de corresponsabilidad establece, además, que la Universidad de Alcalá está obligada a guardar confidencialidad y que cada uno de los investigadores que extraigan los datos de la empresa deberá firmar un acuerdo de confidencialidad.

---

6 Recuperado de: https://www.uah.es/export/sites/uah/es/conoce-la-uah/organizacion-y-gobierno/equipo-de-direccion/secretaria-general/proteccion-de-datos-de-caracter-personal/.galleries/Galeria-Proteccion-de-datos/Politica-Privacidad-UAH.pdf.

En el acuerdo de confidencialidad se define la información confidencial como

> toda información relativa a una persona física identificada o identificable por la cual pueda determinarse, directa o indirectamente su identidad, sea mediante identificador, nombre, número, localización o elementos propios de la identidad física, fisiológica, genética, psíquica, económica, cultural o social de dicha persona.

A esto se le añaden los secretos comerciales que se recogen en la *Ley 1/2019, de 20 de febrero, de Secretos Empresariales*, que incluyen conocimientos técnicos e información empresarial no divulgada, así como

> técnicas, programas de formación, test, investigación y desarrollo, ideas, invenciones, conceptos, anotaciones, esquemas, diseños, dibujos, organigramas, memorandos, procesos, procedimientos, know-how, fórmulas, datos, programas y aplicaciones informáticas, mejoras, descubrimientos, conocimientos [...], materiales de referencia, materiales y técnicas de marketing, planes de investigación y desarrollo, marketing, nuevos productos, nombres de clientes, canales de comercialización, secretos comerciales y cualquier otra información relacionada con clientes y proveedores, listas de precios, políticas de precios, política de ventas, información financiera, presupuestos, plantillas y métodos de gestión y contabilidad, así como los derechos, títulos e intereses que pudiera alegar sobre las invenciones, patentables o no, realizadas u obtenidas [...].

En cualquier caso, el acceso a la mayoría de estos elementos es poco probable. Los investigadores que acudan a las dependencias de la empresa a anonimizar y recoger los datos utilizarán únicamente equipos informáticos proporcionados por la empresa, que serán revisados para garantizar que solo salgan datos anonimizados relevantes para PRAGMACOR. Estos datos consisten en archivos de audio en formato mp3, en los que los datos personales han sido ocultados con una señal acústica (pitido).

3.3. Empresa 2

Además de la memoria completa del proyecto, la investigadora principal mantuvo una reunión con la persona encargada de PRAGMACOR en la empresa, su gestora de proyectos, para explicar, no solo su metodología, sino también sus aspectos éticos. En el caso de la segunda de las empresas, también fue necesario que cada investigador que accediera a las conversaciones firmara un acuerdo de confidencialidad y secreto profesional comprometiéndose a proteger los datos personales contenidos en ellas. Los datos personales se definen como "toda información relativa a una persona física identificada o identificable por la cual pueda determinarse, directa o indirectamente, su identidad".

En este caso, los investigadores acceden a la plataforma que alberga las conversaciones con un usuario y una contraseña que proporciona la empresa una vez recibido el acuerdo de confidencialidad firmado. El acceso se realiza en remoto desde dependencias de la Universidad de Alcalá. Las conversaciones se seleccionan en la plataforma utilizando filtros de duración (se descartan las que son inferiores dos minutos, normalmente coincidentes con llamadas fallidas que se cortan en su inicio). Además, se escuchan las grabaciones para determinar si se trata de conversaciones a tres o de conversaciones con hablantes primarios presenciales e intérprete remoto. Se seleccionan las del primer grupo, ya que las del segundo no son objeto de estudio de PRAGMACOR. Durante esta escucha también se realizó la selección por lenguas, incluyendo aquellas conversaciones que contenían inglés, francés, alemán, chino y ruso.

La extracción de las grabaciones se hace en archivos de audio con formato wav. Estas se procesan para su anonimización siguiendo un procedimiento similar (ocultación con señal acústica) al que se sigue con la primera empresa.

3.4. Empresa 3

En el caso de la tercera empresa fueron necesarias numerosas reuniones entre su responsable de calidad, que participa de manera nominal en PRAGMACOR, y sus directivos. Finalmente, se determinó que sería la empresa y, en concreto, el responsable de calidad, el que reclutaría personas de entre las filas de sus trabajadores para llevar a cabo el procedimiento de extracción de grabaciones y anonimización. Fueron también los trabajadores de la empresa, instruidos por el responsable de calidad, los que llevaron a cabo la transcripción de los archivos. De este modo, en este caso no fue necesario firmar ningún tipo de acuerdo de corresponsabilidad o confidencialidad, ya que los archivos llegaban a la Universidad de Alcalá totalmente desprovistos de datos personales.

Conclusiones

Como no puede ser de otro modo, se solicitó permiso para la ejecución de PRAGMACOR al Comité de Ética de la Investigación de la Universidad de Alcalá, ante el que se presentaron las distintas metodologías de obtención de datos que se habían acordado con cada una de las empresas. No se comenzó con la extracción de grabaciones hasta haber recibido su visto bueno.

Una vez contamos con los archivos de audio anonimizados, en el caso de la primera y la segunda empresa se realizan las transcripciones. Para ello, se introducen los audios en EXMARaLDA y se realiza una primera transcripción automática. Esta transcripción se postedita por parte de los investigadores para conseguir un texto fiel al audio. En el caso de la tercera empresa, al contar ya con la transcripción, se ensambla en EXMARaLDA junto con el audio correspondiente. En ambos casos, la interfaz nos presenta el audio y su transcripción juntos, de manera que es posible escuchar los turnos de habla o fragmentos de discurso pinchando directamente sobre ellos.

Figura 1. Interfaz de EXMARaLDA

La metodología de PRAGMACOR es laboriosa, empezando, como se ha visto en este capítulo, por la recogida de datos. No obstante, los estudios basados en pragmática de corpus son escasísimos y no existen protocolos ni conjuntos de etiquetas que puedan aplicarse al estudio de los ataques contra la imagen. El corpus de PRAGMACOR tampoco tiene precedente. Ningún otro es tan grande ni contiene tanta variedad de lenguas.

La obtención de resultados será, sin duda, lenta. Sin embargo, una vez obtenidos, estos podrán aplicarse a otros muchos estudios y también transferirse a la sociedad para alimentar protocolos de investigación y material formativo, lo que sin duda, redundará en la calidad de la provisión de servicios telefónicos y en general, al abordar una de las dificultades más frecuentemente percibida por los intérpretes telefónicos, que también señalan la falta de directrices y formación para abordarla (Lázaro Gutiérrez y Cabrera Méndez, 2018, 2019).

Referencias bibliográficas

Adolphs, S. (2008). *Corpus and context. Investigating pragmatic functions in spoken discourse.* Ámsterdam: John Benjamins.

Aijmer, K. (2013). *Understanding pragmatic markers: A variational pragmatic approach.* Edinburgo: Edinburgh University Press.

Amato, A. (2020). Interpreting on the phone: Interpreter's participation in healthcare and medical emergency service calls. *InTRAlinea, Special Issue: Technology in Interpreter Education and Practice*, 11.

Angelelli, C. V. y Ross J. M. (2021). Contextual diversity in telephone interpreting. Voices from healthcare interpreters in Scotland. *Linguistica Antverpiensia, New Series (LANS)*, 20, 74–93.

Angermeyer, P., Meyer, B. y Schmidt, T. (2012). Sharing community interpreting corpora. En Schmidt, T. y Wörner, K. (eds.) *Multilingual Corpora and Multilingual Corpus Analysis* (pp. 275–294). Ámsterdam: John Benjamins.

Berk-Seligson, S. (1990). *The Bilingual Courtroom: Court Interpreters in the Judicial Process.* Chicago: University of Chicago Press.

Bernal, M. (2007). *Categorización sociopragmática de la cortesía y descortesía. Un estudio de la conversación coloquial española.* Estocolmo: Stockholms Universitet.

Bousfield D. (2008). *Impoliteness in Interaction.* Ámsterdam: John Benjamins.

Braun, S. (2019). Technology and interpreting. En M. O'Hagan (Ed.), *The Routledge Handbook of Translation and Technology* (1st ed., pp. 271–288). London: Routledge.

Bravo, D. y Briz, A. (eds.). (2004). *Pragmática sociocultural: estudios sobre el discurso de cortesía en español.* Barcelona: Ariel Lingüística.

Brown, P. y Levinson, S. C. (1987). *Politeness: Some Universals in Language Usage.* Cambridge: Cambridge University Press.

Cambridge, J. (1997). *Information exchange in bilingual medical interviews.* Manchester: University of Manchester.

Castro Cruz, M. (2017). Ataque a la imagen y descortesía en los comentarios de blogs en español peninsular. *Philologia Hispalensis*, 31 (1), 37–63.

Corpas Pastor, G., & Gaber, M. (2020). Remote interpreting in public service settings: Technology, perceptions and practice. *SKASE Journal of Translation and Interpretation*, 13(2), 58–68.

Corpas Pastor, G. y Seghiri, M. (2009). Virtual corpora as documentation Resources: Translating travel insurance documents (English–Spanish). En Beeby, A., Rodríguez Inés, P. y Sánchez-Gijón, P. (eds). *Corpus Use and*

Translating. Corpus Use for Learning to Translate and Learning Corpus Use to Translate (pp. 75–107). Ámsterdam: John Benjamins.

Cox, A. (2015). Do You Get the Message? Defining the Interpreter's Role in Medical Interpreting. *MonTI, Monographs in Translation and Interpreting*, Special Issue 2, 161–184.

Culpeper, J., Bousfield, D. y Wichmann, A. (2003). Impoliteness revisited: With special reference to dynamic and prosodic aspects. *Journal of Pragmatics*, 35(1011), 1545–1579.

de Boe, E. (2019). Remote Healthcare Interpreting: A methodology to investigate quality. *Argentinian Journal of Applied Linguistics*, 7(1), 58–78.

de Boe, E. (2021). Management of overlapping speech in remote healthcare interpreting. *The Interpreters' Newsletter*, 26, 139–157

de Cotret, F. R., Beaudoin-Julien, A.-A., & Leanza, Y. (2020). Implementing and managing remote public service interpreting in response to COVID-19 and other challenges of globalisation. *Meta*, 65(3), 618–642.

Delizée A. y Michaux C. (2017). Discussion critique interprétée & stratégies argumentatives et discursives: analyse du positionnement intersubjectif de l'interprète. *Dragoman*, 5(7), 85–110.

Fernández Pérez, M.M. (2015). Propuestas de ejercicios de simulación para la didáctica de la interpretación telefónica. *MonTI. Monografías de Traducción e Interpretación*, Special Issue, 2, 259–279.

Fowler, Y. (1997). The Courtroom Interpreter: Paragon and Intruder? En: Carr, S. E., Roberts, R. P. Roberts, Dufour A. y Steyn, D. (eds.), *The Critical Link: Interpreters in the Community. Proceedings of a conference held in 1995* (pp. 191–200). Ámsterdam: John Benjamins.

Gallez E. (2015). "Vous voulez m'embrasser?" Impolitesse et "face-work" en interprétation judiciaire. *The Interpreters' Newsletter*, 20, 33–56.

Goffman, E. (1967). *Ritual de la interacción. Ensayos sobre el comportamiento cara a cara*. Buenos Aires: Tiempo Contemporáneo.

Goffman E. (1983). The interaction order. *American Sociological Review*, 48(1), 1–17.

Hale, S. B. (2004). *The Discourse of Court Interpreting. Discourse Practices of the Law, the Witness and the Interpreter*. Ámsterdam: John Benjamins.

Harris, S. (2001). Being politically impolite: Extending politeness theory to adversarial political discourse. *Discourse and Society*, 12(4), 451–472.

Hernández Flores, N. (2013). Actividad de imagen: caracterización y tipología en la interacción comunicativa. *Pragmática Sociocultural / Sociocultural Pragmatics*, 1(2), 175–198.

Hlavac, J. (2013). Should Interpreters Be Trained and Tested in Telephone and Video-Link Interpreting? Responses from Practitioners and Examiners. *International Journal of Interpreter Education*, 5(1), 34–50.

Iglesias Fernández, E. y Ouellet, M. (2018). From the phone to the classroom: categories of problems for telephone interpreting training. *The Interpreters' Newsletter*, 23, 19–44.

Jacobsen, B. (2003). Pragmatics in Court Interpreting: Additions. En Brunette, L., Bastin, G., Hemlin, I. and Clarke, H. (eds.), *The Critical Link 3. Interpreters in the Community. Proceedings of a conference held in 2001* (pp. 223–238). Ámsterdam: John Benjamins.

Jaime Pérez, A. (2015). Remote Interpreting in Public Services. Developing a 3g Phone Interpreting Application. En R. Lázaro Gutiérrez, F. J. Vigier Moreno y M. M. Sánchez Ramos (eds.), *Investigación Emergente en Traducción e Interpretación* (pp. 73–82). Granada: Comares.

Jenkins R. (2008). Erving Goffman: A major theorist of power? *Journal of Power*, 1(2), 157–168.

Jiménez Ivars, A. (2021). Telephone interpreting for asylum seekers in the US. A corpus-based study. *Jostrans - The Journal of Specialised Translation*, 36 A, 125–146.

Jucker, A. H. (2018). Introduction to part 5: Corpus pragmatics. En A. H. Jucker, K. P. Schneider y W. Bublitz (eds.), *Methods in Pragmatics* (pp. 455–466). Berlín: de Gruyter.

Jucker, A. H. y Taavitsainen, I. (2014). Diachronic corpus pragmatics: Intersections and interactions. En I. Taavitsainen, A. H. Jucker y J. Tuominen (eds.), *Diachronic Corpus Pragmatics* (pp. 3–26). Ámsterdam: John Benjamins.

Kaul de Marlangeon, S. (2008). Tipología del comportamiento verbal descortés en español. En A. Briz Gómez, A. Hidalgo Navarro, M. Albelda Marco, J. Contreras Fernández y N. Hernández Flores (eds.), *Cortesía y conversación: de lo escrito a lo oral. Tercer Coloquio Internacional del Programa EDICE* (pp. 254–266). Valencia/Estocolmo: Universidad de Valencia-Programa EDICE.

Kaul de Marlangeon, S. (2012). Encuadre de aspectos teórico-metodológicos de la descortesía verbal en español. En J. Escamilla Morales y G. Henry Vega (eds.), *Miradas multidisciplinares a los fenómenos de cortesía y descortesía en el mundo hispánico* (pp. 76–106). Barranquilla/Estocolmo: Universidad del Atlántico/Programa EDICE.

Kecskes, I. (2017). Cross-cultural and Intercultural pragmatics. En Huang, Y. (ed.) *The Oxford Handbook of Pragmatics* (pp. 400–415). Oxford: Oxford University Press.

Kenny, D. (2001). *Lexis and creativity in translation. A corpus-based study.* Manchester: St. Jerome.

Kerbrat-Orecchioni C. (2005). *Le discours en interaction.* París: Armand Colin.

Kerremans, K., Lázaro Gutiérrez, R., Stengers, H., Cox, A. y Rillof, P. (2019). Technology Use by Public Service Interpreters and Translators: The Link Between Frequency of Use and Forms of Prior Training. *FITISPos International Journal*, 6(1), 107–122.

Kienpointner, M. (1997). Varieties of rudeness. Types and functions of impolite utterances. *Functions of Language*, (4)2, 251–287.

Lachenicht, L. (1980). Aggravating language: A study of abusive and insulting language. *International Journal of Human Communication,* 13(4), 607–688.

Lakoff, R. (1975). *Language and Women's Place.* Nueva York: Harper & Row.

Laviosa, S. (2002). *Corpus-based Translation Studies. Theory, Findings, Applications.* Ámsterdam: Rodopi.

Lázaro Gutiérrez, R. (2017). El estudio de la cortesía en conversaciones mediadas por un intérprete sanitario. En E. Ortega Arjonilla (ed.), *Sobre la práctica de la traducción y la interpretación en la actualidad* (Vol. 2.: Barceló Martínez, T y Delgado Pugés, I., *De traducción jurídica y socioeconómica e interpretación para los servicios públicos*) (pp. 265 – 276). Granada: Comares.

Lázaro Gutiérrez, R. (2018). Design and Compilation of a Multilingual Corpus of Mediated Interactions about Roadside Assistance. En Ruiz Mezcua, A. (ed.) *Approaches to Telephone Interpretation. Research, Innovation, Teaching and Transference.* Berna: Peter Lang.

Lázaro Gutiérrez, R. (2019). Telephone interpreting and roadside assistance. *Translation and Translaguaging in Multilingual Contexts,* 5(3), 215–240.

Lázaro Gutiérrez, R. (2021a). Remote (telephone) interpreting in healthcare settings. En Ş. Susam-Saraeva & E. Spišiaková (eds.), *The Routledge Handbook of Translation and Health* (pp. 216–231). Londres: Routledge.

Lázaro Gutiérrez, R. (2021b). Analysis of Face-Threatening Acts against Telephone Interpreters. *The Interpreters' Newsletter,* 26, 195–212.

Lázaro Gutiérrez, R. y Cabrera Méndez, G. (2018). Pragmática e interpretación telefónica: un estudio sobre ataques contra la imagen de los intérpretes (FTA, Face threatening acts), *EPiC Series in Language and Linguistics*, 3, 85–90.

Lázaro Gutiérrez, R. y Cabrera Méndez, G. (2019). Context and pragmatic meaning in telephone interpreting. En P. Garcés-Conejos Blitvich, L. Fernández Amaya, L. y M. O. Hernández-López (eds.), *Technology Mediated Service Encounters* (pp. 45–67). Ámsterdam: John Benjamins Publishing Company.

Lázaro Gutiérrez, R. y Nevado Llopis, A. (2022). Remote interpreting in Spain after the irruption of COVID-19: A mapping exercise. *Hikma*, 21(2), 211–230.

Locher, M. (2010). Introduction: Politeness and impoliteness in computer-mediated communication. *Journal of Politeness Research*, 6(1), 1–5.

Mason, I y Stewart, M. (2001). Interactional pragmatics, face and the dialogue interpreter. En I. Mason (ed.), *Triadic Exchanges. Studies in Dialogue Interpreting* (pp. 51–70). Londres: St. Jerome Publishing.

Merlini, R. (2013). Changing perspectives. Politeness in cooperative multi-party interpreted talk. En C. Schäffner, K. Kredens, y Y. Fowler (eds.), *Interpreting in a Changing Landscape. Selected papers from Critical Link 6* (pp. 267–283). Ámsterdam: John Benjamins.

Merlini, R. (2017). Interactional data through the kaleidoscope of analytical perspectives: reassembling the picture. *Dragoman*, 5(7), 10–18.

Moro Solanes, M. T. (2017) *El género en la profesión de intérprete*. Alcalá de Henares: Universidad de Alcalá.

O'Driscoll, J. (2007). What's in an FTA? Reflections on a chance meeting with Claudine. *Journal of Politeness Research*, 3, 237–262.

O'Keeffee, A. (2018). Corpus-based function-to-form approaches. En A. H. Jucker, K. P. Schneider y W. Bublitz, (Eds.), *Methods in Pragmatics* (pp. 587–618). Berlín: De Gruyter.

Ozolins, U. (1998). *Interpreting & Translating in Australia: Current Issues and International Comparisons*. Melbourne: The National Language and Literacy Institute of Australia.

Pérez de Ayala, S. (2001). FTAs and Erskine May: Conflicting needs? Politeness in Question Time. *Journal of Pragmatics*, 33, 143–169.

Pertusa Elorriaga, I. (2012). La interpretación en la distancia. *Revista Traditori*, 3, 25–29.

Phelan, M. (2001). *The Interpreter's Resource*. Clevedon / Buffalo / Toronto / Sydney: Multilingual Matters.

Pöchhacker, F. (2008). Inside the 'black box'. Can interpreting studies help the profession if access to real life settings is denied? *The Linguist*, 48(2), 22–23.

Pöllabauer, S. (2004). Interpreting in asylum hearings. Issues of role, responsibility and power. *Interpreting (International Journal of Research and Practice in Interpreting)* 6(2), 143–180.

Rigney, A. C. (1999). Use and Interpretation of Discourse Markers in a Bilingual Courtroom. *The ATA Chronicle*, 28(3), 117–132.

Romero-Trillo, J. (2008). Introduction: Pragmatics and corpus linguistics. A mutualistic entente. En J. Romero-Trillo (ed.) *Pragmatics and corpus linguistics. A mutualistic entente.* (pp. 1–20). Berlin, Nueva York: Mouton de Gruyter.

Ryu, K., Shigeki, M. Kawaguchi, N. e Inagaki, Y. (2003). Bilingual Speech Dialogue Corpus for Simultaneous Machine Interpretation Research. En *Proceedings of the 6th Oriental COCOSDA workshop in Singapore on Oct 1–3 2003.* (pp. 164–168). http://ir2.nul.nagoya-u.ac.jp/jspui/handle/2237/15076. (Consultado el 17 de enero de 2023).

Sánchez Ramos, M. M. (2017). Healthcare interpreting and translation technology tools: Corpus management tools. *Panacea-Boletin De Medicina Y Traduccion*, 18(46), 133–141.

Shlesinger, M. (1998). Corpus-based Interpreting Studies as an offshoot of corpus-based Translation Studies. *Meta*, 43(4), 486–493.

Simmons, T. L. (1994). *Politeness Theory in Computer Mediated Communication.* Birmingham: Aston University.

Straniero Sergio, F. (2012). Using corpus evidence to discover style in interpreters' performance. En Straniero Sergio, F. y Falbo, C. (eds.) *Breaking Ground in Corpus-based Interpreting Studies* (pp. 211–230). Berna: Peter Lang.

Takagi, A., Matsubara, S. e Inagaki, Y. (2002). A corpus-based analysis of simultaneous interpretation. En *Proceedings of International Joint Conference of the 5th Symposium on Natural Language Processing (SNLP-2002)* (pp.167–174). http://slp.itc.nagoya-u.ac.jp/web/papers/2002/snlp2002_takagi.pdf (consultado el 17 de enero de 2023).

Tannen, D. (1990). Gender differences in conversational coherence: Physical alignment and topical cohesion. En B. Dorval (ed.), *Conversational organization and its development* (pp. 167–206). Nueva York: Ablex Publishing.

Thompson, P. (2005). Spoken language corpora. En Wynne, M. (ed.), *Developing Linguistic Corpora: A Guide to Good Practice* (pp. 59–70). Oxford: Oxbow Books.

Van Besien, F. (1999). Anticipation in simultaneous interpretation. *Meta*, 44(2): 250–259.

Vargas-Urpí M. (2019). Public service interpreting in educational settings: issues of politeness and interpersonal relationships. En R. Tipton y L. Desilla (eds.), *The Routledge Handbook of Translation and Pragmatics* (pp. 366–354). New York, Routledge.

Vigier-Moreno, F.J. y Lázaro Gutiérrez, R. (2019). La formación en interpretación remota: una experiencia docente interuniversitaria. *Innovación educativa*, 29, 141–156.

Vogeleer S. y Delizée A. (2017). Le discours de l'interprète de dialogue : les énoncés à la troisième personne dans une interaction argumentative. Une étude de cas. *Dragoman* 5(7), 111–143.

Wang, J. (2018). Telephone interpreting should be used only as a last resort. Interpreters' perceptions of the suitability, remuneration and quality of telephone interpreting. *Perspectives*, 26(1), 100–116.

Wang, J. (2021). 'I only interpret the content and ask practical questions when necessary.' Interpreters' perceptions of their explicit coordination and personal pronoun choice in telephone interpreting. *Perspectives: Studies in Translation Theory and Practice*, 29(4), 625–642.

Xu, H., Hale, S. y Stern, L. (2020). Telephone interpreting in lawyer-client interviews. An observational study. *Translation & Interpreting (TransInt)*, 12(1), 18–36.

Yule, G. (1992). *Pragmatics.* Oxford: Oxford University Press.

Zimmerman, D. y West, C. (1975). Sex roles interruptions and silences in conversations. En B. Thorne y N. Henley (eds.), *Language and Sex: Difference and Dominance* (pp. 105–129). Rowley, MA: Newbury House.

Studien zur romanischen Sprachwissenschaft und interkulturellen Kommunikation

Herausgegeben von Gerd Wotjak, José Juan Batista Rodríguez und Dolores García-Padrón

Die vollständige Liste der in der Reihe erschienenen Bände finden Sie auf unserer Website https://www.peterlang.com/view/serial/SRSIK

Band 110 Joaquín García Palacios / Goedele De Sterck / Daniel Linder / Nava Maroto / Miguel Sánchez Ibáñez / Jesús Torres del Rey (eds): La neología en las lenguas románicas. Recursos, estrategias y nuevas orientaciones. 2016.

Band 111 André Horak: Le langage fleuri. Histoire et analyse linguistique de l'euphémisme. 2017.

Band 112 María José Domínguez Vázquez / Ulrich Engel / Gemma Paredes Suárez: Neue Wege zur Verbvalenz I. Theoretische und methodologische Grundlagen. 2017.

Band 113 María José Domínguez Vázquez / Ulrich Engel / Gemma Paredes Suárez: Neue Wege zur Verbvalenz II. Deutsch-spanisches Valenzlexikon. 2017.

Band 114 Ana Díaz Galán / Marcial Morera (eds.): Estudios en Memoria de Franz Bopp y Ferdinand de Saussure. 2017.

Band 115 Mª José Domínguez Vázquez / Mª Teresa Sanmarco Bande (ed.): Lexicografía y didáctica. Diccionarios y otros recursos lexicográficos en el aula. 2017.

Band 116 Joan Torruella Casañas: Lingüística de corpus: génesis y bases metodológicas de los corpus (históricos) para la investigación en lingüística. 2017.

Band 117 Pedro Pablo Devís Márquez: Comparativas de desigualdad con la preposición de en español. Comparación y pseudocomparación. 2017.

Band 118 María Cecilia Ainciburu (ed.): La adquisición del sistema verbal del español. Datos empíricos del proceso de aprendizaje del español como lengua extranjera. 2017.

Band 119 Cristina Villalba Ibáñez: Actividades de imagen, atenuación e impersonalidad. Un estudio a partir de juicios orales españoles. 2017.

Band 120 Josefa Dorta (ed.): La entonación declarativa e interrogativa en cinco zonas fronterizas del español. Canarias, Cuba, Venezuela, Colombia y San Antonio de Texas. 2017.

Band 121 Celayeta, Nekane / Olza, Inés / Pérez-Salazar, Carmela (eds.): Semántica, léxico y fraseología. 2018.

Band 122 Alberto Domínguez Martínez: Morfología. Procesos Psicológicos y Evaluación. 2018.

Band 123 Lobato Patricio, Julia / Granados Navarro, Adrián: La traducción jurada de certificados de registro civil. Manual para el Traductor-Intérprete Jurado. 2018.

Band 124 Hernández Socas, Elia / Batista Rodríguez, José Juan / Sinner, Carsten (eds.): Clases y categorías lingüísticas en contraste. Español y otras lenguas. 2018.

Band 125 Miguel Ángel García Peinado / Ignacio Ahumada Lara (eds.): Traducción literaria y discursos traductológicos especializados. 2018.

Band 126 Emma García Sanz: El aspecto verbal en el aula de español como lengua extranjera. Hacia una didáctica de las perífrasis verbales. 2018.

Band 127 Miriam Seghiri. La linguística de corpus aplicada al desarrollo de la competencia tecnológica en los estudios de traducción e interpretación y la enseñanza de segundas lenguas. 2020.

Band 128 Pino Valero Cuadra / Analía Cuadrado Rey / Paola Carrión González (eds.): Nuevas tendencias en traducción: Fraseología, Interpretación, TAV y sus didácticas. 2018.

Band 129 María Jesús Barros García: Cortesía valorizadora. Uso en la conversación informal española. 2018.

Band 130 Alexandra Marti / Montserrat Planelles Iváñez / Elena Sandakova (éds.): Langues, cultures et gastronomie : communication interculturelle et contrastes / Lenguas, culturas y gastronomía: comunicación intercultural y contrastes. 2018.

Band 131 Santiago Del Rey Quesada / Florencio del Barrio de la Rosa / Jaime González Gómez (eds.): Lenguas en contacto, ayer y hoy: Traducción y variación desde una perspectiva filológica. 2018.

Band 132 José Juan Batista Rodríguez / Carsten Sinner / Gerd Wotjak (Hrsg.): La Escuela traductológica de Leipzig. Continuación y recepción. 2019.

Band 133 Carlos Alberto Crida Álvarez / Arianna Alessandro (eds.): Innovación en fraseodidáctica. tendencias, enfoques y perspectivas. 2019.

Band 134 Eleni Leontaridi: Plurifuncionalidad modotemporal en español y griego moderno. 2019.

Band 135 Ana Díaz-Galán / Marcial Morera (eds.): Nuevos estudios de lingüística moderna. 2019.

Band 136 Jorge Soto Almela: La traducción de la cultura en el sector turístico. Una cuestión de aceptabilidad. 2019.

Band 137 Xoán Montero Domínguez (ed.): Intérpretes de cine. Análisis del papel mediador en la ficción audiovisual. 2019.

Band 138 María Teresa Ortego Antón: La terminología del sector agroalimentario (español-inglés) en los estudios contrastivos y de traducción especializada basados en corpus: los embutidos. 2019.

Band 139 Sara Quintero Ramírez: Lenguaje creativo en el discurso periodístico deportivo. Estudio contrastivo en español, francés e inglés. 2019.

Band 140 Laura Parrilla Gómez: La interpretación en el contexto sanitario: aspectos metodológicos y análisis de interacción del intérprete con el usuario. 2019.

Band 141 Yeray González Plasencia: Comunicación intercultural en la enseñanza de lenguas extranjeras. 2019.

Band 142 José Yuste Frías / Xoán Manuel Garrido Vilariño (Hrsg.): Traducción y Paratraducción. Líneas de investigación. 2020.

Band 143 María del Mar Sánchez Ramos: Documentación digital y léxico en la traducción e interpretación en los servicios públicos (TISP): fundamentos teóricos y prácticos. 2020.

Band 144 Florentina Mena Martínez / Carola Strohschen: Teaching and Learning Phraseology in the XXI Century. Phraseologie Lehren und Lernen im 21. Jahrhundert. Challenges for Phraseodidactics and Phraseotranslation. Herausforderungen für Phraseodidaktik und Phraseoübersetzung. 2020.

Band 145 Yuko Morimoto / Rafael García Pérez: De la oración al discurso: estudios en español y estudios contrastivos. 2020.

Band 146 Miguel Ibáñez Rodríguez: ENOTRADULENGUA. Vino, lengua y traducción. 2020.

Band 147 Miguel Ángel García Peinado / José Manuel González Calvo: Estudios de literatura y traducción. 2020.

Band 148 Fernando López García: La involuntariedad en español. 2020.

Band 149 Julián Sancha Vázquez: La injerencia del sexo en el lenguaje. Dos siglos de historia del género gramatical en español. 2020.

Band 150 Joseph García Rodríguez: La fraseología del español y el catalán. Semántica cognitiva, simbolismo y contrastividad. 2020.

Band 151 Melania Cabezas-García: Los términos compuestos desde la Terminología y la Traducción. 2020.

Band 152 Inmaculada Clotilde Santos Díaz: El léxico bilingüe del futuro profesorado. Análisis y pautas para estudios de disponibilidad léxica. 2020.

Band 153 Alfonso Corbacho: Nuevas reflexiones sobre la fraseología del insulto. 2020.

Band 154 Míriam Buendía Castro: Verb Collocations in Dictionaries and Corpus: an Integrated Approach for Translation Purposes. 2020.

Band 155 Guiomar Topf Monge: Traducir el género. Aproximación feminista a las traducciones españolas de obras de Annemarie Schwarzenbach. 2020.

Band 156 Miriam Seghiri / Lorena Arce-Romeral: La traducción de contratos de compraventa inmobiliaria: un estudio basado en corpus aplicado a España e Irlanda. 2021.

Band 157 Emmanuel Bourgoin Vergondy / Ramón Méndez González (eds.): Traducción y paratraducción: lineas de investigación II. 2021.

Band 158 Clara Inés López Rodríguez / Beatriz Sánchez Cárdenas: Theory and Digital Resources for the English-Spanish Medical Translation Industry. 2021.

Band 159 Alicia Mariscal: Categorización de los errores ortográficos en zonas de contacto lingüístico entre inglés y español. 2021.

Band 160 Esther Linares Bernabéu: Gender and Identity in Humorous Discourse Genero e identidad en el discurso humorístico. 2021.

Band 161 Matteo De Beni / Dunia Hourani-Martín (eds.): Corpus y estudio diacrónico del discurso especializado en español. 2021.

Band 162 María Clara von Essen: Identidad y contacto de variedades. La acomodación lingüística de los inmigrantes rioplatenses en Málaga. 2021.

Band 163 Juana Luisa Herrera Santana / Ana Díaz-Galán: Aportaciones al estudio de las lenguas. Perspectivas teóricas y aplicadas. 2021.

Band 164 Juan M. Carrasco González: Dialectología fronteriza de Extremadura. Descripción e historia de las variedades lingüísticas en la frontera extremeña. 2021.

Band 165 Álvaro Molina García: Fundamentos acústico-perceptivos de la escisión prestigiosa de /θ/. Estudio sociofonético en Málaga. 2021.

Band 166 Pau Bertomeu Pi: Peticiones en alemán y español. Un estudio contrastivo a partir de "Gran Hermano". 2022.

Band 167 Teresa Ortego Antón: La investigación en tecnologías de la traducción. Parámetros de la digitalización presente y la posible incidencia en el perfil de los futuros profesionales de la comunicación interlingüística. 2022.

Band 168 Jaime Sánchez Carnicer: Traducción y discapacidad. Un estudio comparado de la terminología inglés-español en la prensa escrita. 2022.

Band 169 Juan Manueal Ribes Lorenzo: Las palabras diacríticas en fraseología histórica. 2022.

Band 170 Patricia Buján Otero / Lara Domínguez Araújo (eds.): Traducción & Paratraducción III. 2022.

Band 171 Juan Cuartero Otal / Montserrat Martínez Vázquez / Regina Gutiérrez Pérez / Juan Pablo Larreta Zulategui (eds.): La interfaz Léxico-Gramática. Contrastes entre el español y las lenguas germánicas. 2022.

Band 172 Miguel Ibáñez Rodríguez: Enotradulengua. Géneros y tipos textuales en el sector del vino. 2022.

Band 173 Sara Quintero Ramírez: Estudio pragmático-textual de marcadores discursivos en crónicas audiovisuales de eventos deportivos. 2022.

Band 174 Yeray González Plasencia / Itziar Molina Sangüesa (eds.): Enfoques actuales en investigación filológica. 2022.

Band 175 Irma Mora Aguiar: De Numidia a Canarias: el viaje de la escritura líbico-bereber. 2022.

Band 176 Ferreiro-Vázquez, Óscar (ed.): Avances en las realidades traductológicas: tecnología, ocio y sociedad a través del texto y del paratexto. 2022.

Band 177 Félix Rodríguez González (ed.): Anglicismos en el español contemporáneo. Una visión panorámica. 2022.

Band 178 María del Mar Sánchez Ramos / Celia Rico Pérez (ed.): La traducción automática en contextos especializados. Una visión panorámica. 2022.

Band 179 Alicia Mariscal: Bilingüismo y contacto lingüístico en la comunidad de Gibraltar a partir del análisis contrastivo y de errores. 2022.

Band 180 María Araceli Losey León / Gloria Corpas Pastor: La terminología del dominio de la seguridad de la navegación marítima en inglés y en español. 2022.

Band 181 María del Mar Sánchez Ramos (ed.): Investigaciones recientes en traducción y accesibilidad digital. 2022.

Band 182 Encarnación Tabares Plasencia: Terminología y fraseología jurídicas en el "Libro de buen amor". 2022.

Band 183 Catalina Iliescu-Gheorghiu: Metodología de análisis traductológico. El modelo Lambert-Van Gorp y su aplicación a una revista de propaganda cultural durante la Guerra Fría. 2022.

Band 184 Amor López Jimeno: Estereotipos y pragmática intercultural en la pantalla. El humor como estrategia de aprendizaje y mediación. 2023.

Band 185 Ricardo Connett: El populismo como discurso en Venezuela y en España (1999-2018). Estudio de textos de Hugo Chávez y Pablo Iglesias. 2023.

Band 186 Elke Cases Berbel: Turismo, flujos migratorios y lengua. 2023.

Band 187 Dunia Hourani-Martín: Fraseología en el discurso jurídico-ambiental. Las construcciones verbonominales desde una perspectiva contrastiva (español-alemán). 2023.

Band 188 María del Carmen Balbuena Torezano: Identidad, territorio y lengua en torno al vino: aproximaciones desde la terminología y la traducción. 2023.

Band 189 Ferran Robles Sabater: Contextos de interpretación social en España. 2023.

Band 190 Sara Quintero Ramírez / Reynaldo Radillo Enríquez: Rasgos prosódicos en la marcación discursiva. 2023.

Band 191 Nieto García Paola: Contextos de interpretación social en España. 2023.

Band 192 Leticia Santamaría Ciordia: Nuevas tecnologías para la interpretación remota. Progresos y retos para la formación y la profesión. 2023.

Band 193 María José Serrano Montesinos / Miguel Ángel Aijón Oliva: Form and Meaning. Studies of Grammatical Variation and Communicative Choice in Spanish. 2023.

Band 194 Fernando López García: Lingüística de la ausencia. 2023.

Band 195 Carles Navarro Carrascosa: Lingüística queer hispánica. Las formas nominales de tratamiento de la comunidad de habla LGTBI. 2023.

Band 196 Félix Rodríguez González: Enciclopedia del anglicismo (Vol. II). Estudios sobre el anglicismo en el español actual perspectivas lingüísticas. 2023.

Band 197 Celia Rico Pérez: Tecnologías de la traducción en el ámbito de las migraciones. 2023.

Band 198 Rossana Sidoti / Domenico Daniele Lapedota: Nuevas aportaciones a las investigaciones en fraseología, paremiología y traducción. 2023.

Band 199 Francisco Jiménez Calderón : Los verbos ditransitivos y su enseñanza: transferencia, locación y movimiento. 2023

Band 200 Rafael García Pérez / Ariana Suárez Hernández: El adverbio: aproximaciones sincrónicas, diacrónicas y variacionales. 2023.

Band 201 Diana González Pastor (ed.): El impacto de la traducción automática en la traducción profesional en España: tendencias, retos y aspectos socioprofesionales. El proyecto DITAPE. 2023.

Band 202 Fermín Domínguez Santana / Juana L. Herrera Santana (eds.): Dinámicas actuales en la investigación lingüística. Teoría y aplicación. 2024.

Band 203 Jaime Sánchez Carnicer / Lorena Arce Romeral (eds.): Nuevos avances tecnológicos en teoría y práctica de la traducción e interpretación. 2024.

www.peterlang.com

www.ingramcontent.com/pod-product-compliance
Ingram Content Group UK Ltd.
Pitfield, Milton Keynes, MK11 3LW, UK
UKHW041824290926
8980IPUK00002B/56

9 783631 895306